山西大学建校120周年学术文库

建构社会凝聚的国民教育

——安迪·格林教育哲学思想研究

王 霞 著

山西出版传媒集团 山西人民出版社

图书在版编目（CIP）数据

建构社会凝聚的国民教育：安迪·格林教育哲学思想研究 / 王霞著. — 太原：山西人民出版社，2023.4
ISBN 978-7-203-12264-7

Ⅰ.①建… Ⅱ.①王… Ⅲ.①安迪·格林－教育哲学－哲学思想－研究 Ⅳ.①G40-02

中国版本图书馆CIP数据核字（2022）第243052号

建构社会凝聚的国民教育：安迪·格林教育哲学思想研究

著　　者：王　霞
责任编辑：张书剑
复　　审：刘小玲
终　　审：梁晋华

出 版 者：**山西出版传媒集团·山西人民出版社**
地　　址：太原市建设南路21号
邮　　编：030012
发行营销：0351-4922220　4955996　4956039　4922127（传真）
天猫官网：http://sxrmcbs.tmall.com　电话：0351-4922159
E-mail：sxskcb@163.com　发行部
　　　　sxskcb@126.com　总编室
网　　址：www.sxskcb.com

经 销 者：**山西出版传媒集团·山西人民出版社**
承 印 厂：天津中印联印务有限公司

开　　本：710mm × 1000mm　1/16
印　　张：16
字　　数：300千字
版　　次：2023年4月　第1版
印　　次：2023年4月　第1次印刷
书　　号：ISBN 978-7-203-12264-7
定　　价：89.00元

摘 要

安迪·格林是当代英国著名的教育学家、教育史学家，以研究“教育与国家的关系”而享盛誉，并成为较早探讨全球化时代教育问题的教育学者。安迪·格林的教育哲学理论体现了实证研究、历史研究和马克思主义哲学内核的有机结合，安迪·格林围绕教育与国家、社会的关系及其辩证运动展开了系统而深入的研究，形成了独具特色的教育哲学理论，进一步推进了西方教育学理论的发展。

哲学真正的功能就在于对流行的东西进行批判。20世纪下半叶以来全球教育面临的重要现实问题，成为安迪·格林教育哲学的批判出发点。全球化与教育的趋同性诞生了“教育全球化”的神话，动摇了民族国家教育体系的存在论根基；后现代与教育的非理性宣扬教育个性化的论调，削弱了国民教育系统的合法性基础；新自由主义与教育的市场化倡导教育私有化与竞争化，冲击了国家教育的公共性与权威性。面对公共教育体系的困境与现实教育危机，安迪·格林坚持将“教育与国家”的关系作为教育反思的重要途径，安迪·格林通过批判地继承马克思主义国家—社会观、葛兰西的霸权理论、阿尔都塞的意识形态国家机器理论，以及西方教育社会学理论、英国新左派文化批判理论与成人教育思想等理论观点，阐述了教育的民族国家性、阶级统治性、意识形态性、结构功能性及潜在解放性等特征，逐渐建构了整体性的教育哲学理论。

教育具有明显的意识形态内涵，是安迪·格林教育哲学的逻辑起点。教育是意识形态的国家机器，体现国家的本质及社会控制的基本方式。教育并非强制的控制过程，而是统治集团把自身的特殊利益“转化”为社会的一般利益，从而教化人们认同当前统治秩序的过程。同时，安迪·格林也指出，教育在形式上具有相对独立性与自主性，教育活动有自己特定的存在方式与运行逻辑，并不完全受制于统治阶级利益，也是被统治阶级反抗阶级压迫、实现自身解放的工具。因此，教育的意识形态具有驯服性和解放性的双重属性。在此基础上，安迪·格林指出了教育意识形态内部的基本矛盾，即教育内容的同质性与多样性矛盾、教育对象中精英与大众的分离及教育主体中个体与国家的博弈，并对当前的教育意识形态，如教育的全球化、后现代主义教育观和新自由主义教育观等进行了深入的批判。安迪·格林主张教育的多样化以塑造多元的文化主体和公民身份，提倡教育的大众化以提升底层民众的文化素质与社会地位，倡导教育主体的国家化以推进教育行为的公共性与公平性。

国民教育及其历史功能是安迪·格林教育哲学的重要理论对象。国民教育制度的确立体现了统治阶级意识形态权力的实现过程，是教育政治化的路径。国民教育是国家用公共资金为普通的民众提供正式的并强制要求民众接受的学校教育，体现了教育政治性的基本逻辑，安迪·格林从历史的角度追溯了国民教育制度的起源与发展状况，批判了辉格论起源、结构功能主义起源、生产关系起源、韦伯冲突论起源等思想；从历史唯物主义角度揭示出国民教育制度与国家形成的时序同构关系，阐释了国民教育制度的政治合法性及差异性特点。尤其是他深入英、法、美、德等国家社会与历史的背景中，剖析了教育与国家政权、社会结构、文化因素相结合而呈现的独特的国家特征。国民教育与国家的关系揭示出国民教育的历史功能就是促进国家民族认同，实现民族国家统治的合法性。

社会凝聚理论是对教育与国家关系的时代阐释，也是其教育哲学的价值目标。社会凝聚是指整个社会及其中的个人通过依赖共识而联系在一起的社会状态，既表征一种整体的社会关系，又与国家的制度息息相关。安迪·格林分析并批判了不同类型的社会团结思想、不同制度模式的社会凝聚类型及教育的作用方式。在此基础上，安迪·格林界定了社会凝聚的基本内涵与本质维度，强调了社会凝聚的国家维度、个体维度、价值维度的表征。分配平等与社会包容、主体自由与政治参与、合法性的社会共识等都成为社会凝聚的重要因素。

教育理念转化为现实的教育实践，这就需要实行有效的实践方式与实践手段。安迪·格林阐释了教育作为“修复社会裂缝的社会黏合剂”的重要作用，关注社会凝聚的结构条件与意识形态条件的统一，以消除教育不平等、实现国家认同为主要目标，从公共教育制度、国家课程、职业和技术教育、终身学习等四个方面建构了当代教育的实践方式。安迪·格林主张建构公共教育制度，反对新自由主义的教育市场化与“择校”行为，拒绝选拔性的精英主义的教育制度，实现教育分配的平等，以促进社会正义和团结的实现。在国家课程方面，既要体现民族文化与价值的主导意识，也要突破狭隘的爱国主义的意识形态一致性，建立具有多元包容的公民教育课程体系。职业技术教育和培训方面，安迪·格林强调“国家和社会合作者在职业教育培训体系中的作用”，通过生产活动实现个体的发展与解放。终身学习是在产业化社会和现代化过程中个体建构和社会民主与团结的重要途径，并通过社会包容的国家福利制度、收入均等化的劳动力市场政策、政治文化精神的社会化而实现，是与国家政治、经济、意识形态的双向选择过程。

全球化时代，公共教育困境的出现与教育危机日益严重化，安迪·格林坚持从“教育与国家”的宏观视角出发，笔力深厚地批判了各种意识形态思潮，重点强调了教育的意识形态性，重新论证了国民教育存在的必要性，深入揭示了教育活动的社会凝聚性，全面界定了当今教育实践活动的可行性，为人们正确认知与分析当代教育危机提供了重要的理论工具，也给我们的教育哲学理论创新提供了一定的启示。安迪·格林运用历史唯物主义的观点来追溯教育与国家的辩证关系及其演化的历史过程，并将其运用于全球化时代的教育解读，克服了对马克思主义教育思想的教条式理解，丰富了马克思主义教育理论的思想内涵。其思想重点关注了由分配的不平等所带来的教育不平等及社会秩序的问题，提出了社会平等和正义的教育使命，有利于我们在国家的语境内更好地审视教育之于个体和社会的深刻意义。安迪·格林着眼于宏观的研究方法，较好地避免了个人主义方法论所产生的“生态谬误”，并为其理论提供了科学的研究数据与支撑。

当然，安迪·格林的教育思想也有难以克服的不彻底性，如坚持了社会生活的优先性，忽视了个体存在的意义；触及了社会的基本矛盾与冲突，论证了教育中的不平等问题，涉及更为本源的阶级关系与阶级利益，但是却没有对其根源——私有制的经济基础进行批判，而是拘泥于西方现代性的历史语境，预设了资本主义现代化的合法性，诉诸更加平等的国家政策与教育制度。我们有必要对其进行深入的反思，在坚持马克思主义基本理论的前提下，批判其理论糟粕，借鉴其理论的可用之处。我们要加强国家在教育中的主导作用，理顺国家与教育之间的关系；我们要加强社会主义核心价值观的教育，增强社会主义价值认同感与国家民族凝聚力；我们要认识到，教育不仅是维护社会的秩序，更重要的是在于建构和培养一种积极的力量，通过这种力量内化为人们的行为，推进人类文明的整体进步，实现人类的自由解放。

目录

绪　论

一、研究的缘起

教育，作为一种有目的、有组织、有理性的活动，始终与人类社会现代化过程紧密相连。如今，全球化已成为社会进步与发展的重要标志，在创造了巨大的物质财富和精神力量的同时，也造成了现代社会与传统结构的断裂。全球经济形势的变化、资本积累方式的转变及消费社会的来临使人们的身份认同和国家认同日益成为一个必须时刻思考和做出选择的问题。由于超国家的政治组织和跨国公民社会的发展，传统的国家和民族认同伴随“国家的终结”而日渐式微。全球变化的主要理论家曼努埃尔·卡斯特认为，全球化削弱了民族国家的有效权力，从而降低了对民族身份的把握，取而代之的是基于种族、宗教、区域和生活方式的多种群体身份，这种共同身份的瓦解，缩小了信任、互惠和集体认同的范围，是社会作为一个有意义的社会体系的瓦解。“在全球性危机治理的过程中，民族国家的公民将会产生区域性或世界性的意识，公民对国家的治理效能产生质疑，超国家主义便对公民的国家认同形成分流和消解。”①

全球化对教育和文化领域的影响同样是巨大的。普世文明的扩张侵蚀了不同文化与文明的空间，被现代性裹挟的教育，因对自身工具性的确认和个

① 吴玉军:《社会主义核心价值观与国家认同建构》，四川人民出版社，2018 年，第 13 页。

体效率最大化的追求而成为一种全球性的"物"的力量而迅速扩张。教育的功能被单一化，即为国内和全球劳动力市场培养人才并随着劳动力市场的变化而不断趋同，演变为单纯的经济目标的附庸。作为建构国家认同的民族国家的教育传统即将消失，不再关心价值理性或者群体伦理。人成了纯粹的物，没有了终极目的和存在价值，工具理性和消费主义泛滥更加剧了这种危机。正如马尔库塞在《单向度的人》中所强调的，发达的单向度社会改变着合理性与不合理性之间的关系，发达工业社会中人在满足物欲的过程中不断成了物的奴隶，丧失了对社会现实的批判维度。人们从传统的亲密关系走向自由与独立，却也失去了情感和心理的寄托，陷入主体性孤独和虚无性存在的境遇。个人的无意义感——那种认为生活未能提供任何有价值的东西的感受——正逐渐成为根本性的心理问题。焦虑成为一种普遍的存在，并且以弥散、游离的方式存在，却是缺乏具体对象的，因此只能依附于一些事物、事件或情境中。①

面对这些质疑与挑战，当代马克思主义哲学与教育如何应答，就成了一项迫切的理论任务。任由这些解构的、分裂的、个体主义的泛滥，最终将导向历史虚无主义，有害无益。我们需要审慎地对待、理性地分析与批判教育全球化及现代性所带来的潜在的教育危机，以马克思的历史唯物主义和辩证唯物主义为思想指导，将教育作为重要的意识形态力量，回归社会的中心，回到民族—国家的现实语境中，运用马克思主义社会批判的理论工具，实现教育在全球化时代所应发挥的理性功能。

这一方面意味着，教育对民族—国家具有依赖性。作为人类社会实践活动的教育，其语境是"空间"与"时间"的结合。"民族—国家"是教育最重要的现实语境。个体需要为了自己群体的生存而奋斗，这种群体在历史上曾表现为氏族、家庭、民族、阶级、国家等形式。个人对于群体的奋斗甚至牺牲，使人成为一种伦理学的存在。"任何群体都需要这种伦理要求，并

---

① 王霞：《教育的信任危机及其重建》，《西北师范大学学报》2019 年第 5 期，第 104—111 页。

将它变成自觉意识来约束、统治个体，以维持其群体与族类的生存延续。”[①] 民族国家是这种伦理实现的物质载体与精神源泉，是教育活动生发的现实依据。关于教育问题的分析蕴含着不同的国家观，而关于国家的观点和认识决定着我们对教育制度及其具体问题的分析和理解。自国家建立起，就鲜有不依赖于国家而完全独立存在的教育。教育既具有一般意义上的精神生产特性，也具有国家、地域及其社会的独特文化品性。

另一方面意味着，教育具有批判性与建构性。教育始终是通过观念来发挥作用的。作为一种思想、观念或者意识形态精神力量，不论是“抚育”“生成”的实践或是“唤醒”“引导”的价值期待，教育都具有内在的文化心理意义，是牵涉社会文化生活与个体精神生活、内心世界的一种活动，是一种社会价值引导与自我建构相结合的过程。这种价值投射着什么是美好的人生、什么是理想的社会、什么是幸福的生活、什么样的知识最有价值等主观意蕴。当然，“思想、观念、意识的生产，最初是直接同人们的物质活动和物质交往交织在一起的，同现实生活的语言交织在一起的。人们的设想、思维精神交往在这里还是人们的物质关系的直接的产物。从某一民族的政治、法律、道德、宗教和形而上学的语言中表现出来的精神生产，也是如此”[②]。人的本质总是隶属于一定社会的物质条件中，而一切社会的变革和进步都是以批判为前奏的，批判就是不断地揭露与解决矛盾的过程。意识形态与精神生产就成为批判的理论工具。一切批判都是辩证的扬弃，本质上都具有进步的意义。教育就是通过不断的批判才得以建构并实现人们的伦理理想。

因此，在国家沉寂的全球化时代，在个体性、微观化成为解魅现代性的教育趋势下，有必要呼唤批判性、历史性、整体性的教育哲学理论，为当下教育提供借鉴。我们需要关注国家—社会语境的合法性确认及教育批判的理

① 李泽厚:《历史本体论》，生活·读书·新知三联书店，2002 年，第 51—52 页。

② 中共中央马克思恩格斯列宁斯大林著作编译局:《马克思恩格斯选集》(第 1 卷)，人民出版社，1995 年，第 72 页。

性功能，更需要运用马克思主义的经典理论提供分析解释与建构的思想依据与实践途径。唯其如此，才能实现教育在个体与群体、时间与空间、限制与解放的关系之中的文化意蕴与本体认知。

安迪·格林是英国著名的教育学家、教育史学家。他有着深厚的哲学背景与教育批判理论修养，又常年在英国的政府和世界性教育组织任职，具有国际的、比较的理论视野，同时又能站在时代的最前端，触摸时代发展的脉搏，感受时代发展中的社会历史变迁，关注时代发展中教育主题的发展变化。安迪·格林运用经典的马克思主义理论，结合比较的、历史的分析，阐释了教育与国家形成与发展中的重要作用，在历史唯物主义视角下剖析了国民教育的起源（即国家政策、结构、过程和结果）及民族认同功能；并在“意识形态终结”和单一经济模式盛行的全球化时代，坚持教育的国家目标与社会建构的意义毫不动摇，关注教育“怎样通过适合现代环境而且有利于深化民主和加强社会团结的方式，重建公民文化和民族文化”①的时代使命及其实现。在批判当下教育理念与教育实践方式的基础上，安迪·格林以“教育与国家”的关系为主线，以国家、历史的发展为脉络，注重国家教育对民族国家发展不同阶段的意识形态功能的发挥，从宏观、整体的角度揭示了教育的本质，并提出了建构社会凝聚的国民政府体系的理论目标。从整体上看，安迪·格林的教育哲学在社会结构与现实的语境中继承并发展了马克思主义的资本主义批判思想与教育批判哲学理论，在揭示资方社会教育意识形态国家机器属性的同时，又力主发挥教育的社会凝聚功能，以避免后现代主义、新自由主义对国家教育理念与体系的冲击。安迪·格林对教育的深入反思为当今世界各国的教育政策与教育实践提供了有益借鉴。

因此，对安迪·格林教育哲学思想的研究，具有重要的理论和实践意义。其主要表现在以下几个方面。

---

① ［英］安迪·格林:《教育、全球化与民族国家》，朱旭东、徐卫红等译，教育科学出版社，2004年，第10页。

第一，揭示教育与国家之间辩证法，丰富了马克思主义哲学“国家理论”的研究。马克思在人类思想史上第一次科学地阐明了国家的起源、性质、本质与职能等基本问题，形成了包含阶级统治与社会管理的国家理论。而其追随者，如葛兰西、阿尔都塞、普兰查斯等则在其基础上进一步诠释了国家的内涵及其统治和管理职能。从马克思确立的“国家是阶级统治的工具”到葛兰西的文化霸权理论，再到阿尔都塞的意识形态国家机器理论，对国家的认识都是包含着国家机构与权力、意识形态与文化等因素在内的复杂的思想构成，同时也包含着国家组织管理职能的观点。教育作为国家机器的上层建筑及文化传递的重要途径，与国家的关系问题往往涉及国家本质的体现和国家职能的实现等重要问题。安迪·格林的教育哲学思想着眼于教育与国家的宏观视角，基于马克思唯物主义的思想路线，即“市民社会和生产关系铸就国家的本质”，并结合葛兰西的文化霸权理论，系统地梳理了国民教育建立伊始到全球化时代国家的历史演变，提出了教育与国家时序同构的重要思想。安迪·格林揭示出教育的国家意义，即教育能够介入国家形成的过程并发挥巨大的独特作用的基本条件——教育制度的建立，规范学校的类型、教育目的和方法等，并辩证地、历史地论证了教育作为国家工具，如何建构统治阶级意识形态等问题。在阐发国家本质和国家职能阶级性与公共性并存的同时，安迪·格林也创设了教育作为意识形态与规范力量介入国家发展与治理的可能性空间，论证了教育以思想聚合、价值导向作用于国家发展与管理的过程，进一步拓展了马克思主义国家观的价值维度。

第二，丰富唯物史观视域下教育哲学研究的方法论。对于人文社会科学来说，较少使用自然科学中的实验方法。而立足国家之间的比较研究则成为社会科学研究中获得科学“证据”的最佳途径。这需要建立客观的比较标准，而通过比较对因果关系进行解释和验证，体现出研究的客观性和规范性。从这一点来看，比较的方法因具有唯物主义的现实基础，进而具有学术研究的可信度。安迪·格林作为教育史学家，拥有深厚的社会学与历史学基础，运用了跨国的比较分析与框架，提供了不同国家的国民教育体系在教育资源、教育机会、教育结果等方面的实证性研究数据。在哲学的思辨研究和科学的实证研究相结合的基础上，安迪·格林论证了教育与国家时序同构的重要思想，强调国家形成的复杂因素对教育的影响和制约作用及教育在国家形成中的历史功能，纠正了对马克思主义单一的“经济决定论”和“政治简约论”思想的错误认识。安迪·格林的教育哲学从历史维度与国家比较的视角，以国民教育为理论主体，体现了其宏观的历史视野。这对于突破当今教育理论研究中的微观视野与个人心理维度的教育方法论具有重要的意义。

第三，深化马克思主义教育哲学研究。安迪·格林建立在经典马克思主义思想理论基础上的国家研究，替代了西方自由主义、结构功能主义哲学和历史学的解释传统，形成了阐释现代国家教育起源和发展的马克思主义教育哲学。通过对全球化时代经济、政治、文化等领域的不同表现的分析，安迪·格林批判了全球化现象背后的新自由主义、后现代主义等意识形态及由此产生的国家危机和国家教育体系消解理论，用坚定的马克思主义理论重申了民族国家教育的重要价值，强调民族国家仍然是教育的基础性场域，关系着个体内在规定性的确认。教育旨在促进个体的完善，而个体总是在一定的族群中得以形塑，在现实的社会中获得内涵的规定性。安迪·格林坚持马克思主义哲学对人的社会性本质的界定，反对全球化、后现代主义对个体的抽象趋同或过度推崇，安迪·格林提出了社会凝聚的价值目标，作为教育的个体意义与社会意义的共同表征。他认为，通过适合现代环境而且有利于深化民主和加强团结的方式，重建公民文化和民族国家地位的文化是国家和教育的共同目标。不难看出，安迪·格林在教育与国家的关系上所揭示的现代教育的本质特征具有典型的马克思主义哲学的色彩，有着坚定的马克思主义哲学立场，极大地丰富了马克思主义教育哲学的研究，对理解当代的教育理论、分析教育实践都具有积极的启示与意义。

第四，提供国家教育政策制定的理论参考。国家的强盛和民族振兴依靠人才，人才培养依靠教育。这样的认识已不仅仅是人们的共识，更在社会实践中鲜明地体现出来。20 世纪 80 年代伊始，世界范围的教育改革甚嚣尘上，其中无一不是从国家角度出发，如《国家处于危险之中：教育改革势在必行》《把学校办得更好》《俄罗斯联邦教育法》《中国教育改革和发展纲要》等，都是21世纪国家教育改革的行动令。不得不说，探讨国家发展与教育的关系，不仅出自对教育本身的兴趣，也是因为其关系国家发展的轨迹。但是，认识到教育与国家之间的关系，并不意味着这一逻辑常识在现实中的必然实现。不论是在我国这样一个迅速发展的教育大国，还是在发达国家，教育改革及教育与国家行为之间的复杂关系所带来的实践难题都不容忽视。究其根本，对教育与国家关系的研究还缺乏更为深刻的认识。安迪·格林从“教育与国家”关系的视角出发，重点强调了教育的意识形态性，重新论证了国民教育存在的必要性，深入揭示了教育活动的社会凝聚性，全面界定了当今教育实践活动的可行性。

第五，开阔新时代中国教育实践反思的新视野。在我国，科教兴国战略的实施、学习型社会的创建，其实质在于“通过科技、教育使国家强盛”。同时，新课程改革、高等教育扩招、教育创新等改革活动如火如荼地开展及其所引起的“多米诺骨牌效应”，促使我们不得不严肃地思考这些教育变革的原因、动力、方式及其后果。值得注意的是，在我们这样一个迅速发展的教育大国，教育的所有参与者都有着明确而复杂的教育利益。公共教育资源的投入和分配、各类教育政策的制定和实施、教育改革活动的开展及各种教育行为，与国家行为和社会环境密切相关。“有其国必有其校”，而社会环境则深刻地影响着教育改革的每一进程。因此，在当前巨大的教育改革潮流面前，教育与国家的关系必然会转化为更复杂、更多样的社会形式和实践样态。因此，我们要在借鉴西方国家教育发展的经验中多一份清醒和警觉，警惕当下国内各种显性或隐性的教育市场化、功利化、庸俗化和工具化倾向，为我国教育实践开展提供理性指导和开阔思路。

二、安迪·格林学术简介

安迪·格林（1954— ），英国伦敦大学教育学院比较社会科学的教授，获伯明翰大学哲学博士学位，致力于文化与教育研究，是英国著名的教育学家、教育史学家和比较教育学家。他长期在英国政府部门任职，是英国教育和技能部投资的“高学习回报研究中心”的主任之一，也是英国政府资助建立的“学习与收益”中心的早期创立者和领导者（1999—2004），还是英国教育与技能部（DFES）特别研究小组——教育与技能审定委员会、英国政府技能策略领导小组成员。他指导了一系列重大的比较研究项目，曾涉及教育和培训的经济及社会影响，主要包括高技能教育和培训经济（ESRC，1997—2000），全球化、教育与发展（DFID，2004—2006），欧洲教育系统的趋同与分化（欧共体，1996—1997）等。2008年起担任由经济与教育中心（ESRC）资助的教育领域最大的研究中心——教育和生活机会研究中心（LLAKES）的主席。2010年，安迪·格林当选为英国社会科学院院士。2015年，其成为英国上议院的备选委员。

1975年，安迪·格林获得牛津大学文学学士学位，专业为英国语言文学。1981年，获得伯明翰大学文学硕士学位，专业为当代文化研究。1981年，成为伦敦教学院教育专业研究生。1988年，获得伯明翰大学哲学博士学位，专业为文化研究。1975—1977年，他在内伦敦缓刑服务中心（Inner London Probation and After-Care Service，United Kingdom）做助理员。1981年，在美国威斯康星州卡利亚库主教学院任教。1977—1980年，在威斯敏斯特大学成人及继续教育学院兼职讲师。1981—1987年，任东南伦敦学院传播学和社会学讲师。1988—1990年，任泰晤士理工学院教育历史和政策高级讲师。1990 年起，任职于英国伦敦大学教育学院，先后成为比较教育学教授、比较社会科学教授，并分别在教育政策研究中心，终身教育和比较教育中心，教育、实践和社会中心工作，是比较社会科学与比较教育学教授。2000 年，安迪·格林成为欧洲比较教育学会会员。2001 年，其获邀成为英国皇家艺术学会会员。

安迪·格林主要从事教育与国家关系的比较研究、教育政策研究、教育与培训体系的研究等。其先后主持英国政府部门、欧洲职业培训开发中心（CEDEFOP）的若干研究和咨询工作，参与国际经合组织（OECD）和欧盟第 22 届起草小组等国际组织的项目，负责英国技能白皮书的规划（1993 年）等工作。由于其长期在政府部门工作的经验，以及良好的哲学、历史学方面的学科背景，安迪·格林的研究着眼于宏观的教育视角，对不同国家的教育体系、教育政策等问题有深刻的认识，审视和剖析教育与国家的关系问题更具有深刻性和现实性。

安迪·格林发表了大量的社会和教育的专著与论文，曾出版著作 20 余部，发表论文 110 余篇，其研究成果被翻译成中文、德语、法语、日语和西班牙语等。他的主要研究领域是关于教育体系的起源，教育与培训的社会、经济的影响等比较研究（历史的和社会的），以及终身学习与社会凝聚方面的研究。

1990 年，安迪·格林出版了享誉比较教育学界的学术著作《教育与国家形成》（*Education and State Formation*）。在该著作中，安迪·格林运用了马克思主义的国家理论、葛兰西的意识形态和霸权理论阐明了国家形成对解释现代教育制度起源的重要意义，通过对英、法、美三国的教育体系起源进行比较，分析了国家形成与教育之间的关系，指出了教育在国家形成过程中的作用。1996 年，安迪·格林出版了《欧洲教育和培训体系的趋同与差异》（*Convergence and Divergence in Education Systems in Europe*）进一步对欧洲国家的教育体系进行了深入研究，也为其另一部重要著作奠定了基础。

1997 年，安迪·格林出版了另外一本著名的学术著作《教育、全球化与民族国家》(*Education, Globalization and the Nation State*)。该书同样运用了马克思主义历史学的主要观点，在对欧美、亚洲国家的教育历史进行比较的基础上，重新审视了不同地区教育和民族国家之间的变革关系，重申了民族国家的重要意义，以及教育在全球化时代所发挥的作用。该书被西方教育学术界视为第一部探讨全球化与教育的关系问题的著作。2004 年，安迪·格林出版了《全球化的教育和发展》(*Globalization, Education and Development*)一书。安迪·格林持续关注全球化下的国家与教育问题，并将关注的重点转向了社会凝聚的研究，并出版了系列著作。2006 年，他出版著作《教育、平等和社会凝聚力：一种基于比较的分析》(*Education, Equality and Social Cohesion:A Comparative Analysis*)。2007 年，出版著作《全球化时代的教育发展：成功的全球化策略》(*Education and Development in a Global Era: Strategies for Successful Globalization*)。2011 年，出版著作《社会凝聚的制度：社会和全球化的危机》(*Regimes of Social Cohesion: Societies and the Crisis of Globalization*)等。

在教育和培训体系的研究方面，安迪·格林聚焦于职业教育和技能培训体系的研究。1997 年，他出版《高技术经济的教育和培训》(*Education and Training for a High Skill Economy*)一书。2001 年，安迪·格林和菲利普·布朗(Phillip Brown)、休·劳德(Hugh Lauder)合作出版《高技能：全球化、竞争力与技能形成》(*High Skills: Globalization, Competitiveness, and Skill Formation*)，安迪·格林撰写第二章“国家竞争策略的高技能模式”，分析了德国、新加坡、日本、英国的技能形成模式，将其比较研究的视域从英、法、美等国扩展到了日本、新加坡等亚洲国家。

2018 年，安迪·格林来到中国，在北京大学的历史学系及教育学院开展了三次专题演讲。在《教育与国家形成：欧洲、东亚和美洲的比较》报告中，安迪·格林阐述了西方大众教育起源与国家形成的关系、教育如何在东亚后发展国家进行国家建构、教育如何促进公民意识的形成、增强国家认同等宏观理论问题。在《世界社会的融合体系》的讲演中，安迪·格林分析了西方不同社会的融合体系，借鉴社会学、政治学和经济学的理论依据，采用高度跨学科的混合和比较方法，指出西方和东亚社会等四大传统的社会凝聚方式及其制度和文化基础，对应对全球一体化的危机有着积极的意义。在《青年危机：教育、工作、住房和福利上的代际不平等》报告中，安迪·格林对当代最紧迫一大社会问题——代际不平等进行了具有独创性和挑战性的分析，重点探讨了英国年轻人在不同生活领域的机会变化及代际不平等的程度和范围，并提出了相关的政策建议。

安迪·格林是教育学领域英国学派的重要代表，其教育哲学思想丰富了教育学理论的发展，尤其是关于教育与国家关系的研究对西方教育理论的发展具有重要的理论价值。西方关于教育与国家关系的研究具有悠久的历史，古希腊柏拉图的《理想国》和亚里士多德的《政治学》堪称这个问题的先驱性典范著作。在当代，西方马克思主义作为当代西方三大重要思潮之一，是西方教育学者研究教育与国家关系的重要理论来源。其中，北美批判教育学派和英国学派成为主要代表。

北美批判教育学派由于对文化政治的独特偏好，希冀通过教育推动社会进步、民主、公正和人的解放而成为研究教育与国家关系命题的主要群体，现实的批判精神是其基本的理论旨趣。马丁·卡诺伊（M.Carnoy）、鲍尔斯（S.Bowles）、金蒂斯（H. Gintis）、阿普尔（M. Apple）、亨利·吉鲁（Henry A. Giroux）、卡洛斯·托雷斯（Carlos）等成为著名代表。其中，鲍尔斯、金蒂斯主张“经济再生产”的教育理论，阿普尔对于教育作为意识形态及国家工具的认识，亨利·吉鲁对教育日常生活中的“文化政治”“边界教育学”的研究，均体现了批判教育学派的核心判断，即教育是资本主义再生产的重要方式。

与激进的北美批判教育学派不同，英国学派对该问题的观点要相对温和，主要基于其对国家的更理性和客观的认识基础。其代表人物主要有：罗杰·戴尔和安迪·格林。罗杰·戴尔在《国家和教育政策》一书中，对教育与资本主义国家的合法性关系、教育作为意识形态国家机器、政治意识形态国家机器，以及不同政治制度和政党影响教育的三条路径等问题进行了充分的论证。安迪·格林在其《教育与国家形成》《教育、全球化与民族国家》等著作中，以马克思主义国家理论、葛兰西的意识形态和霸权理论为思想基础，论证了教育与国家形成的统一性，并强调教育是国家统一和推广意识形态的主要方式。他还用“发展性”的国家理论分析全球化和后现代主义思潮下的教育发展问题，强调国家干预教育的积极作用及方式演变。

在这个意义上，安迪·格林的认识具有较强的社会影响力。在教育学界，其形成了与批判教育学媲美的“英国学派”的特点，在继承马克思主义思想精髓的同时，开辟了马克思主义教育哲学的新视野，丰富了马克思主义的教育哲学内涵。

三、已有研究成果述评

对于安迪·格林教育思想的研究主要开始于21世纪初，伴随着全球化进程的日益深入，其思想逐渐进入研究者的视野。目前国内外关于安迪·格林教育思想的研究，主要体现为以下几个方面。

（一）马克思主义视域中的教育史学研究

教育史学是安迪·格林形成教育哲学理论的重要资源，对于其教育哲学思想的形成具有重要的影响。因此，安迪·格林的教育史学研究是深入研究其教育哲学思想的重要手段。我国学者一致认为，安迪·格林的比较教育史研究是马克思主义史学的重要构成。20世纪70年代，西方教育史学发生了以整体性和批判性为特征的马克思主义的转向。这是在对传统教育史学和新教育史学的批判与继承基础上形成的。传统教育史学关注的是国家干预教育的历史，是一部国家教育史。新史学的发展从阶级、性别、文化的角度解构传统史学，个体主义、相对主义取代了“民族”“国家”等宏观研究对象，也带来史学研究的相对主义和碎片化问题。西方马克思主义史学研究从社会总体观出发，将描述孤立的事件转向了对社会、经济和文化的复杂而长期的过程的研究。研究者更关注教育在民族认同和国家形成中的作用，而不是讴歌国家在教育发展中的作用。在这一背景下，安迪·格林对民族、国家的教育研究引起学者的关注。

“教育与国家关系”是安迪·格林思想的核心，也是国内学者研究的重点。2002年开始，我国学者朱旭东主持翻译了安迪·格林的两本著名的著作《教育与国家形成：英、法、美教育体系起源之比较》《教育、全球化与民族国家》，并就安迪·格林的思想进行了系统的梳理。这两本著作，较为全面地介绍了安迪·格林的“国家形成理论”及其与教育的关系问题，改变了对马克思主义“国家观”的机械认识，从纵向的历史进程与横向的国别特征，阐述了国家发展的不同职能及其教育需求。朱旭东在《格林的教育和国家形成理论》一文中，详细地介绍了安迪·格林思想的理论基础、国家形成观、国家与教育的关系，以及国家教育制度的建构和国家形成的关系等重要思想。在《当代西方教育史学流派研究》一书中，我国学者指出安迪·格林的教育史研究是马克思主义教育史的重要组成部分，并重点剖析了安迪·格林思想中对马克思主义思想的研究与应用。在《当代西方教育与国家关系——基于国家利益观视角的思想研究》一书中，研究者对安迪·格林的国家理论思想进行了介绍，尤其是现代国家与国家教育制度形成过程相统一的命题，并认为，安迪·格林运用经典的马克思主义理论，构建了阐释现代国家教育制度起源和发展的西方马克思主义史学，对认识现代教育问题有重要的学术价值。

研究者的焦点集中于安迪·格林从历史唯物主义角度出发的“国家形成”理论。这一理论既有对批判教育学的继承，即对再生产理论的认同，也有对国家作为利益协调与管理工具的职能体现。安迪·格林通过历史的与比较的研究，用阶级分析的方法，提出了教育与国家时序同构的重要思想，指出教育体系发展的关键因素是国家的属性和国家形成的过程，批判了单一的“经济决定论”和“政治决定论”等对马克思主义思想的歪曲认识。《教育与国家形成：英、法、美教育体系起源之比较》一书综合运用历史比较方法和理论，阐述了英国、法国、美国和德国国家制度诞生和发展的动力与过程，而且较多地关注了国家在教育变革中所发挥的作用，并将此作为解释不同国家教育发展模式的关键因素。

教育制度研究也是国内学者关注的重点。一方面，研究者关注安迪·格林提出的“发生学”意义上的教育起源，明确教育制度的唯物主义属性。我国学者在《20世纪国外有关公共教育制度起源问题的研究述评》中指出，关于教育制度曾形成过三种流派：辉格或自由理论、结构功能主义理论、城市化和无产阶级化的新马克思主义理论。这些理论虽然都阐释了民族国家教育体系的发生根源，但它们存在着很大的局限性，无法解释其发展的不平衡性，而安迪·格林解释教育体系发展的时间和模式的关键因素是国家的属性和国家形成的过程，对于上述理论不足进行了填补，文章重申并肯定了安迪·格林提出的“民族—国家”的教育范式的意义与价值。也有学者对安迪·格林思想中的几种理论如自由论、修正论和后修正论等，进行了批判。在《西方国家教育制度的诞生与发展》一文中，研究者对安迪·格林关于国家教育制度的形成过程、形成动因、分析框架、研究方法等做了全面的介绍，并对其规范的历史比较研究、宏观与微观并重、理论与概念模式并重的研究特点进行了肯定，也对其思想价值与不足进行了客观的评价。在《在从自由主义理论的发展看国家教育制度的形成——兼评安迪·格林教授关于民族国家教育制度的形成理论》一文中，研究者重点探索了安迪·格林国家形成理论背后的哲学思想，对自由主义理论与资本主义国家教育制度的形成之间的关系进行了研究。

另一方面，研究者关注不同国家的教育制度及国家主体需求的特征。从安迪·格林的比较教育研究出发，有的研究者分析了德国国民教育体系的建立，从德国的历史出发，讨论了民族主义思想资源、德国的君主领导等因素对促进德国国民教育体系建立的动力作用；有的学者研究美国、英国等国家的教育制度，均以安迪·格林的比较教育研究作为基础，认为他的国家形成理论很好地解释了西方教育史学界的重要问题，即不同国家国民教育体系不平衡的问题；有的学者对安迪·格林《欧洲教育和培训体系中的趋同与差异》一书进行研究，指出该研究反映了20世纪80年代早期至90年代晚期欧洲十五个国家的教育和培训图景，通过对其政策文件、原始数据和相关文献进行广泛深入的分析研究，证明欧洲国家的教育培训体制在很多方面趋向一致，但是仍然存在各自的特点，这些特色植根于各国不同的文化背景和政治经济需要。

（二）民族主义与教育

国内教育学者从安迪·格林“教育与国家”关系的研究中，进一步分析出其民族主义的教育思想。在《当代西方教育史学流派》一书中，研究者分析指出，安迪·格林的《教育、全球化与民族国家》一书从后现代主义和比较教育的视角，探讨了西方主要国家的教育和早期民族国家的形成，以及教育和战后民族主义等问题。民族主义是民族国家形成过程中重要的意识形态力量，教育在构建民族主义与培养民族认同方面有着重要的价值，这也是安迪·格林教育哲学思想的重要价值之一。有的学者则重点强调安迪·格林理论中“教育的民族性”，即教育对民族国家认同和文化认同的重要作用，并结合中国实际提出了落实教育民族性的实践要求。[①]在《当代比较教育学》一书中，研究者以安迪·格林的思想为基础，指出现代教育的发展虽然民族主义国家取向的教育走向了国际主义的全球取向，但并不意味着民族性的消失。在《G20国家教育研究丛书：英国的基础教育》一书中，研究者基于安迪·格林的教育思想，立足于英国“民族性”的探讨，进一步剖析了英国基

---

① 陈玉云:《教育国际化和教育民族性问题》,《教育探索》2003年第20期，第55—57页。

础教育发展的历史、现状与特征。

安迪·格林的民族主义与教育思想引起了人们对国家在观念、意识形态方面的表现，以及教育在培养精神共识与国家认同方面的作用进行研究。有学者认为，安迪·格林的研究对培育和弘扬社会主义核心价值观，引导人们积极参与公民生活，通过自觉意识和公民实践形成国家认同有着积极的意义。① 也有研究者指出，教育市场化改革让当代学校教育在增强民族认同感和公民意识方面所发挥的意识形态功能已被相对弱化了，安迪·格林的研究有助于让我们重新思考国家认同与个人自由的关系问题，而这一问题是当代民族精神的核心问题，也是教育的价值困境。② 还有研究者基于安迪·格林对美国教育和国家形成的关系研究，指出教育是帮助美国人获得民族认同感、形成美国国民意识、培养共同的价值观的重要途径。③

（三）教育与全球化问题

全球化语境下的教育问题是安迪·格林重点分析的问题之一，其被认为是西方教育学术领域最先将"教育"置于"全球化"的语境中加以考察的学者。

全球化时代，民族国家的政治、经济及文化交往逐渐频繁，通过教育形成"民族认同"并实现国家的统一和团结已经非常困难。许多国家都意识到了应在经济全球化和全球教育市场的激烈竞争中建构自己的发展道路。国家教育绝不能从"单一的经济或文化模式"出发勾勒理论框架，"国家对全球化所作出的反应多样性"决定了考察"不同国家的教育路程"、比较"国家之间的差异"等成为全球化背景下从事教育研究时必不可少的理论维度。

20 世纪 90 年代，面对激进主义和后现代主义所倡导的教育改革无用论

---

① 肖滨、郭忠华主编:《公民身份研究》(第 2 卷)，格致出版社，2016 年，第 136 页。

② 广少奎:《民族精神教育》，中国石油大学出版社，2007 年，第 156 页。

③ 刘虹:《控制与自治：美国政府与大学关系研究》，复旦大学出版社，2012 年，第 102—103 页。

和民族国家教育终结的观念，安迪·格林出版《教育、全球化与民族国家》一书，其对于复活民族国家教育体系的呼声，引起了较大反响。该著作也被认为是教育学术界第一部探讨全球化与教育关系问题的著作。安迪·格林将“民族国家”的概念进一步延伸至全球化的时代背景下，通过对全球化时代的政治、经济、文化特征的研究，揭示出民族国家控制方式的变化及国民教育体系存在的时代价值。有研究者指出，教育的全球化问题，实质是后殖民主义的文化逻辑的渗透，因此，安迪·格林关于全球化的基本认识及强调教育是民族文化保存与创造的理论观点具有重要价值。①

2005年，朱旭东发表论文《远没有过时的民族性国家教育体系》，对安迪·格林的《教育、全球化与民族国家》这部著作进行了重点的解读。他强调了安迪·格林对后现代主义思想的否定，国家形成与教育体系的发生，教育、全球化与民族国家的“三角关系”等思想重点。在《全球化背景下的民族国家教育》一文中，研究者以安迪·格林思想为基础，对全球化背景下教育的国际化、趋同与分化等现象进行分析，再次强调国家教育的重要意义，即国家并没有因为全球化、超国家组织和市民社会的作用而消解，而是进行了重组和重构，其权力中心的地位依然没有改变。

国外研究者对于安迪·格林的《教育、全球化与民族国家》一书也进行了较多评价。《英国教育社会学》杂志主编格雷格·迪米特里亚迪思（Greg Dimitriadis）、卡梅隆·麦卡锡（Cameron McCarthy）等高度评价了安迪·格林的研究，认为安迪·格林运用了严谨的理论知识，直率深入、客观理性地讨论了全球化、后现代主义、民族国家和教育改革等重要问题。

《教育历史期刊》主编杰拉尔德·格瑞斯（Gerald Grace）认为，《教育、全球化与民族国家》是一本杰出的学术著作，保持着理论和社会政治敏锐度，具有时代性，而且通俗易懂。他还指出，在该书中，安迪·格林将哲

① 丁钢主编：《中国教育：研究与评论》（第10辑），教育科学出版社，2006年，第14—15页。

学、历史学、比较研究、社会学、政治学、教育学等理论综合在一起，体现出极强的分析的力量，为教育政策研究提供了很好的范例。《泰晤士报高等教育增刊》的主编安妮·科比特（Anne Corbett）认为，安迪·格林巧妙地开设了新的研究领域，是在强大的教育历史的研究基础上，做出了一流的实证研究。英国《教育社会学》杂志主编吉尔·布莱克摩尔（Jill Blackmore）则认为，安迪·格林非常成功地论证了教育和国家之间复杂的矛盾关系，打破了关于全球化的普遍神话。

英国沃里克大学的约翰·里德（John Field）教授对安迪·格林在《欧洲教育和培训体系的趋同与差异》（*Convergence and Divergence in Education Systems in Europe*）一书中提出的全球化的教育实践策略极力推崇。他认为，安迪·格林对全球化时代教育和培训体系的研究有着重要意义，因为全球化对教育和培训的影响要远远大于社会生活的其他方面。教育革新和社会变化是所有国家共同面对的问题。他赞同安迪·格林将重点放在中等教育、高等教育和义务教育后的教育培训体系的观点，并指出该著作支持了吉登斯关于全球化国家的基本观点，对国际比较研究学者有着重要的价值，同时对国家教育制度和政策的制定及实践而言是重要的思想资源。

（四）教育与社会凝聚问题

"社会凝聚"理论是安迪·格林教育哲学的另一重要组成部分。他曾先后出版了《教育、平等和社会凝聚力：一种基于比较的分析》（*Education, Equality and Social Cohesion: A Comparative Analysis*）、《社会凝聚的制度：社会和全球化的危机》（*Regimes of Social Cohesion: Societies and the Crisis of Globalization*）等著作。安迪·格林着眼于宏观的政治、经济及福利制度，从更广泛的社会属性出发，描述了社会凝聚在不同层面的表现方式，探讨了最为广义的社会凝聚结果。

对于如何实现全球化时代的社会凝聚，我国学者王英立发表《安迪·格林的学习社会模式》一文，研究了安迪·格林关于欧洲学习社会的三种模式构建，即政府引导模式、市场领导模式、社会伙伴模式，以及其各自的社会效果，并指出安迪·格林的思想对于学习型社会构建研究及教育实现社会凝聚的目标具有重要的思想和实践意义。

英国谢菲尔德大学教授约翰·弗林特对安迪·格林的《社会凝聚的制度：社会和全球化的危机》（*Regimes of Social Cohesion: Societies and the Crisis of Globalization*）一书进行了评论。他认为，安迪·格林对于如何应对全球化的危机给予了丰富的建议和有力的干预，并做出了四种实质性的贡献：1. 对社会凝聚的概念进行了清理和界定；2. 形成了深刻的关于社会凝聚的起源和知识传统的观点；3. 建立了一种国家和社会制度的比较模型；4. 用定量的研究数据来验证假设，建构了人们对学术和政策管理方面的基本认识。弗林特指出，虽然他对于安迪·格林所说的过去社会更具有凝聚性的观点有所保留，但是他仍然支持安迪·格林的观点，即在全球化社会，创造更多的社会凝聚力是必要的，需要彻底地反思现有制度的合理性。弗林特也对安迪·格林的研究方法进行了评价，认为其不可避免地存在着方法论的局限，即定量的方法和对全球化叙事的依赖，而这并不能证明其所有的关于社会影响力和现实人群的生活、关系方面的判断的科学性，因此，需要补充定性的和人种学的研究。

（五）教育公平问题

教育公平是安迪·格林教育思想的重要内容，也是其重要的价值立场。安迪·格林的教育公平理论研究受到了国内理论界的重视。袁振国主编的《教育公平研究译丛》系列丛书，就将安迪·格林的《教育、平等和社会凝聚力：一种基于比较的分析》一书纳入，并进行了翻译和介绍。该书重点探讨了教育不平等的产生及在社会关系中的表征与作用机制，深入地剖析了教育不平等的社会本质。

多数学者对安迪·格林理论中的教育制度与公平思想进行了研究。在教育公平与效率的政策领域，以及我国基础教育的实践领域中，安迪·格林的思想提供了有益的借鉴与参考。研究者认为，安迪·格林在对英、法、德、美等国国民教育制度发展进行比较的同时，着重强调了：1. 公共教育制度在一定程度上保证教育平等。如欧美国家公共教育体系的建立和普及性、公共性的制度，既是共和统治的结果，又是共和政府的工具，一定程度上保证了教育的平等。2. 新自由主义政策下的教育改革会加剧教育的不平等。如英国保守党政府所倡导的新自由主义政策，因提倡自由放任的模式，加剧了学校的阶级划分，反而给教育带来了更多的供给和产出的不均。英国的公学教育就是精英等级教育的产物，极大地破坏了教育的公平性。

我国学者在《伦敦基础教育改革中的政府角色》一文中，对 2009 年国际性的 PISA 测试中，伦敦的基础教育表现出的教育机会不均、教育质量水平低等问题进行了剖析。基于安迪·格林对英国教育体系的分析，作者重申了英国新自由主义对教育的消极影响及对政府宏观调控教育的基本诉求，并界定了作为国家代表的政府的具体角色。

英国著名学者杰夫·惠迪在其《教育中的放权与择校：学校、政府和市场》一书中，以安迪·格林全球化时代的国家理论为基础，继承并延续了其对民族国家教育体系的思想观点。杰夫·惠迪深入抨击了教育自由主义的市场原则及择校政策，认为其导致教育不平等和教育质量的下降，提出教育公平仍然是教育决策的重要原则，国家、政府的干预仍然具有必要性和建设性。

（六）比较的历史研究方法

除思想特征外，安迪·格林使用的比较历史研究方法也成为研究者关注的焦点。国内学者许庆豫认为，安迪·格林使用了规范的历史比较研究方法，一方面在宏观历史比较层次上展开研究任务，运用马克思主义理论，解读英、法、美、德等国家的教育制度产生的根源；另一方面，又注重从微观层面进行比较，如对英国教育制度发展的详解解析，从而增强了研究的可信度。朱旭东指出，安迪·格林还采取了理论模式和概念模式并重的研究方法，从马克思和恩格斯那里，提取了国家理论的基本命题与范型作为基础；又从葛兰西那里提取了意识形态与霸权等基本概念，并对其进行了时代性、情境性的演绎，使理论与历史更好地吻合，因而研究更具思想性。还有研究者着重阐释了安迪·格林关于比较教育研究的方法论意义，认为虽然全球化开辟了不属于“国家”也不属于“制度”的教育空间，但是并没有降低安迪·格林进行比较分析的效用，因为许多重要社会信息，仍然是在国家层面存在，对其的研究更具有国家总体水平的特征。因此，安迪·格林进行的总体研究比个体研究涵盖更广，更具有解释力，是将比较研究带回比较社会科学、历史社会科学的重要尝试，克服了比较研究的孤立状态，也克服了个体研究的“生态谬误”。

美国休斯敦大学著名社会学教授、教育社会学研究机构主任、国际社会协会教育社会学主任、《新国际教师和教学手册》的主编之一安东尼·加里·德沃金（Anthony Gary Dworking）教授，对安迪·格林的《教育、平等和社会凝聚力：一种基于比较的分析》一书进行了评论。德沃金高度评价了安迪·格林的跨文化比较研究方法，指出其运用国际性的数据指标体系去揭示教育和社会凝聚关系的可信赖性，尤其肯定了其努力突破关于社会凝聚的操作化定义的研究方式，将社会凝聚作为一种社会过程而不仅仅是静态条件的思想创新性。而且，通过验证模型解释了社会凝聚的不同类型及不同要素和结构。德沃金认为，安迪·格林运用动态的、整体的和跨文化的比较研究和历史研究范式研究社会凝聚，对探讨全球化时代的国家发展有着重要的意义。

综合上述研究，关于安迪·格林的思想已有较为丰富的研究，但仍然存在着一定的不足。

（1）注重对安迪·格林教育史学思想的研究，忽视了对其思想内在的哲学本质的探查。已有的研究侧重安迪·格林的教育史学研究，关注其研究的工具性价值，而缺乏对其哲学思想的挖掘。虽然研究者都强调安迪·格林对马克思、葛兰西等马克思主义学者思想观点的继承和发扬，但并未运用马克思主义阶级分析的方法对其思想进行阐述和分析。研究视角与研究内容缺乏哲学维度的关注，导致安迪·格林教育思想中一些颇具价值的哲学观点和判断尚未被揭示，从而不能全面把握安迪·格林教育思想的内在逻辑。

（2）注重对安迪·格林思想的局部研究，缺乏整体性关注。安迪·格林思想涉及历史学、社会学、政治学等多种学科，研究方法主要以比较研究为主。研究跨越了18、19世纪至全球化时代漫长的历史过程，并全景式地呈现了不同国家的政治、经济、文化特征，从时代发展的历时性视角与社会结构的共时性视角考察分析了国家与教育的关系，形成了具有内在整体性的宏观性理论体系。当前研究或局限于学科内容，或局限于专业领域，或局限于特定的时空阶段，没有从整体上研究安迪·格林的教育思想体系。

（3）安迪·格林教育思想中的哲学批判和建构价值没有充分挖掘。安迪·格林的教育思想广泛存在于其教育历史学、教育社会学等研究中，研究者虽然高度评价了安迪·格林在教育与国家关系上的研究成就，并以此为基础来倡导国家教育和公民教育。但是，研究者们几乎没有考虑其教育哲学中所内含的意识形态指向和批判—建构维度。安迪·格林以国民教育为主体的研究，正是从批判的角度来审视教育的意识形态本质；而社会凝聚价值目标的提出，是对个体主义、解构主义及非理性主义的教育意识形态的批判与重建；民族国家认同、社会整合、社会团结等政治、哲学理论的应用，更是对全球化时代人类命运共同体构建的深切观照。如何系统地梳理安迪·格林蕴含于历史学、社会学、政治学的教育哲学逻辑，并全面呈现其以教育意识形态作用发挥为主旨的教育理论体系，需要我们深度挖掘其内在的哲学性、批判性和建构性，并关注否定性和肯定性的内在联系，从而更全面地把握其思想内涵与时代价值。

四、研究内容与方法

（一）研究内容

安迪·格林是当代英国著名的教育哲学家、教育史学家，以“教育与国家”的关系研究而享盛誉，并成为较早探讨全球化时代教育问题的教育学者。安迪·格林的教育哲学理论体现了实证研究、历史研究和马克思主义哲学内核的有机结合。作为伯明翰大学文化研究专业的哲学博士，安迪·格林承袭了伯明翰学派的思想基础与文化批判的基本范式，同时，也呈现出了其独具特色的研究方法与路径。

批判性是马克思主义哲学的重要特征，也是安迪·格林教育研究的方法论特征。批判理论包含两个维度，一是否定性维度，二是超越性维度或曰启蒙性维度。马克思主义批判理论就是在辩证否定资本主义的基础上，超越资本主义并建构解放的、未来社会的理论体系。安迪·格林坚持从“教育与国家”宏观视角出发，以国民教育为对象深入批判了各种意识形态思潮，重点强调了教育的意识形态性质，重新论证了国民教育存在的必要性，深入揭示了教育活动的社会凝聚性，并提出了实现教育理想与社会共同体的现实途径，从而建构了其教育哲学理论。这为人们正确认知与分析当代教育危机提供了重要的理论工具，为教育哲学理论创新提供了一定的启示，也为全球化时代不同国家的教育实践提供了借鉴。

本书研究的主要内容包括以下几个方面。

第一，安迪·格林教育哲学思想的提出。任何思想的产生都是理论与实践的结合。20 世纪下半叶以来西方资本主义国家的教育面临共同问题：全球化引起教育趋同性神话，教育的非理性、个性化高涨，教育市场化盛行等。这些问题削弱了国民教育的根基，冲击了国家教育的公共性与权威性，构成了安迪·格林教育哲学的批判出发点。而其批判的理论则来源于马克思主义国家—社会观，葛兰西的霸权理论，阿尔都塞的意识形态国家机器理论，西方教育社会学理论，英国新左派的历史、文化批判理论，成人教育等理论观点。其中，教育的民族国家性、阶级统治性、意识形态性、结构功能性及潜在解放性等特征，奠定了其教育哲学的思想基础。

第二，安迪·格林教育哲学思想的逻辑起点：教育的意识形态性。从意识形态的特征出发，安迪·格林首先剖析了教育的本质是意识形态，即具有社会性、阶级性、普遍性与欺骗性及国家机器性等特征，又辩证地分析了教育作为意识形态的驯服性和解放性特征。基于上述认识，安迪·格林重点剖析了教育意识形态的内部矛盾，即教育内容的同质性与多样性矛盾、教育对象是精英还是大众的对立及教育主体中个体诉求与国家规划的博弈，并对当前的教育意识形态，如教育的全球化、后现代主义教育观及新自由主义教育观等进行了深入的批判。安迪·格林主张教育的多样性来塑造广泛的文化主体和公民身份，提倡教育的大众化以提升底层民众的文化素质与社会地位，倡导教育主体的国家化以推进教育行为的公共性与公平性。

第三，安迪·格林教育哲学的理论对象：国民教育及其历史功能。国民教育制度的确立体现了统治阶级意识形态权力的实现过程，是教育政治化的路径。安迪·格林批判了辉格论起源、结构功能主义起源、生产关系起源、韦伯冲突论等传统的国民教育起源论思想，从历史唯物主义角度揭示出国民教育制度与国家形成的时序同构关系。国家形成是国民教育制度形成的现实语境及合法性保障，国民教育在英、法、美、德等不同国家独特的历史与文化环境中呈现出差异性特征，也凸显出统一的历史功能，即促进不同类型民族国家的民族认同，实现民族国家统治的合法性。

第四，安迪·格林教育哲学的价值目标：社会凝聚。社会凝聚理论是安迪·格林对教育与国家关系的时代阐释，也是其教育哲学的价值目标。安迪·格林认为，社会凝聚既表征一种整体的社会关系，又与国家的制度息息相关。安迪·格林分析并批判了不同类型的社会团结思想、不同制度模式的社会凝聚类型及教育的作用方式。在此基础上，安迪·格林界定了社会凝聚的基本内涵与本质维度，强调了社会凝聚的结构维度、价值维度及主体维度的表征。分配平等与社会包容、主体相对的自由与政治参与、合法性的社会共识等都成为社会凝聚的主要变量，而教育则是重要的影响因素。

第五，安迪·格林教育哲学的实践建构：统一与多元。安迪·格林关注社会凝聚的结构条件与意识形态条件的统一，以消除教育不平等、实现国家认同为主要目标，从公共教育制度、国家课程、职业和技术教育与终身学习等四个方面建构了当代教育的实践方式。安迪·格林主张建立公共教育制度，反对新自由主义的教育市场化与“择校”行为，拒绝选拔性的精英主义的教育制度，力求实现教育的分配平等，以促进社会正义和团结的实现。在国家课程方面，安迪·格林主张课程既要体现民族文化与价值的主导意识，也要突破狭隘的爱国主义，建立多元包容的公民教育课程体系。职业技术教育和培训方面，安迪·格林强调“国家和社会合作者在职业教育培训体系中的作用”，主张通过生产活动实现个体的发展与解放。终身学习是实现主体自我建构和社会民主团结的重要方式。安迪·格林倡导平等主义体系下的终身学习模式的建立，并强调通过国家福利制度、劳动力市场政策、政治文化精神的社会化而实现终身学习的政治、经济和文化目标。

第六，安迪·格林教育哲学思想的评价。安迪·格林的教育哲学具有思想性与方法论的双重价值。其运用历史唯物主义的观点来追溯教育与国家的辩证关系及其演化的历史过程，并将其运用于全球化时代的教育解读，其提出社会凝聚概念具有较强的时代价值，是对马克思主义哲学批判理论的丰富和创新，关注社会平等、正义与教育分配等问题，又具有深刻的马克思主义思想特征与现实的社会关怀。安迪·格林着眼于宏观的研究方法，较好地避免了方法论个人主义所产生的“谬误”，为其理论提供了科学的研究数据与支撑。当然，安迪·格林的教育思想也有难以克服的不彻底性，如因其阶级的局限性而无法将批判触及私有制的根源；关注教育的社会功能的同时，对个体主体性有一定程度的忽视等。我们有必要对其进行深入的反思，合理地借鉴，为我们教育哲学的发展提供理论资源。

（二）研究方法

（1）文献法

本研究试图全面分析、系统梳理安迪·格林的教育哲学思想，而其思想多基于历史学、政治学、社会学等多科理论基础，并散见于其教育史、比较教育学方面的著作，需要大量的相关文献阅读为基础。通过对上述领域的文献的查阅和分析，本研究形成科学的假设，提出有意义的问题，也得以建立规范严谨的理论目标。同时，在深入文献的研究的基础上，才能与研究对象进行有效交流与对话，掌握分析的方法与途径，从而实现全面客观的分析、理解与评价体系。

（2）历史法

历史法有助于我们从事物形成、发展的过程中把握其本质和规律。历史法按照事物发展的顺序和历史事实来说明问题，能够避免解释的随意性和主观性。本书所研究的安迪·格林教授，也是一位著名的教育史学家，其教育哲学思想主线可从 18、19 世纪溯源至今天的 21 世纪，体现出规范的历史分析与研究特点。这不仅为本研究提供了丰富的历史事实，也提供了分析与解释的工具和方法，基于这样的基础，才能更好地实现研究中逻辑与历史的统一。

（3）比较法

比较研究是本研究重要的研究方法之一。通过不同层次和范围的比较，能够更清晰地把握研究对象。本研究在对安迪·格林教育哲学思想研究的同时，注重其思想来源的历史比较，其与同时代人物与思想的横向比较，以求更全面、深入地把握其思想。同时，安迪·格林教授的教育研究中亦有大量的比较教育研究，尤其是基于国家与社会层面的宏观、实证比较研究，为其思想提供了客观的、有效的数据支撑。因此，本研究着意于其思想的纵向历史比较和横向国际比较、宏观和微观相结合的比较，在比较中聚焦研究的重点并形成现实借鉴。

第一章　安迪·格林教育哲学思想的提出

任何思想的产生，都来源于问题。公共教育体系的困境是20世纪下半叶以来全球教育面临的重要现实问题，成为安迪·格林教育哲学思想的出发点。面对全球化、后现代主义及新自由主义等思潮在世界范围内的蔓延，安迪·格林深入地剖析了它们对教育所带来的影响，指出了当前各国国民教育体系所面临的现实困境。通过批判继承马克思主义国家—社会观，葛兰西的霸权理论，阿尔都塞的意识形态国家机器理论，西方教育社会学理论，英国新左派的历史、文化批判，成人教育理论等理论观点，安迪·格林阐述了教育的民族国家性、阶级统治性、意识形态性、结构功能性、潜在解放性等特征，对教育的个体主义、工具主义、非理性主义进行了深入的批判。

1.1　公共教育体系的困境

公共教育体系作为一种普及的、大众的现代教育制度，最早产生于欧洲革命后期，它提供了一种建造和统一新民族国家的强有力的手段，并成为国家重要的制度支撑。在国家形成、发展及战争和危机时期，教育一直被视为国家凝聚力的重要来源和经济发展的重要工具。然而，全球化时代的到来，新的全球力量正在改变着民族国家的公共教育体系，并使其面临危机：一方面，由于全球化的普世主义与国家作用的消退，教育不再能保持独特的国民性而被一种普遍的工具主义所代替；另一方面，由于社会、文化多元性的增长和个人主义的盛行，教育体系的私人化日益严重，其公共的、集体的目的逐渐消失。政府似乎不再能够通过教育实现社会的整合，也不再关注通过教育来传递民族文化。民族国家教育体系在新的世界秩序中成为一种边缘性力量，甚至有人认为，民族性国家教育消失了。

这里潜藏着两层含义：第一，民族国家存在的意义；第二，民族国家教育的价值问题。对二者的否定来自全球化的社会理论，也来自与之相应的新自由主义、后现代主义的哲学思潮。安迪·格林基于马克思主义的基本立场，对上述的思想理论进行了深刻的剖析和批判。

1.1.1　教育全球化的神话

全球化理论社会生活的诸多领域产生了广泛影响，动摇了民族国家的稳固地位。

在经济领域，全球化首先表现为国民经济的危机。商品生产、市场、服务等在世界范围内的流通，原料货物运输的便捷及国际资本的流通，都使国民经济受到冲击。“将不会再有民族产品和技术，不再有民族企业，不再有民族工业。至少在我们已经开始理解全球化这个词的时候，将不再有国民经济。”① 全球化经济不再需要国家忠诚，因为国家财富或者人民生活标准将不再依赖本国或公司的盈利能力，超越国家控制的跨国公司将成为主要的经济实体，存在于国家的唯一资产将是个体的技能。商品流动成为人员流动的替代，只有不断提高劳动技能，才能保持个体在全球化经济中的竞争力。

在政治领域，伴随而生的是国家主权和自治权在全球化秩序中被削弱的问题。从外部来看，罗伯特·库珀认为，民族国家在控制国防和外交方面，已经不再发挥自主作用。两次世界战争之后，发达国家形成了相对稳定的国际组织结构，冲突关系冷却，着力于通过外交而非战争来消除政治分歧。核武器的出现制约了国家军事活动的范围，国家曾因军事冲突而被赋予民族意

---

① ［英］安迪·格林:《教育、全球化与民族国家》，朱旭东、徐卫红等译，教育科学出版社，2004 年，第 168 页。

识和民族认同的特征逐渐淡化，“和平”的政治环境消解着国家的合法性。从内部来看，霍布斯鲍姆认为，民族国家政府正在失去内部控制和权威。“目睹私人安全服务或保护服务上升，以及私人信息服务上升，并与过时的迄今为止完全由政府管理的部门竞争，这时候，国家正失去它在其领土内的垄断特权和历史特权。”[①] 甚至有人认为，民族国家的主权和自治权应当转让给一个新范围的超国家组织。

在文化领域，全球化力图实现文化的一体化及普世的价值观念。在丰富的媒介交流和信息手段下，全世界民族都能够共享同样的文化信息。但是，“全球市场化的文化并不是所有参与其中或接触它的人平均贡献的产物。其生产者不会咨询他人，然而不管怎样，那种文化从风格和内容上来说是大西洋式的，它永远容易遭遇从中生产或提取意义的普遍力量”[②]。这是以西方为中心的价值和文明，借以技术的手段，向全球推广的过程，它泯灭了民族文化的特殊性，消解了不同文明、不同文化存在的空间。正如彼得斯所说：“全球化最通常的解释是这样的观念，即通过源于西方的技术、商业和文化同步化，世界变得更加统一和标准化，并且全球化是与现代性联系在一起的。”[③] 文化领域的全球化趋势在形式上看起来是确定无疑的，因为新的信息技术带来了观念、信息和技术的全球流通，政府不能也不可能控制民众获得全球流通的信息。因此，文化的全球化与多元化改变了人们接受的文化内容与文化信息，对建基于民族国家文化意识的公共教育体系形成了严峻挑战。

全球化的力量在经济和文化中创造了更多、更具分裂倾向和个人主义的社会，形成了对社会团结的抵制力量。个人主义的发展和生活方式的多元化、世俗化、流动性等都对社区衰落发生作用，人们开始质疑曾经表征着团

① [英]安迪·格林:《教育、全球化与民族国家》，朱旭东、徐卫红等译，教育科学出版社，2004年，第169页。
② [英]约翰·基恩:《全球公民社会》，李勇刚译，人民大学出版社，2012年，第208页。
③ [英]安迪·格林:《教育、全球化与民族国家》，朱旭东、徐卫红等译，教育科学出版社，2004年，第170页。

结一致的民族是否已经消失和不复存在。

全球化理论在指向民族国家存在的合法性意义的同时，也导致民族国家的公共教育体系面临“皮之不存，毛将焉附”的危机。教育致力于为全球国际劳动力市场培养统一的人才，被看作是个体和集体经济增长的一种有效手段。为此，全球化加剧了教育体系的国际合作、概念交流和政策传递，以更强势的趋同力量，整合了各国的教育政策，民族文化的教育意义和传统即将消失。于是，公民的塑造让位于技能的形成，民族国家的教育目标被个人主义及由技术导致的“工具理性”所主宰。“技术的可能性和后果是如此无所不及，一切事物如今是如此地打上了技术的烙印，而技术的发展速度又是如此令人咂舌，以至于使人感到，在技术许诺的本身也同时出现了对人类及其未来的可怕的威胁。技术正在变成全球性的力量。它开始染指人类历史的根基，而且正在向人类历史注入极不稳定的因素。”① 在文化趋同的历史过程中，强烈的西方中心主义遮蔽了民族文化的意义，西方的科学知识在全球化进程中以其标榜的“先进性”“普及性”和“科学性”向外辐射扩张，民族文化的独特性逐渐丧失。然而，全球化却固有一种无法克服的文化矛盾：既结合了各地的人与文化，却又让其变得更为分化。教育全球化神话的背后仍然是资本的逻辑与西方中心主义的思维，对民族国家教育体系与公共教育理念形成了严重挑战。

1.1.2　教育非理性化的盛行

教育的理性化建立于现代启蒙理性的基础之上，而后现代主义批判启蒙理性，追求绝对多元主义，反对教育标准化，严重侵蚀了教育理性的根基，导致了教育的非理性化。后现代主义产生于20世纪60年代的西方社会，是一种具有反西方近现代哲学体系倾向的思潮，与全球化逻辑的相似之处在

---

① ［荷］E. 舒尔曼：《科技文明与人类未来在哲学深层的挑战》，李小兵等译，东方出版社，1995年，第1—2页。

于：民族国家的教育体系已经死亡，它会很快变成无关紧要的、不合时宜的和不可能的存在。政府不再有权力决定它们的国民制度，教育不再具有统一的标准，知识理性不再是教育的主要内容，教育逐渐走向相对化、个人化与碎片化。

后现代主义思潮的主要表现为：其一，对“现代主义”理性形式的批评。它否认现代主义的文化理性与整体性，强调与传统文化的割裂，以及对个体性、独特性的赋权，倡导教育主体与客体的多元性、互动性与相对性。其二，提倡“后结构主义的”思维方式。后现代主义推崇福柯关于知识与权力的关系、德勒兹的“欲望”等思想，它们的共同之处在于都来源于尼采的思想，即关注现实的多样性和异质性，看重人作为主体的不稳定性和偶然性，过度夸大了相对主义和个体性。其三，推崇社会发展的理想性。后现代主义倡导生产关系的变革及相应的政治经济体制的重建，以缓和尖锐的意识形态和政治冲突，实现“意识形态的终结”。因此，它反对教育的公共性与国民意识的培养，反对塑造理性主体。在战后西方国家的修复与重建时期，不论是左翼还是右翼，都在后现代主义思潮中找到了寄托，并将其视为超越现代主义的重要发展和进步取向。

后现代主义的教育集中表现为一种非理性的个性化追求。其所倡导的反主体性、反统一性，肯定多元性、差异性和不确定性等思想，都是以往哲学所缺乏或重视不够的，后现代主义的这些批判正中现代主义哲学的要害，成为教育批判者的重要理论武器。后现代主义“为重新思考界定权威的广义和狭义背景提供了新的理论工具……通过整合现代主义与后现代主义的精华，教育者将深化并拓展通常所理解的批判教育学”①。亨利·吉鲁基于后现代主义解构思想所提出的“边界教育学”，批判了现代性教育的阶级、文化再生产本质，崇尚开放式学习和民主化的组织形式。“边界”一词是指“主张整

① [英]安迪·格林:《教育、全球化与民族国家》，朱旭东、徐卫红等译，教育科学出版社，2004年，第20页。

体叙事的知识之间的界限……在女性主义和后现代主义话语中，这一点表现为认同知识的情境性、知识观的局部性、历史的不确定性和身份认同的多样性、变化性及通常的矛盾性”。[①] 其中所包含的大众文化研究，鼓励学生制造自己的文本，并且对主流文化进行批判，分析其所制造的恐怖、不公正和被排斥的方式等。后现代女性主义教育理论则强调要分析国家发展、教育、权力与性别等之间的复杂关系，关注学校教育和父权制、学校教育的再生产与性别的关系、学校教育中给予女童的官方意识形态知识等问题。后现代主义教育哲学倡导的教育理念打破了传统教育理性化一统天下的局面，追求多元性与异质性，体现出反教育理性化的意识形态内涵，突出教育内涵的感性、情感、欲望、审美等各种非理性因素，反对教育的国家主体性。这一思想在文化多元主义流行的西方社会逐渐盛行起来，严重冲击了西方乃至世界的公共教育理念与国民教育体系。

1.1.3　教育市场化的滥觞

教育市场化源于资本主义新自由主义意识形态的流行。新自由主义兴起于 20 世纪 70 年代，是在继承古典自由主义的基础上，迎合国家垄断资本主义向国际垄断资本主义转变需求，以反对凯恩斯国家干预主义为主要特征的思想体系和政策主张。新自由主义推行教育私有化、市场化与竞争化，反对教育的公共性与国民性。

新自由主义的基本主张是：缩小国家对经济干预的范围，削减公共服务的开支，如卫生、福利、教育等社会服务，主张引入市场竞争原则，崇尚公共服务私营化理念。

1944 年，哈耶克出版了《通往奴役之路》一书。该书被认为是新自由主义诞生的“宪章”。哈耶克激烈地抨击国家对市场机制自由运转的干预和

---

① ［英］安迪·格林：《教育、全球化与民族国家》，朱旭东、徐卫红等译，教育科学出版社，2004 年，第 21 页。

限制，反对计划经济与社会主义。他认为社会主义会夸大自身的目标而贬低个人目标，从而限制了人的自由权利和利己动力。社会目标不应是对个人目标的牺牲，而应当成为基于个人目标基础上的总体目标。因为没有市场经济的分散灵活，社会主义的计划经济不会产生高效率。因此，在新自由主义的意识形态观念里，社会是不复存在的，只剩下市场和个体消费者，集体、社会、共同体等概念被其所摒弃。社会的责任被弱化，转向了个体的责任与压力。正如英国前首相撒切尔夫人所说："这里没有社会 ——这里只有市场，以及社会中个体间的竞争。"①

在欧美社会，新自由主义的市场原则与教育理念占据主导地位。他们崇尚教育的工具主义，强调教育的经济功能，尤其倡导教育的市场化改革。新自由主义者主张建立由市场主导的教育体系及"择校"原则，认为择校能够给予学校更多的决策权从而提高教育机构的绩效，以此来解决国民教育体系经费不足的问题；市场竞争能够促进学校的多样化并满足不同学生和家长的需求；学校的自主性能够激励教职员工，增强他们的责任感等。"判断一切知识价值的标准是'市场'，凡是有利于市场的，必然是有利于社会的……没有市场的知识即使再科学也是无用的。知识经济就是使一切知识接受市场检验的经济。"②

教育市场化原则，在消解国家权力方面得到了较多的理论支持。英国自由主义经济学家埃德温·韦斯特极力反对国家干预教育。他认为，国家对教育的干预意味着"自由放任"的经济原则在教育领域内被彻底打破，国家公共教育更关心组织化的教育集团的利益，而不是学生和家长的利益。"19 世纪教育发展的史实表明国家未举办教育之前的家长比我们通常认为的更加负责。"对于公共教育的社会价值，即通过个体的受教育者而衍生至社会的积

① 毛亚庆：《教育研究的三个视域》，安徽教育出版社，2012 年，第 87 页。

② 邬志辉：《课程全球化的四种哲学观评析》，《东北师大学报》（哲学社会科学版）2003 年第 6 期，第 115—122 页。

极效应，韦斯特进行了颠覆性质疑。他认为公共学校并没有降低社会的犯罪率，甚至因为国家教育制度强加的自身的价值，阻碍并忽视了少数群体和个体价值的实现，更不利于实现社会的民主。“公立学校的最终目标不是促进儿童的最大幸福或学校教育效益最大化，公共教育是发生寻租最为显著的领域。”① 在他看来，国家为了消除不平等和特权而采取的整合行为只是一种堂吉诃德式的美好幻想。

教育全球化的神话、教育非理性化的盛行与教育市场化的滥觞，使得当代的教育理念与教育实践突破了民族国家与传统理性的束缚，教育看似更加多样化、灵活化与开放化。但是，正如安迪·格林指出：“在一个自由主义和多元主义的社会，很少有共同的标准。有严格约束力的集体没落了，被自由选择的社区所取代。”② 国家教育体系与公共教育体系由此逐渐没落，导致了严重的教育问题。教育不仅要培养独立自由的个人主体，还要培养社会主体公民意识，建构民族国家的思想和文化认同。越是民族的就越是世界的，民族国家意识的培养与发展是当代社会发展的重要方向。安迪·格林认识到，教育全球化、非理性化与市场化借助于资本的强势逻辑严重冲击了国民教育制度的合法性根据，动摇了公共教育体系的根基，导致了公共教育理念与国家教育制度的困境，造成了当前教育理念的混乱与危机。而这种教育困境与危机就成为安迪·格林进行教育哲学反思的现实出发点。

---

① West,E. G. Education without the State. Economic Affairs，1994，1—8.

② [英]安迪·格林:《教育、全球化与民族国家》，朱旭东、徐卫红等译，教育科学出版社，2004年，第186页。

1.2 安迪·格林教育哲学思想的理论基础

安迪·格林的研究领域广泛，涉及哲学、政治学、历史学、社会学等诸多领域。其中，经典的马克思主义哲学是其思想的灵魂，尤其是马克思主义国家—社会观成为其思想理论的基石。葛兰西文化霸权理论、阿尔都塞的意识形态理论、西方社会学家的社会研究、英国新左派的文化批判、成人教育理论都成为安迪·格林思想的重要基础和来源，体现出其教育哲学的基本特征。

1.2.1 马克思主义国家—社会观

“国家”一词是安迪·格林教育哲学思想的关键概念。在马克思早期的定义中，国家被定义为阶级统治的工具。在阶级社会，经济处于统治地位的阶级，借助国家作用的发挥，最终能在政治上成为占统治地位的阶级，并同时获得镇压和剥削被压迫阶级的工具。国家通常被理解为政治社会的强制机构，不但进行物质上的统治，而且进行精神统治。教育是精神统治的重要工具，具有为统治阶级服务的性质，即阶级性。马克思主义的国家—社会观为安迪·格林探讨国家与教育的关系提供了重要的启示。

马克思对国家的关注，始终把国家问题与人的政治、经济生活平等和人的自由生活、发展联系在一起。因此，他认为不可能存在“中立”的国家，国家代表了整体利益而对立于私人特殊利益的观点是现代国家恶意制造的，没有现实基础。虽然现代国家确立了公民在形式上的平等，同时废除了宗教、出生、阶层、职业等政治意义，并试图通过平等自由的原则来确立超越任何群体的独立的国家。但这不过是一种对私有制的保护和一种形式上的掩护。“通过保障私人财产，国家成了一个独立的整体，与市民社会并列并游离于其外；但它仅仅是一种组织形式，是资产阶级保障内部和外部利益，保障自己的财产和利益所必需的。”①

马克思还认为，国家的性质是由特定时期的市民社会和生产关系决定的。在 1859 年《政治经济学批判》中，马克思强调，与一定阶段物质生产的发展相适应的生产关系，构成了社会的经济结构，这种经济结构是法律和政治上层建筑的基础，同时也限定了相应的社会意识形式。在资本主义国家，资本对劳动的剥削是国家的本质核心。“从直接生产者身上榨取无酬剩余劳动的独特经济形式，决定了统治与从属的关系，这种关系是直接从生产本身中生长出来的……”② 从经济结构出发，马克思和恩格斯认为国家是资本的集体意识，直接功能就是作为资本家的桥梁，成为纯粹的阶级统治的工具。恩格斯说：“一切政府，甚至是最专制的政府，归根到底不过是本国状况的经济必然性的执行者。”③

马克思的这一思想后来形成了两大模式，一种即国家形态纯粹由经济水平决定，从而有效地否定了社会形成的其他阶层的独立效应；另一种即将国家概念完全当作单一的、整体的统治阶级的统治工具。

安迪·格林批判了政治和经济的简约论的观点，指出其忽略了现代社会形成中经济、阶级和政治之间极其复杂的关系。安迪·格林指出，国家被简单地看作是经济基础的附带现象，用这一理论很难解释为什么在有些地方，占支配地位的政治及团体不能体现占支配地位的经济阶层的利益，国家不由控制经济领域的阶级控制。马克思也明确承认经济和政治权力并非完全相符，在英国表现得尤为典型。为避免经济学家和工具论主义者常见的简约

---

① [英] 安迪·格林：《教育与国家形成：英、法、美教育体系起源之比较》，王春华等译，教育科学出版社，2004 年，第 94 页。

② 马克思：《资本论》（第 3 卷），人民出版社，2004 年，第 894 页。

③ 中共中央马克思恩格斯列宁斯大林著作编译局：《马克思恩格斯选集》（第 4 卷），人民出版社，1995 年，第 715 页。

论，英国文化研究学者霍尔指出，国家、经济和统治阶级之间的关系是错综复杂而又相互矛盾的。泛泛地说，国家被认为是一种相对自主的权力，它和特定阶级及阶级集团之间的关系因时而异。因此，安迪·格林认为，现代国家的执行机构只是一个管理整个资产阶级共同事务的委员会。

安迪·格林指出，马克思的论述清楚地表明，国家执行机关随时能够作为一种自治力量而启动。资本的历史使命是创造全球市场，这意味着资本在时间维度从商业资本发展到产业资本、金融资本的过程。也意味着其在空间维度从区域性走向全球性的拓展过程。在资本的时空之旅中，国家始终扮演着重要的“守护”角色，有时甚至是决定性的力量。“所谓民族国家在控制世界市场的无能，并不是由于全球自由资本从‘本性上’难以管制，而只是民族国家权力集团内部由国际化进程所施加的实际的阶级冲突的结果所致。”①

为了实现统治阶级的利益，国家需要一种超越各阶级特殊利益和意志的权力来证明自身的合法性。马克思在《德意志意识形态》中说：“每一个新阶级取代旧阶级，都是被迫的，仅仅是为了实现它的目标而把自己的利益标榜为社会所有成员的共同利益，这是一种理想的状态：它必须把它的观点全民化，而且使其成为唯一理性的、普适的观点。”② 安迪·格林认为，马克思的国家理论包含了国家在意识形态方面的作用及合法性的确认，即国家客观上是促进社会团结的工具，并按照统治阶级模式塑造所有阶级。

从经典马克思主义哲学的观点来看，国家是阶级统治的工具，是一种强制的阶级统治工具，而教育则是国家统治的手段，在《共产党宣言》中，马克思一针见血地指出：“而你们的教育不也是由社会决定的吗？不也是由你们借以进行教育的那种社会关系决定的吗？不也是由社会通过学校等进行的

① 范春燕：《普兰查斯国家理论研究》，中国社会科学出版社，2015 年，第 186 页。

② [英]安迪·格林：《教育与国家形成：英、法、美教育体系起源之比较》，王春华等译，教育科学出版社，2004 年，第 100 页。

直接的或间接的干涉决定的吗？共产党人并没有发明社会对教育的影响。他们仅仅是要改变这种影响的性质，要使教育摆脱统治阶级的影响。”① 马克思的国家理论也强调了教育的重要作用。最初，他将教育作为重要的社会化机制。教育是个体通过国家引导融入社会共同生活、确认社会地位并实现自由发展的重要途径。随着对资本主义国家认识的深入，马克思深刻认识到教育与统治阶级利益的本质联系。安迪·格林遵从了马克思的思想逻辑，揭示了国家与教育之间的辩证关系，同时也揭露了教育的阶级本质。

1.2.2 葛兰西的霸权理论与阿尔都塞的意识形态国家机器理论

葛兰西的霸权理论进一步丰富了马克思的国家理论，论证了社会形成、国家意识形态、政治上层建筑之间的复杂关系。他认为，如同国家的本质不能简单地从经济决定论来推断，意识形态的复杂性与冲突性也同样不是经济利益的直接表现。葛兰西主张：“国家的一般概念中应有属于市民社会概念的某些成分，在这个意义上可以说：国家 = 政治社会 + 市民社会。”② 也就是说，国家不仅是政治社会的，也是市民社会的，前者靠带有强制性的“统治”发挥作用，而后者的作用方式则表现为凭借市民社会主要团体积极同意而取得道德和哲学的领导权。国家通过市民社会而运作，其基本功能之一就是塑造和教育各级社会以使他们符合国家的历史目标。葛兰西因此提出了霸权理论，认为霸权包括武力和认同、暴力和文明、个人和整体的结合。“在典型的议会制整体中，霸权体现的是武力和认同的结合，这种结合形成了一种动态的均衡，但不曾出现武力胜过认同的情况。”③ 葛兰西进而指出，要赢得这种认同，就需要一种新的、更普遍的语言对全体阶级利益进行全面的重

① 中共中央马克思恩格斯列宁斯大林著作编译局：《马克思恩格斯选集》（第 1 卷），人民出版社，1972 年，第 6 页。

② [意] 安东尼奥·葛兰西：《狱中札记》，葆煦译，人民出版社，1983 年，第 222 页。

③ [英] 安迪·格林：《教育与国家形成：英、法、美教育体系起源之比较》，王春华等译，教育科学出版社，2004 年，第 105 页。

建，也包括对社会整体进行重组。“事实上，想要创造一个新的文明形式或达到新的文明程度，国家就必须被看作是一个‘教育者’。”[①]葛兰西进一步确定了国家的相对自主性，将国家视为意识形态的教育者，也是生产的组织者和驱动者。

葛兰西的霸权理论为安迪·格林的教育哲学思想提供了依据。安迪·格林坦言：“影响我选择研究对象的文化因素也许不胜枚举，但很显然，其核心是我对葛兰西及其在国家形成方面的精湛研究的浓厚兴趣和社会学上关于‘哪些社会因素影响了教育’的持久论战。”[②]

教育是葛兰西文化霸权思想的中心概念之一。大众的认同并使他们适应现代生产方式的过程就是教育的过程。葛兰西强调科学知识和通识教育的重要性，反对职业学校过早的专门化对工人阶级学生职业和命运的决定。他倡导让每一个人都接受高水平的通识教育，反对再生产“阶级和等级”的私人学校，提倡在由国家投资建立的公共学校中进行相同教育。葛兰西认为学校能够促进国家目标的达成，并且学校教育也能为工人阶级争取权利的运动提供必要的准备。安迪·格林指出，葛兰西充分认识到了社会形态的多样性和矛盾性，这是其更加进步的地方。他同时强调了教育的双重属性，即作为社会控制的工具和解放的力量。他既乐观地看到教育在改造大众意识、发展霸权中的同意内涵所必需的大众文化的价值，又悲观地看到学校作为国家权力机关的阶级性。与其他功能主义的马克思主义者相比，葛兰西更能够意识到学校作为教育的斗争的战略场域，并不是静止不变的，也不是平静的资本主义“再生产”过程，而是在思想观念中进行的长期的、持续的争斗。

阿尔都塞的国家意识形态理论也对安迪·格林的教育哲学理论产生了重要的影响。阿尔都塞强调国家的相对自主性和意识形态国家机器在资本主义

---

① ［英］安迪·格林：《教育与国家形成：英、法、美教育体系起源之比较》，王春华等译，教育科学出版社，2004 年，第 107 页。

② ［英］安迪·格林：《教育与国家形成：英、法、美教育体系起源之比较》，王春华等译，教育科学出版社，2004 年，第 3 页。

社会中的作用。他认为国家机器分为镇压型的国家机器，如政府、军队、法庭、监狱等和意识形态的国家机器，包括教会、学校、家庭等机构与场所。前者靠暴力威慑来维持社会秩序，后者通过教育、宣传等形式将意识形态内化为人的自律性和自我意识来起作用。阿尔都塞指出："任何一个阶级如果不在掌握政权的同时对意识形态国家机器并在这套机器中行使其领导权的话，那么它的政权就不会持久。"[①] 一个国家的统治阶级必须要掌握意识形态的领导权。同时，阿尔都塞也指出，学校已经取代教会作为占统治地位的意识形态国家机器的作用。"它和家庭这个对子正像从前教会和家庭的对子一样。我们现在可以断言，考虑到学校（学校—家庭的对子）构成了占统治地位的意识形态国家机器，这个机器在现有生产方式的生产关系再生产中扮演着决定性的角色，因此当世界范围的阶级斗争已经威胁这种生产方式的存在的时候，空前深刻的危机目前正动摇着全球许多国家的教育制度，并时常伴随着（《共产党宣言》早已宣告过的）动摇家庭制度的危机，因而呈现出它的政治意义。"[②]

安迪·格林将葛兰西的文化霸权理论与阿尔都塞的国家机器相结合，阐述了国家与教育的辩证关系，揭示了教育根据统治阶级意志塑造服从社会秩序的公民的本质。

1.2.3　西方教育社会学理论

安迪·格林的教育哲学思想也受到西方教育社会学理论的深刻影响，尤其是结构功能主义的教育理论。涂尔干是结构功能主义的代表人物，它与英国的政治经济学家一样，最关心社会秩序问题。他反对理想主义和个人主义，并不相信自由主义所推崇的自由市场原则：个体在自由社会中追求个人利益就能够保证社会稳定。他认为，社会集体必须优先于个体而存在，而且

① 陈越:《哲学与政治：阿尔都塞读本》，吉林人民出版社，2003 年，第 338 页。

② 林青编:《国外马克思主义》，天津人民出版社，2019 年，第 116—117 页。

必须存在于个体之外。

基于社会本位的哲学观，涂尔干对以康德为代表的理性主义的教育目的和以穆勒为代表的功利主义的教育目的进行了批判，提出教育的社会本位目的。涂尔干认为，康德的理性主义所追求的个人的充分的“善”，是一种唯心主义和抽象的追求，它致力于人的和谐发展，预设了人与人之间在发展过程中的无矛盾性和互不损害性，而这在现实中并非都能实现。“因为它与人们同样必须遵循的另一个行动准则有矛盾。这个行动准则规定，我们必须献身于某一项特定而有限的任务。我们不可能也不应当把一切都献给同种生活方式；我们根据自己的能力有不同的职责要履行，我们应该与自己肩负的职责相适应。”① 这是基于社会分工对人的限定。穆勒的功利主义教育目的要求个体成为一个为自己和大多数人的利益谋求幸福的工具。涂尔干指出，幸福对于不同的人来说，有着不同的内涵，这是一种主观的事物而无法体现于普遍性的教育活动之中。由于每个人都拥有自己的主观幸福感受，或者是智力的乐趣，或者是物质的追求，都难以界定，即使是物质生活的标准，也会随着时间、地点及条件而变化。这“使教育目的成为不确定的，因而使教育本身成为不确定的”②。涂尔干指出教育就是成年人教育年轻一代社会化的过程，包括将智力、身体、道德等要求，以及普遍的社会规范传递给年轻一代的过程。因此，教育的功能表现在两方面：一方面是使儿童社会化，成为合格的社会成员；另一方面是满足分工的需求，成为特定社团的合格成员。

涂尔干的《社会分工论》体现出其较为独特的“社会”理解，即强调社会成员的关系。他始终认为是“社会关系”构成了“社会”，而这种关系更多是靠一种道德上的关联。在他看来，社会关系基于社会成员之间的联系性，这种联系的程度以及彼此的依赖性的加强，有助于更好地形成社会的道

---

① 张人杰主编:《国外教育社会学基本文选》(修订版)，华东师范大学出版社，2008 年，第 2 页。

② 张人杰主编:《国外教育社会学基本文选》(修订版)，华东师范大学出版社，2008 年，第 2 页。

德秩序和社会成员的自觉遵守。“社会成员联系得越紧密，就越能维持彼此之间及群体内部各种不同的关系。因为如果他们很少见面，就不会形成一种相互依赖关系，或者说这种关系很短暂，很微弱。”[①] 因此，社会具有团结和分散的动力特征。

涂尔干进而指出，同质性是社会整合与团结的根本。社会劳动的分工造成了传统的团结即机械团结的危机，但现代社会的劳动分工却蕴含着新的社会关系将社会团结在一起，而这种新的团结，需要新的道德共识，被称为“有机团结”。

涂尔干在分析社会共同体时，认为民族国家的价值高于家庭和地方社群，强调了国家在教育中的重要作用。“教育首先是一种集体功能，如果教育的目的是使儿童适应他将生活在其中的社会环境，那么社会就不可能不关心这样一种程序……自从教育成为基本的社会职责起，国家就不能不关心教育。”[②] 当然，国家关心教育并不意味着国家必须垄断教育。“创造共同的观念和情感，确实不是国家的责任；这种观念和情感应该由自己建立，国家只能予以确认、维护并使个体更加意识到这种观念和情感。”[③] 涂尔干强调国家和有组织的、中介的公民社团在社会整合中的作用，更关注教育如何促进平等与社会团结等目标的实现。

以涂尔干的理论为典范，社会学者们不断深化和发展了结构功能主义理论。美国功能主义代表人物帕森斯从现代教育制度的特点出发，指出：教育是“社会化的核心因素”，是为年轻人将来参加工作做准备，不仅是工作技能的准备，还包括学生社会化的准备，从而适应现代经济生活的竞争原则和“能人治国”原则。帕森斯强调教育的显性和选择性功能及其对社会发展总

---

① 刘拥华：《社会学的政治想象》，中国社会出版社，2015 年，第 11 页。

② 张人杰主编：《国外教育社会学基本文选》（修订版），华东师范大学出版社，2008 年，第 13 页。

③ 张人杰主编：《国外教育社会学基本文选》（修订版），华东师范大学出版社，2008 年，第 14 页。

体性的正面影响。他提出了四项重要的教育功能，分别是学术功能、分配功能、经济功能和政治社会化功能。“学术功能是和把那些被认为是对社会功能很重要的普遍认知技能灌输给社会成员的责任相适应的。分配功能与教育在使社会分工中的个体明确其地位的准备方面，以及通过竞争选择提供智力的有效分配中所承担的角色相关。经济功能与教育和一旦成为劳动力的个体一方所能提供的较高生产率之间的联系相关。在政治社会化功能的情境中，教育的重要性被认为是与社会整合和社会管理不可分割的。”① 同时，帕森斯认为社会关系的再生是没有问题的，只需要建立共识性价值，即来自共有的共同体和团结的群体价值。

英国社会学家洛克伍德提出了社会整合与系统整合的概念。他将社会整合看作行动者之间的冲突或和谐关系，将系统整合看作社会机构与组织之间的相容或矛盾关系。洛克伍德对帕森斯的功能主义提出质疑，认为其“对行动与权力的社会作用不甚了解，甚至对系统整合的某些基本要素也视而不见，从而把行动和系统混为一谈”②。因此，要彻底解决社会的秩序问题，需要重视社会系统各个组成部分之间的关系，也需要考察行动者在日常社会生活中所形成的具体的、实践的关系。

安迪·格林认为，涂尔干教育思想的价值在于它有意识地反对理想主义和个体主义，强调教育的本质是一种社会过程。这一社会过程既包括了通过教育来传授不同的社会职业所需要的技术和技能，也包括培养受教育者的集体意识——一种共同的文化。同时，他又指出，涂尔干理论的不足之处在于他没能对市民社会的矛盾做出理论解释，他涉及了阶级对抗这一话题，但却只是为它开脱。阶级斗争仅仅是快速的社会变迁带来的社会秩序的暂时性混乱，是新的劳动分工中的病态表现，封建特权在贤能政治的资本主义社会中

① [加]雷蒙德·艾伦·蒙罗、[美]卡洛斯·阿尔伯特·托雷斯：《社会理论与教育：社会与文化再生产理论批判》，宇文利译，上海人民出版社，2012年，第43页。

② 渠敬东：《缺席与断裂——有关失范的社会学研究》，商务印书馆，2017年，第239页。

的残余。阶级矛盾可以通过国家和教育机构创造的“集体文化”来解决。而这种集体文化也因没能充分考虑社会矛盾与冲突的问题而被发展为不同的走向，成为左派理论和右派理论的历史遗产。

对于结构功能主义的观点，安迪·格林认为，虽然很难用它解释19世纪的教育发展，但大量的历史记载都以它为理论前提。涂尔干强调社会现象必须从它的社会功能来了解，或从它对社会整体的贡献来研究，这为安迪·格林提供了整体主义方法论的指导。帕森斯对教育制度的关注及后续研究者对教育与社会关系的研究、洛克伍德对于社会整合的多维视角等都为安迪·格林提供了研究的方法和路径。

同时，安迪·格林也指出，结构功能主义者过于乐观，无视社会阶级在学校教育中的影响力，也隐藏了偏差的意识形态。所谓功绩式的社会或以能力为本的教育功能，不过都是资本主义所使用的宰制工具。教育功能实则是在复制上层社会英才文化，教育制度不但无法促进社会均等，反而使过去不合理、不公义和不道德的现象，冠冕堂皇地“合法化”了。事实上，学校在促进阶级形成的过程中，被动的成分要多于主动的成分，阶级的分化和流动与学校教育没有太直接的关系，学校更多是对社会关系的复制和再生产。不同类型的学校的功能是使其不同的服务对象——各社会阶层适应早已注定的各种社会和经济角色，教育的选择只起到了部分的作用，结构功能主义仍然没有正视社会结构与阶级矛盾等深层次的问题。

1.2.4　英国新左派的文化批判与成人教育理论

“新左派”并非一个有组织的政治团体，而是指20世纪50—70年代在英美等发达资本主义国家出现的各种“左”翼激进思潮与政治势力。新左派于1960年创立《新左派评论》，迅速成为西方左翼知识分子的阵地。“‘新左派’以马克思的经典思想为基础，以各种具体的学术领域为对象，结合英国实际，追求思维方式的创新与变革，形成了多种解释模式……体现出新的认识论和方法论意义。”[①] 新左派对资本主义后期的社会现象，如殖民主义、帝国主义的新发展，西方社会中的种族主义，与权力密切相关的文化与意识形态等问题进行了深入的研究。

英国新左派著名的史学家霍布斯鲍姆以马克思唯物史观为基础，重点研究了 19 世纪英国、欧洲大陆及拉丁美洲的历史发展，开辟了社会历史研究的总体视野。霍布斯鲍姆关于民族国家的发展历程的研究，为安迪·格林的研究提供了重要的理论来源。

霍布斯鲍姆将国家、民族与社会汇合在一起创立了宏观的马克思主义史学。他认为，民族创建是 19 世纪历史发展的核心与关键。民族问题应当与国家体制、行政官僚、经济状况、历史情境和社会背景等结合进行思考。国家由统治者创建，但也包含普通大众的需求和利益，“民族”与当代基于特定领土而创生的主权国家有着密切的关系，政治性与现代性是民族国家的重要特征。民族主义成为国家政治民主化过程中的重要意识形态标志。但是当政治民主化进展到必须“教育我们的国家主人”“创造意大利人”“把农民教养成法国人”，或把所有事物都囊括在民族与国旗之下的时候，也就是可以轻易动员民众的民族主义，或各种排外情绪，乃至假科学之名的种族优越论的时候。[②]1914 年，第一次世界大战爆发，即是冠以“民族”的名义。“民族”加深了“我们”与“他们”之间的差异，造成了族群的分裂与战争。因此，战后，民族主义被视为与国际主义（社会主义）是水火不容的，但霍布斯鲍姆始终认为，民族国家的发展将最终走向全球化的进程。

霍布斯鲍姆历史地分析了民族主义的发展过程，并阐述了民族主义与教育的关系。他指出:“国家会运用日益强势的政府机器来灌输国民应有的国家意识，特别是会通过小学教育来传播民族的意象与传统，要求人民认同国

---

① 乔瑞金编:《英国的新马克思主义》，人民出版社，2013 年，第 2 页。

② [英] 埃里克·霍布斯鲍姆:《民族与民族主义》，李金梅译，上海人民出版社，2000 年，第 107 页。

家、国旗，并将一切奉献给国家、国旗，更经常靠着‘发明传统’乃至发明‘民族’以便达成国家整合的目的。”[①] 霍布斯鲍姆还指出，虽然政府是有目的、有技巧地进行着意识形态的工程，但这并不仅仅是纯粹的自上而下的过程。“唯有当这项工程是建立在现成的、非官方的民族情感上，才有可能获致最大成效。”[②] 安迪·格林坚持了霍布斯鲍姆的历史观，始终立足民族国家的分析视角，论证了国家建立过程中民族主义的形成及教育对于促进民族认同中的重要作用。

新左派的另外一位著名代表人物佩里·安德森的历史研究方法与理性主义的意识形态批判也为安迪·格林的思想提供了重要支持。

对于英国历史研究中的经验主义气质，安德森提出了相反的观点。他认为，历史有偶然性，但是也有规律性和必然性。因此历史学的研究不仅要关注民众自下而上的书写历史的方法，还应当形成一种专注于国家的自上而下的整体历史的书写。“阶级统治的复杂机制的历史，其重要性不亚于‘自下而上’看的历史；实际上，没有前者，后者最终只是片面的历史（即使是较为重要的一面）。”[③] 安德森主张两种历史方法相互补充，才能形成丰富的马克思主义史学。

结合历史唯物主义和结构主义方法，安德森提出一种历史轨迹和社会结构相结合的“具体类型学”的研究方式。他认为，传统的马克思主义往往把权力看作经济基础的外在表现，无法识别社会历史的丰富性。权力的运行方式因时间和空间的不同而差异巨大，同时又是在社会的结构要素之中，与政治、文化、经济、军事等发生复杂的联系与作用，从而构成宏观、整体的结构模式，而这是“理解现代英国历史的一把重要的钥匙”。社会的策略不能

① [英]埃里克·霍布斯鲍姆：《民族与民族主义》，李金梅译，上海人民出版社，2000年，第108页。

② [英]埃里克·霍布斯鲍姆：《民族与民族主义》，李金梅译，上海人民出版社，2000年，第108页。

③ 乔瑞金编：《英国的新马克思主义》，人民出版社，2013年，第242页。

仅针对国家机器，还要考察市民社会的整个复杂形势。

在意识形态的批判方面，安德森对葛兰西的思想进行了补充和厘清。他认为，葛兰西过多地强调的"市民社会"的文化统治，忽略了"国家的政治统治"。意识形态被市民社会和国家所共享，暴力仅仅适用于国家。安德森一方面肯定了葛兰西关于领导权、国家、市民社会等概念对于资本主义民主权力的解释；另一方面，借鉴了阿尔都塞的结构主义思想，认为文化统治在资本主义国家权力中居于主导地位，而政治统治则处于决定地位。安德森集中对英国新自由主义的意识形态进行了批判，揭示了其标榜的自由、民主、平等、博爱等价值的虚假性，以及新自由主义世界充满冲突和斗争的阶级本质。在全球化的资本主义霸权影响下，民族文化面临着被消解和殖民的危机，因此不能故步自封，而需要批判地吸收与借鉴其他民族的优秀文化资源，以抵抗资本主义的全球扩张。

以威廉斯、霍加特、汤普森等为代表的伯明翰学派是英国新左派中的重要分支，深入地研究成人教育活动。他们广泛参与成人教育实践，为工人提供训练机会，帮助他们了解社会，也为自身的理论建构提供了丰富的现实素材。威廉斯的《文化与社会》、霍加特的《识字的用途》、汤普森的《英国工人阶级的形成》等都是马克思主义理论和成人教育的实践结合而产生的。威廉斯指出，只有实现了对多数平民的教育，文化研究才达到了基本的目的。霍加特运用马克思主义历史学的方法，研究了以工人阶级为主体的成人教育历史，描绘了 20 世纪 30 年代工人阶级的社会生活史及文化特征。汤普森投身于成人教育的研究，正如他自己所说："投身成人教育的目的就是为了'创造革命'，具体地说就是为了通过教育启发工人阶级，使之成为推动社会进步的主体。"[①]伯明翰学派的文化研究突破精英教育的局限、关注大众教育、扩充成人教育的范围，将处于边缘地位的工人阶级纳入研究的视野中，关注

① 张亮：《阶级、文化与民族传统：爱德华·P·汤普森的历史唯物主义思想研究》，江苏人民出版社，2008 年，第 11 页。

工人阶级的文化形成历史，开创了英国“成人教育”文化政治，也成就了英国马克思主义文化批评的学术地位。“成人教育‘运动’是残酷的意识形态论争的场域”①，文化研究成为一项为工人阶级大众教育而进行的政治事业。

长期的成人教育实践也促成了伯明翰的文化研究风格。美国学者本·阿格尔在《作为批评理论的文化研究》一书中指出伯明翰学派研究的4个特征：一是跨学科。早期伯明翰中心的代表人物多来自文学、历史学和社会学等领域。二是强调广义的文化定义，即主张文化是“人类生活的全部方式”，文化研究是对大众文化的研究和反思。三是主张建立包容性、连续性的文化领域，反对将文化进行高雅与低俗的等级之分。四是认为文化既是经验的又是实践的，不仅研究艺术品如电影、小说、音乐，也研究艺术品的生产、流通和消费的过程。此外，伯明翰学派的文化研究政治倾向显著，充分关注文化在社会阶级关系再生产中所扮演的角色，强调文化和权力的关系。

英国新左派的文化政治批判成为安迪·格林思想研究的基本来源和路径。意识形态与民族国家的关系问题、综合历史轨迹与社会结构的类型学权力模式为安迪·格林的教育哲学研究提供了深刻的政治哲学基础和思想来源，伯明翰学派的成人教育实践则为其提供了大众视角和文化政治研究范式。尤其是安迪·格林曾在伯明翰大学就读，并获哲学博士学位，其对教育的关注，兼具了多学科研究的伯明翰传统。在广泛借鉴的基础上，安迪·格林充分认识到，教育是通过观念发挥作用的，因此和意识形态最为相关，可称之为文化革命。

---

① 曹顺庆：《中外文化与文论》，四川大学出版社，2017年，第341页。

1.3 安迪·格林教育哲学思想的建构

安迪·格林的教育思想建基于马克思主义哲学。教育是一种意识形态性的精神力量，具有控制与解放的双重内涵，这成为安迪·格林教育哲学的逻辑起点。正是在此基础上，安迪·格林将实证研究、历史研究和哲学研究相结合，深入教育与国家、社会、主体的关系及辩证运动开展了系统的论证，激活了教育的思想空间和实践精神，建构了其教育哲学的核心体系。

第一，安迪·格林坚守“民族国家”作为研究的基本分析单位，基于马克思主义的基本立场阐释了教育与国家的形成和发展问题。作为当代西方马克思主义教育学者，安迪·格林确信理解现代国家的形成过程，应该运用马克思主义的国家理论及葛兰西的意识形态观念，这些思想构成了理解国家教育制度的钥匙。马克思提出了国家作为“阶级统治工具”的本质，进而认为教育作为上层建筑，是统治阶级意识的再现和推广。安迪·格林正是源于这样的哲学起点，以国民教育体系——国家干预教育的重要方式的建立为切入点。正如他所说：“国家教育制度的实质在于超越早期教育的狭隘利益，使教育服务于整个国家，或者说服务于统治阶级设计的国家利益。这样的教育必然是国家的教育和国家机构，而不可能继续听任个人或者利益集团左右，成为个人或集团行为。”[①] 对这一问题的观照涉及国家与其庶民（市民）之间、社会阶级之间、男性与女性之间获得的权力关系及其大众教育体系自身的不平衡发展所折射出的国家的性质问题。

在历史唯物主义的分析过程中，安迪·格林抓住了教育与国家关系的核

---

① 许庆豫:《教育研究中的历史比较方法评介——〈教育与国家形成〉分析》,《比较教育研究》2000 年第 2 期，第 51—56 页。

心——国家认同，并从多个层次和维度揭示了教育对国家认同的具体意义。安迪·格林借鉴历史学家霍布斯鲍姆的历史学理论，对民族国家的民族性及其历史发展进行了研究，并进一步研究了教育在民族性发展的不同历史阶段促成民族认同的方式与特征。安迪·格林运用比较教育研究方式，对英国、美国、德国、法国的社会文化历史进行了追溯，揭示了教育对于民族与国家认同形成的重要意义。安迪·格林将制度视为国家意志的体现方式，通过对民主制度和集权制度两种主要的社会制度的比较，剖析了不同统治方式、社会结构、文化环境下的教育差异及认同建构途径。教育与国家认同的研究进一步深化了安迪·格林对民族国家的理解和教育的意识形态本质的认识。

第二，安迪·格林将“民族国家”的概念与社会发展紧密结合起来，将研究的重点放到了教育的社会功能，即“社会凝聚”方面。从马克思主义思想看来，国家不仅仅是纯政治概念，更是一个综合性的社会政治概念。国家是由一定的人口、领土组成的有机体，以维护和协调各阶级的利益、管理公共事务、促进社会稳定与发展为目标。而这一系列的活动来源于国家所具有的公共权力。现代国家的民族化建构也是国家社会性发展的重要过程，通过社会动员和制度容纳等方式，拓展政治过程的开放性，实现民族与国家的相互建构、国家与社会的关系和谐。从这个意义上来理解民族国家，它就不再是一个欧洲概念了，而是一种具有普遍意义的社会存在了。民族国家也并不再是政治的乌托邦，而是一种现实的政治和文化融合统一的过程。安迪·格林对民族国家的社会凝聚进行了理论的探索，将其与国家政治制度、思想文化传统相契合，与主体实践相联系，从平等的社会价值角度剖析了教育与社会凝聚的复杂机制，深入诠释了教育对于国家合法性的确立、社会秩序的稳定及个体发展而发挥的重要的功能。

第三，安迪·格林将其哲学思想诉诸教育实践及主体合作的教育目标。安迪·格林运用马克思主义史学家霍布斯鲍姆的观点，认为学校教育是“形成民族的最有力的武器”，而民族性国家教育有助于建构公民资格的主体性，可以为国家对待其人民的方式和人民对国家承担责任进行辩护。因此，他对教育也包含两方面的期待：一方面是维护阶级统治的意识形态的控制和维护国家秩序，缓解社会冲突，主要表现在平等的教育价值观的建立、国家课程的设置等；另一方面则是教育的批判与解放功能的实现，这一点蕴含在其对职业与技术教育的关注及其对终身学习的推崇中。职业技术教育是推动社会生产力发展的途径，终身学习是自我建构的重要方式，它们都是社会大众形成国家认同的重要途径。同时，在这些教育实践中培养的主体，已经具有了一定的批判和自我解放的意识与能力。在培养积极自觉现代公民的同时，安迪·格林反对资本主义的个人利己主义思想，力图塑造社会主体团结合作的理念，培育现代社会主体的共同体意识。这一思想内在地孕育着社会主义思想的萌芽，从教育哲学的维度为马克思的社会主义理论提供了思想资源。

总体来说，安迪·格林的教育哲学思想从历史唯物主义的视角出发，揭示了现代教育体系在国家统治与社会运行方面的重要功能及其本质，批判了西方流行的教育理念及后现代主义的“教育体系终结论”的思潮，这对于全面深入认识西方资本主义国家的教育本质具有重要的理论价值。安迪·格林理论思想的阐述，是建立在对新自由主义、结构功能主义、后现代主义等哲学思潮的深刻批判基础上的，为其论证马克思主义的国家与教育理论扫清了道路。而其比较的、历史的及实证的研究方法的采用，基于历史事实与实证数据的客观论证，内在遵循着教育是社会文化资本再生产的思想路径，对于我们更好地理解马克思主义的精神再生产思想和意识形态观点提供了更加丰富的资源。

综上所述，安迪·格林以马克思主义哲学理论为基础，运用历史唯物主义的研究方式，借鉴西方教育社会学理论、英国新左派的文化批判与成人教育实践，通过对教育的纵向历史剖析和横向的结构比较，深入批判当下国民教育体系面临的时代危机，建构了整体性的教育哲学思想。

小结

20世纪下半叶以来，全球化的力量改变着民族国家的教育体系，加剧了其现代性危机。全球化与教育的趋同性诞生了“教育全球化”的神话，动摇了民族国家教育体系的存在论根基；后现代主义与教育的非理性化宣扬个体至上的教育论调，削弱了国民教育系统的合法性基础；新自由主义与教育的市场化倡导的教育私有化与竞争化，冲击了国家教育的公共性与权威性。公共教育体系的困境成为安迪·格林教育哲学思想的现实出发点。

安迪·格林批判地继承了马克思的国家与市民社会的理论，否认了政治和经济简约论的观点，强调了现代社会经济、阶级和政治之间的复杂关系，呈现了教育实践的复杂背景。运用葛兰西的霸权理论与阿尔都塞的意识形态国家机器理论，安迪·格林明确了教育作为一种意识形态国家工具的重要本质，这是其展开理论批判与建构的核心。西方教育社会学理论也是安迪·格林整体性研究的主要思想来源，为其提供了宏观的、结构性的理论指导。英国新左派的文化政治批判关注意识形态与民族国家的关系、社会结构的类型与权力模式等问题，它们内在地构成了安迪·格林的思想立场和研究路径。伯明翰学派的多学科研究、大众文化研究也成为安迪·格林教育研究的一种理论自觉。基于丰富的理论基础，安迪·格林阐释并强调了教育的民族国家性、阶级统治性、意识形态性、结构功能性、潜在解放性等特征，并以此为思想武器展开教育哲学批判。

安迪·格林以“教育与国家”的关系为教育反思批判的途径，坚守“民族国家”作为研究的基本分析单位，将“民族国家”的概念与社会发展紧密结合起来，并将其哲学思想诉诸教育实践、主体合作的教育目标，建构了完整的教育哲学思想。

第二章　逻辑起点：教育的意识形态性

安迪·格林教育哲学思想的核心是“国家与教育”的关系问题，而“国家与教育的关系”首先涉及国家的本质问题。安迪·格林继承了马克思的观点，即国家本质上是阶级统治的工具。经济、政治、文化、教育都与国家的本质密切相关，成为维护国家统治的手段。在葛兰西文化霸权理论、阿尔都塞意识形态国家机器思想的影响下，安迪·格林将教育视为一种维护国家统治的文化手段，即意识形态国家机器。只有解决了“国家与教育”的逻辑关系，才能深入展开其教育哲学思想体系。因此，对教育的意识形态性的分析与批判成为安迪·格林教育哲学的逻辑起点。

个体与社会是教育的基本范畴，教育对于个体主体的塑造与解放从来都与构建社会秩序紧密联系，甚至是在后者中得以实现。马克思曾指出：在阶级社会，统治阶级对社会整合的手段和方式主要表现为两种：一是依靠国家的政治力量；二是通过意识形态的教化作用以实现对社会的整合。意识形态的整合功能，既表现在理论方面，统治阶级创设自身的意识形态，并转化为国家意识形态灌给社会成员，进而实现对社会的整合；还表现在实践的教化，即将自身的意识形态渗透于社会生活的各个方面，以“合理性”来掩盖社会的利益和冲突，使个体形成与社会相一致的思想、信念、行为方式，从而实现社会的稳定和统治阶级的社会秩序。教育是统治阶级将意识形态合法化、普及化、道德化的重要方式，是重要的意识形态国家工具。

面对资本主义社会发展所带来的社会整体性的失落及个体性的“暴力”彰显，安迪·格林认为，只有运用马克思历史唯物主义，将教育与意识形态、国家等因素结合起来，才能从根本上解决社会共同体的分裂与伦理危机及个体异化的问题。正如阿普尔所说：“教育既是原因，又是结果，既是决定者，又是被决定者。”教育虽然维护着生产力和生产关系的阶级性与差别性，但也在发挥着意识形态面对社会分裂的弥合功能，这一过程蕴含着教育的解放性。

因此，安迪·格林虽然没有明确定义教育的概念，但其研究的前提均是将教育视为意识形态及文化领导权形成的重要工具，并放置于国家、社会的宏观背景中。一方面，强调教育作为国家工具的基本特征；另一方面，重视教育作为重要的意识形态国家工具所具有的相对独立性。

2.1　教育的本质是意识形态

马克思曾认为，教育是重要的社会化机制。通过教育，个人的生活目标能够融入社会共同的目标，个体能够确认自身的存在，社会的整体性也得以凸显。随着阶级统治的社会本质观的发现，马克思揭示了教育作为国家工具的本质及资本主义教育的蒙蔽性和虚假性。

葛兰西指出：“任何一个国家，只要它把提高广大人民群众的道德文化水平并使之符合生产力发展的要求，从而符合统治阶级利益作为自己的主要职能之一，那么它就是一个伦理国家。在这个意义上说，作为积极的教育职能的学校，以及作为压制性的和否定性的教育职能的法院，就是最重要的国家活动。”[①]教育维护阶级统治的过程也正是统治阶级文化领导权的形成过程。统治阶级通过获得对维护现行政治制度的价值、信任、意识和政治过程的不知不觉的赞成，便取得了霸权。这种对文化霸权的同意、赞成、内化是长期教化的结果。葛兰西也指出，与文化霸权之间的关系，必然是与教育的关系。教育是文化领导权实现的重要机制，因为领导权作为阶级权力形态，不

---

① 张羽佳：《葛兰西》，陕西师范大学出版社，2017年，第123页。

仅依靠强制手段来维持，也需要赢得市民社会对其的认可。阿尔都塞则提出教育是重要的意识形态国家工具，它的积极功能在于更好地解释社会生产关系的再生产，也就是那些确保劳动力维持其对于统治阶级附庸地位的全部习惯、道德、思想观念的再生产。意识形态是一套貌似温和却弥漫着神秘暴力的社会调控工具。教育成为一种占统治地位的意识形态国家工具，体现国家的本质及社会控制的基本方式。

2.1.1 教育的社会性与阶级性

自启蒙哲学起，人们对教育的认识便来源于洛克的名言：人的意识是一块白板，可以刻上任何东西。于是形成了教育理论的基本共识：环境塑造人，人是可教育的，甚至如果教育得法，那么大脑是可以被教育所改变的。源自心理学的巨大潜力成为教育的前提性条件，进而成为一种大众启蒙的思想来源和奋斗目标。教育是一个自然人和政治人的权利，更是人类自我解放的工具。自由主义教育家卢梭也深信，最好的教育来自生活、经验和对自然的观察。当哲学将人的概念从宗教束缚中解放出来的时候，人成为教育的基本对象，教育对于个体发展的意义不证自明。

教育的社会性源于人的存在方式的社会性。当个人主体性成为现代社会的支配原则时，社会将成为一个为自利目的而进行合作的外在的结合体，因而丧失内在的统一性。因此，黑格尔将“市民社会”视为个体主体性的舞台，宣称了市民社会对于个体存在的前提。“在市民社会里，每个人都以自身为目的，其他一切在他看来都是虚无。但是，如果他不同别人发生关系，他就不能达到他的全部目的，因此，其他人便成为特殊的人达到目的的手段。但是，特殊目的通过同他人的关系就取得了普遍性的形式，并且在满足他人福利的同时满足自己。”① 马克思批判地继承了黑格尔的思想，指出：人在一切现实性上，是一切社会关系的总和。并且，“只有在集体中，个人才

① [德]黑格尔:《法哲学原理》，范扬、张企泰译，商务印书馆，1961年，第197页。

能获得全面发展其才能的手段，也就是只有在集体中才能有个人的自由”[①]。佩里・安德森也指出：“人的本质是社会……只有通过精致而复杂的与他者的应对关系，人才能获得自我的实现。”[②]

从历史唯物主义角度出发，马克思强调社会生活的历史性与现实性，他指出：社会生活在本质上是实践的。这意味着人类需要通过各种行为来调节自己的生活条件和生存环境以达到自身的目的，因为人从根本上隶属于维持其生存的物质条件，而这种物质条件，是历史和社会的客观产物。“关于某种异己的存在物，关于凌驾于自然界和人之上的存在物的问题，即包含着对自然界和人的非实在性的承认的问题，在实践上已经成为不可能的了。”[③]在马克思看来遮蔽社会现实的历史性、真实性、实践性等特征，社会生活就成为一种神秘而抽象的力量。它以形而上学的先验原则和教条主义为依据，并不能为社会的团结和统一提供任何有意义的基础，反而导致社会生活的抽象化，而依靠集体来实现自我的个体主体性，也必然陷入抽象的“虚幻的集合”，无法实现人自身的本质。

安迪・格林认为，虽然激进的改革者们致力于人的自由和谐发展，但是，“占主导地位的教育思想，或者至少是那些对学校的实际发展产生影响的教育思想，更关心的是社会控制、道德和政治的服从，而不是人的解放。”[④]

因此，教育不但具有社会性，而且具有鲜明的阶级性。马克思主义社会学从教育结构和资本主义生产关系之间的相关性和同质性入手，阐明了教育

---

① 中共中央马克思恩格斯列宁斯大林著作编译局：《马克思恩格斯全集》（第 3 卷），人民出版社，1965 年，第 84 页。

② 涂艳国：《走向自由——教育与人的发展问题研究》，华中师范大学出版社，1999 年，第 322 页。

③ 中共中央马克思恩格斯列宁斯大林著作编译局：《马克思恩格斯全集》（第 3 卷），人民出版社，2002 年，第 310 页。

④ [英] 安迪・格林：《教育与国家形成：英、法、美教育体系起源之比较》，王春华等译，教育科学出版社，2004 年，第 40 页。

是如何根据阶级、种族和性别差异来筛选和分流，从而再生产劳动力市场关系并使之合理化的过程。西方马克思主义学者将劳动力再生产扩大到“文化再生产”的广泛领域，并运用于上层建筑的分析之中。文化再生产在阶级社会中的调和角色成为再生产理论的主要关注点。以布迪厄、吉鲁等人为代表的学者秉承阿尔都塞批判路线，认为教育系统控制着文化资本的生产、传递和转化，因而是支配社会地位、形塑社会无意识的重要机制，也是再生产不平等社会结构的主要手段。布迪厄认为，教育过程实际上是一个社会控制的过程，只不过是间接的、文化的过程，而非直接的、强制的过程。教育作为阶级统治的工具，发挥了双重作用，正如鲍尔斯和金蒂斯所指出：“一方面，通过传递技术的和社会的技能及适当的动机，教育提高了劳动者的生产能力；另一方面，教育有助于使可能爆炸的生产过程的阶级关系变得没有爆炸性和非政治化，因而有助于使这种社会的、政治的和经济的条件得以永存……”[①] 教育带来了劳动者生活方式和社会关系的变化，但这些却折射出阶级的特点，布迪厄犀利地指出：“不同群体之间生活方式之差异便是社会分层基本的结构性特征，而不仅仅是生产领域阶级分化之结果。”[②]

关于教育的社会性与阶级性，安迪·格林指出，虽然从本质上来看，教育是一种社会控制的过程，但又并不是强制的过程，也不是简单的社会控制，而是潜移默化将政治统治者的基础深植于被统治者心中的过程。正如葛兰西所言，文化领导权的获得往往不是依靠政权的物质力量，而是依靠不断获取被领导者的同意、认同。“但是对于其他的集体来说，关键的问题不是被领导者消极的和间接的同意，而是单独个人的积极的和直接的同意，从而是单独个人参加他们的活动，哪怕这样会在表面上造成瓦解和混乱。集体认识以及生气勃勃的集体组织只有在群众通过单独个人的同意而达到统一之后

① [美]S. 鲍尔斯、H. 金蒂斯：《美国：经济生活与教育变革》，上海教育出版社，1990 年，第 15 页。

② [英]安东尼·吉登斯：《现代性与自我认同：晚期现代中的自我与社会》，夏璐译，中国人民大学出版社，2016 年，第 77 页。

才能建立起来。"[①] 于是，统治集团通过教育确立了其文化领导权的典范演示，即通过官方知识把代表了统治阶级家长制的、语言的、伦理的、政治的、经济的和宗教的利益当作社会的一般利益传播于民众，分布在社会生活的各个领域，以无意识的方式获得民众的同意和认可。

2.1.2　教育的普遍性与虚假性

人从一开始就是群体动物，个体生存与群体生存紧密联系。涂尔干明确提出，社会大集体必须优先于个体的存在，而且必须存在于个体之外。教育不仅关乎个体的生存、延续、繁衍和发展，而且关乎人的群体关系与利益。教育一开始就是以群体目标为导向，面向人群的有组织的活动。"在没有一个共同权力让大家慑服的时候，人们便处在所谓的战争状态之下，这种战争是每一个人对每一个人的战争。" [②] 因此，教育应当进行有机的组织和统筹，目的在于实现广大国民的教育福利。

英国古典经济学家亚当·斯密从国家财富的角度，指出通过教育可以提高个人的工资收入，从而实现国家财富的总体增长。因此，教育应当作为国家的公共事业来办理，政府提供支持与保障，建立相应的法制体系，以确保教育为公共利益做出最大的贡献。由于社会分工造成人类的片面发展，人们基于简单的劳动而缺乏创造力和判断力，对自己国家的重大和广泛的利益缺乏理性认识。如果没有教育的干预，作为国民财富的人力资源就会丧失殆尽，因此国家应当特别关注下层人民的教育。富裕子弟有充分的时间和金钱接受教育，从而获得使他们自己得到社会尊敬的知识，但是普通百姓和下层民众没有空余时间去学习，而且他们的谋生职业，也通常是简单和单调的，需要通过国家的教育干预进行补偿。同时，对普通百姓和下层民众的关注，也有利于社会秩序的稳定。亚当·斯密认为："国家通过在每一个教区和地

---

① [意]安东尼奥·葛兰西：《论文学》，吕同六译，人民文学出版社，1983年，第232页。

② [英]霍布斯著：《利维坦》，黎思复、黎廷弼译，商务印书馆，1985年，第94页。

区建立一所小学，就能够方便地做到这一点了，小学的收费低一点，使每一个普通劳动者都能负担得起。”[①] 亚当·斯密论述了国家应当承担全体人民，特别是普通民众、家庭儿童接受教育责任的重要意义。

詹姆斯·穆勒继承和发扬了亚当·斯密的思想，并结合了功利主义思想家边沁的思想。他认为，民众通过教育而学到的才能是国民财富的一部分，国家应该鼓励使所有儿童受到适当的教育。“在教育问题上，政府的干预是有道理的，因为在这方面，消费者的兴趣和判断不足以保证商品的优质。”[②] 穆勒还强调，教育要尽可能地给他人谋幸福，普遍幸福的理想体现了平等的原则。从这一原则出发，教育应当提供更多的教育机会，普及初等教育，为不同社会地位的人们提供同样的教育，使他们的智力得到同样的发展。他认为：“形成公共利益的意识并赋予它以形式，这是良好教育的最终目的。”[③] 但是，穆勒又指出，工人阶级的教育必须是有限的教育，因为智慧的培养要有充足的闲暇，需要留予那些无须劳作的人，这反映出其阶级的局限性。

安迪·格林认为，不管亚当·斯密还是詹姆斯·穆勒都是基于自由主义的思想逻辑：个人利益最终会等同于公众利益。而在这一过程中，只有当个人能够意识到他们的最高利益的时候，对个人利益的追求才能最终融合到公众利益中去，而教育就应当是帮助个人理解什么才是他们最高的利益。国家对教育的干预，仅限于促进或保障个人的受教育机会与权利。因此，自由主义所强调的教育的公共性是基于个体逻辑的理想推演，是以个人私利为出发点，通过契约精神，寻求个人与社会、权利与义务之间的平衡。虽然自由主义也强调教育的公众价值及实现社会稳定和凝聚的意义，却回避了根本问

---

① [英]亚当·斯密：《国富论——国民财富的性质和起因的研究》，谢祖钧等译，中南大学出版社，2003年，第498页。

② [英]赫伯特·斯宾塞：《社会静力学》(节略修订本)，张雄武译，商务印书馆，2017年，第158页。

③ 倪小敏：《教育公平与教育效率 英美基础教育政策演进研究》，山东教育出版社，2015年，第13页。

题。亚当·斯密并没有论及重要的教育机会平等问题。詹姆斯·穆勒则没有考察剥夺人们学习机会与条件背后的经济制度及其是否合理的问题，就草率地判断工人阶级的教育应当是有限的教育。

安迪·格林坚持用马克思主义思想解读教育的普遍性。马克思曾一针见血地指出：公共整体利益有别于或者对立于私人特殊利益这种观点是现代国家恶意制造的，没有任何现实基础。安迪·格林指出："尽管服从于统治阶级或统治阶级联盟的总体利益，国家还是将自己说成是全民利益的代表。国家看起来很独立，超脱了任何群体并坚持法律面前一律平等，但事实上，这种中立职能掩盖社会所存在的大量的不平等事实的再生，这些不平等的根源或实质在于国家对私有财产的保护。"①但是，国家总是以大众国家的面目出现的，成为碎片化社会的整合性因素。正如普兰查斯所说："每一个新阶级取代旧阶级时，都是被迫的，仅仅为了实现它的目标而把自己的利益标榜为社会成员的利益，这是一种理想的状态；它必须把它的观点全民化，而且使其成为唯一理性的普适的观点。"②

安迪·格林认为，国家应承担公共教育的责任，但公共教育并非国家阶级性的直接体现，而是资本主义国家管理与协调职能的体现，由于国家权力建立在不同阶级利益的平衡上，教育作为国家机器，也成为不同阶级需要争夺的目标。公共教育往往诉诸集体性、共同性的目标，因此，所有国家的公共教育系统的迅速发展都是由紧迫的公共和集体目标所推动的。其中包括：巩固新的国家身份；整合社区，促进社会凝聚力；在多种语言和宗教中传播公共语言；打造有纪律的劳动力队伍，发展经济、增长技能；发展国家官僚机构的能力等。在这一过程中，"公共教育的重要性便在国家发挥道德和智

① [英]安迪·格林：《教育与国家形成：英、法、美教育体系起源之比较》，王春华等译，教育科学出版社，2004年，第93页。

② [英]安迪·格林：《教育与国家形成：英、法、美教育体系起源之比较》，王春华等译，教育科学出版社，2004年，第100页。

力领导的作用中凸显出来”[1]。

同时，公共教育体现国家的意识形态特征，从根本上来说具有虚伪性和欺骗性。所谓的公共性涉及“什么样的人接受教育”“接受什么样的教育”的基本判断和认识，是教育实现文化领导权的重要前提。

“什么样的人接受教育”涉及人的基本权利，也成为资本主义国家政治发展的重要表征。“教育机会平等”“教育权利平等”成为世界各国普遍追求的教育目标，在个体自由的思想共识基础上可以消除经济与政治制度的差异而使教育成为一种普遍的权利被赋予。“接受什么样的教育”则将这种公共性赋予了历史和社会性的具体内涵。安迪·格林认为，要理解不同阶级派别及其相互对立的意识形态在维护阶级统治中的作用，关注国家在确保霸权中所起的广泛意义上的“教育”和教化职能，需要高度关注民族、宗教和文化体制的历史特性。

安迪·格林通过对民族国家教育起源的追溯和比较研究指出：法国资产阶级先锋——从雅各宾派一直到拿破仑——都有足够的力量把资产阶级文化变为普遍标准，而且，正是这种抽象和横扫一切的普遍革命的思想，使法国革命不同于其他资产阶级革命。19 世纪，法国教育的最大的价值就在于它推广了一种潜在的精神力量，不仅因为它使不同阶级分流到不同岗位，还因为它使资产阶级统治思想深刻地印在每一个受教育者心中。这必然意味着集权国家只能加强统一管理，而大众教育却第一次使一种统一的民族文化传播成为可能。正因为教育具有这样的一种潜力，才会成为 19 世纪法国国家政治活动的中心。安迪·格林进而指出，意大利的复兴运动虽然最终统一了意大利，但这是一场不是革命的革命，一场没有发动人民的“被动的革命”。在思想上，他们没有创造出一种源于地方传统、服从于社会变革的、能够在革命中联合资产阶级和大众力量建立革命联盟的民族—大众文化。“总是缺

① [英] 安迪·格林:《教育与国家形成：英、法、美教育体系起源之比较》，王春华等译，教育科学出版社，2004 年，第 101 页。

少了一种有效的雅各宾式的力量，而且也无法建立起来；但其他国家就是依靠了这样一种雅各宾式的力量觉醒过来，形成全国性的集体意志，建立了现代国家的基础。”[①]

安迪·格林认为，教育的普遍性意味着要将教育保留在公共领域。一方面，这是应对当前世界上许多国家的教育市场化、私有化，以及由此带来的教育的集体性目的减弱、社会功能弱化等问题的有效措施。另一方面，这是发挥教育的意识形态功能，努力引导年轻人以公共利益和公共价值为追求，主动进入国家的精神生活、融入社会共同体的政治实践途径。从历史上看，“这一过程可以追溯到近代西欧教权与王权之争和法国大革命时的民族主义，它与其他话语和运动的一个重要不同，就在于民族主义运动同时是一场社会运动，不进行广泛的社会动员，民族主义就无法在一个社会获得普遍的影响力，也不足以成为建立现代国家的推动性力量”[②]。最广泛的教育普遍性仍然具有国家意识形态的遮蔽性。

2.1.3 教育的意识形态国家机器性

为了维护阶级统治，统治阶级必然干预、控制教育活动，利用教育工具培养思想的顺民。资本主义国家具有相对自主性，这种自主性是结构性的，是植入于资本主义生产方式的基础之中的。因此，市民社会中国家干预已成为国家的重要特征之一，它也在不同的国家呈现为不同的形式，因此，国家既是一个统治集合，又是一个自我调控的管理系统。

葛兰西认为：“国家不会一成不变地代表社会统治集团纯粹的阶级权力，

① [英] 安迪·格林：《教育与国家形成：英、法、美教育体系起源之比较》，王春华等译，教育科学出版社，2004 年，第 117 页。

② 陈新、陈恒编：《二十一世纪的史学理论：十二年回顾》，上海三联书店，2013 年，第 45 页。

国家权力的真正本质在于任何时候都将建立起在各阶级力量的平衡上。”① 国家为了维护统治阶级的统治，消除被统治阶级的反抗，将自身装扮为社会的调和者，国家是作为“调和社会形态的统一因素”而存在的。“这正是马克思关于国家概念的原意，即国家是一种社会形态的‘秩序’和‘组织原则’。但这并不是指现代意义的政治秩序，而是它能够起着一个复杂统一体的各方面调和的意义而言，并且作为调和这个体系综合平衡的因素而言。”② 通过这种阶级利益的调和，国家借此掩盖自身的阶级统治的本质，并通过教育手段来获得广大被统治阶级的服从与认同。

安迪·格林指出：“它（教育）实际上已经在功能上取代了先前占统治地位的意识形态机器——教会。”③ 葛兰西认为：“每个国家都是伦理国家，因为它们最重要的职能就是把广大国民的道德文化提高到一定的水平，与生产力的发展要求相适应，从而也与统治阶级的利益相适应。学校具有正面的教育功能，法院具有镇压和反面的教育功能，因此是最重要的国家活动。”④ 实际上，教育的主体是国家，教育是国家意识形态灌输的工具，教育具有鲜明的意识形态职能。西尔弗指出：“英国传统教育史学家之所以执着于国家干预教育的必然性的历史追溯，主要是因为他们发现国家在国民教育中的作用和相关法律政策有助于解释 20 世纪福利国家民主的发展。”⑤

因此，安迪·格林强调，作为教育的主导者，国家具有教育和塑造民众思想意识的作用，其目的在于创造更高级的新文明。国家通过市民社会而运作，因为其基本功能之一便是塑造和教育各级社会以符合他们国家的历史目标。“国家在这里起到了意识形态的作用，客观上成为一种促进社会团结的

① [英]安迪·格林：《教育与国家形成：英、法、美教育体系起源之比较》，王春华等译，教育科学出版社，2004 年，第 101 页。

② 潘西华：《葛兰西文化领导权思想研究》，社会科学文献出版社，2012 年，第 163 页。

③ 陈越：《哲学与政治：阿尔都塞读本》，吉林人民出版社，2003 年，第 344 页。

④ [意]安东尼奥·葛兰西：《狱中札记》，曹雷雨等译，河南大学出版社，2014 年，第 335 页。

⑤ 武翠红：《英国教育史学：创立与变革》，中国社会科学出版社，2015 年，第 50 页。

工具，按照统治阶级的模式塑造所有阶级。”[①] 在最为先进的国家里，市民社会已经形成一个非常复杂的结构，可以抵抗直接经济要素的灾难性袭击，市民社会的上层建筑是现代战争的重要防线。国家成为文化变革中一个极为重要的工具，它精心设计大量的社会变革，而学校则是这个过程的重要组成部分。教育关系普遍“存在于整个社会之中，并适用于每一个个人在他同其他个人的关系中，适用于知识分子阶层与非知识分子阶层之间、统治者与被统治者之间、杰出人物与追随他们的群众之间、领导者与被领导者之间、先锋队与主力队员的关系”[②]。

在安迪·格林看来，教育作为一种“精神和道德的力量”是无处不在的，它可以在各种关系中形成一定的聚合力，从而达成对统治阶级权威不容置疑的共识。统治阶级的思想方式和思维方式是支配性的，以制度性、私人化等方式传播到社会领域中，使全部的社会关系、政治和宗教的原则，以及人们日常生活的道德、习俗等都充满了这种精神。英国社会学家雷蒙德·威廉姆斯指出文化霸权的特征：“它是活生生的意义系统和价值系统——既具构成性，也具构成力。意义系统和价值系统显示为相互确认，就像它们被体验为实践一样。于是它构成了社会中大多数人的现实感、绝对感。”[③]

安迪·格林指出，教育作为国家体制的一部分，已经成为普遍的公共的政治机构，也就随之卷入了普遍意义的政治竞技场。在阶级社会里，为了掩盖国家的阶级属性，统治阶级力图突出国家的公共性与普遍性，将自身的意志伪装为普遍国家意志。这就需要国家教育发挥职能，也就是说国家必须成为教育主体。“在占据前台的政治的意识形态国家机器的幕后，资产阶级建立起来的头号的、占统治地位的意识形态的国家机器，就是教育的机器。”[④]

① [英]安迪·格林：《教育与国家形成：英、法、美教育体系起源之比较》，王春华等译，教育科学出版社，2004年，第101页。

② 潘西华：《葛兰西文化领导权思想研究》，社会科学文献出版社，2012年，第93页。

③ 季广茂：《意识形态》，广西师范大学出版社，2005年，第71—72页。

④ 陈越：《哲学与政治：阿尔都塞读本》，吉林人民出版社，2003年，第344页。

教育是国家及统治阶级利益的代表。

同时，安迪·格林也认为，教育如何反映统治阶级的特殊经济需求，取决于经济需求如何被那些感兴趣的各级社会阶层通过国家政体表现出来，也取决于国家内部各阶级力量的平衡。安迪·格林拒绝对经济效应和阶级决定论的无限扩大，他认为，国家成功的基础在于充当现代社会中的积极组织力量，以争取被统治阶级的积极认同为重要职能。“从历史和现实中都可以看到，新兴阶级为了维护和巩固自己的统治，并在意识形态上解决政权和体制的合法性问题，总是力求建立一个体现国家意志和以一定意识形态为基础的强制性的教育体系，特别是国家的义务教育系统，由此，使人们特别是青少年对国家的政权、制度及国家机器的合法性形成思想意识和行为上的认同，从而成为合格的社会公民。而所有这些主要是通过一定的教育制度实现的。”①

2.2 教育意识形态的驯服性和解放性

安迪·格林认为，教育作为一种国家工具，并不仅仅是经济基础或阶级利益的被动反映，也不单单是主流意识形态的传播。作为国家重要的意识形态，教育也具有相对的自主性和能动性。而这种教育形式的相对独立性，既是教育意识形态运行的必要条件，又是被统治阶级突破统治阶级意识形态并进行反抗的工具。

安迪·格林指出，马克思的意识形态理论不仅包含着批判的维度，也内含建构的维度。马克思在批判宗教虚幻性的同时，也承认宗教具有抚慰苦难

① 谢维和:《教育活动的社会学分析——一种教育社会学的研究》(修订版)，教育科学出版社，2007年，第458—459页。

尘世中尚未形成自我意识的民众的功能，意识形态的相对自主建构维度显现。随着对德意志意识形态批判及唯物史观的确立，“统治阶级的思想在每一个时代都是占统治地位的思想”[①]的经典论断，使一般意识形态的地位和功能被置于社会结构框架中被重新思考，“分工”“矛盾”“统治权力”等成为与之相关的关键词。分工是矛盾产生的基础，国家亦是在由分工所决定的阶级及其冲突基础上诞生的，并以虚幻的共同体形式来掩盖矛盾与冲突。在资本主义社会的现代政治中，意识形态批判的主要背景仍然是对阶级支配的分析。

在马克思主义意识形态理论方法的影响下，安迪·格林对美国大众教育发展的历史进行了研究，揭示了教育内容与手段的相对自主性。他认为，虽然美国的大众教育获得了来自各阶级的超乎寻常的一致支持，但它绝不仅仅是一股解放势力，对于工人阶级来说更是如此。教育的功能呈现出两面性，即一面是包括工人阶级的期望在内的所有民主势力的联盟，另一面是强有力的政治驯服的工具，是建构个体主义、资本主义霸权的强有力的因素。[②]因此，安迪·格林坚持对教育两重性的认识，即控制的工具和解放力量的统一。

作为控制的工具，教育的驯服方式主要体现为阿尔都塞的著名论题：“意识形态把个体询唤为主体。”[③]意识形态都是利用特定“主体”的建构来维持其运作的，而同时，“主体”的实践也都依赖于意识形态来进行，两者相辅相成。意识形态通过“询唤”机制来建构主体，询唤者通常是“大主体”，如上帝、国家、民族等。意识形态使“主体”以某种特定的方式把自己与大主体不可分割地联系成一体，并把这些特定的性质解释成自古而然的

① 马克思、恩格斯：《德意志意识形态》，人民出版社，1961 年，第 42 页。

② ［英］安迪·格林：《教育与国家形成：英、法、美教育体系起源之比较》，王春华等译，教育科学出版社，2004 年，第 45 页。

③ ［法］路易·阿尔都塞：《意识形态和意识形态国家机器》，李迅译，载李恒基、杨远婴主编《外国电影理论文选》，上海文艺出版社，1995 年，第 717 页。

性质。

对此，安迪·格林指出，19 世纪的教育体系为国家的道德、文化和政治发展承担了主要责任。教育变成了世俗的教会，建立了同化移民文化，促进宗教教义，传播人民国家语言的标准形式，打造了民族认同和民族文化，推广了新习惯的常规和理性计算，并且鼓励爱国主义价值观，灌输政治和经济信条。它帮助建立了公民的主观意识，为国家对人民的方式和人民对国家的责任辩护。教育试图创造每个人作为一个普遍的主题，但又制造了在阶级和性别上的差异，于是形成了负责任的公民、勤奋的工人、愿意纳税的人、可靠的陪审员、尽责的父母、忠实的妻子、爱国的士兵、可靠的或顺从的选民。

安迪·格林并不否认这些统治阶级意识的虚假性，但他认为，意识形态的批判性以更加本质和深刻的特征掩盖了其建构功能，忽视了教育的自主性和积极意义。批判主义的教育应运而生，并且也迎合了全球化时代的自由主义趋势。既然教育的本质是阶级统治的工具，那么人的解放、个体的自由就只能诉诸自我意识的觉醒和对国家机器的否定。仅仅把教育看作上层建筑，割裂了它与社会现实生活的联系及生产力发展的基础，教育就成为抽象的政治活动。仅仅把教育看作意识形态的工具，就否认了意识形态重要的认识论意义。自马克思以来，意识形态就具有两种区分：一方面，意识形态是一种话语；另一方面，意识形态指的是生存模式中——社会生活实践——所包含的各种信念。教育在长期的社会实践中，也发展出了民主、自由与平等的思想价值追求，虽然不能摆脱意识形态的支配本质，但是仍然不能否认这些思想观念在社会与个人发展过程中的进步意义和价值。教育不应当仅仅被看作智商、文凭或技术的代表，或是单纯政治工具的培养，它仍然具有对个体发展与社会平等、团结的积极意义。葛兰西曾强烈反对教育哲学中的工具主义，他指出，技术学校不应成为“训练学生只能从事一种工作，没有普通知识、普通文化、智力刺激，而只有不会犯错的眼睛和有力的双手的小怪物的孵化器”[①]。因此，教育具有相对的独立性，而不应当将其从属性绝对化。

安迪·格林充分认识到教育在受制于经济基础的同时，所具有的自主性和解放性。他认为，教育不仅是国家进行阶级统治的工具，也是一种被统治阶级反抗阶级统治、追求解放的工具。1848年《共产党宣言》中，马克思把自由公共教育提出来作为“革命”的目标之一，以改变遭到异化的工人阶级的意识问题。在《资本论》中，他谈到了资本主义需要和采用公共基础教育和技术学校相联系的更为灵活的劳动力形式。葛兰西也指出：“教育在建立霸权中的作用很大，这既指学校能够促进国家目标的达成，又指学校教育这种形式能够为工人阶级争取权利的运动提供必要的准备。”[②]葛兰西强调科学知识与通识教育并重，认为通识教育对于工人阶级的进步有极为重要的作用。同时，他也提倡大众教育，并相信教育具有改造大众意识，以及发展另一种霸权所需要的大众文化价值的建构作用，教育可以将“人民大众”组织起来，并使他们意识到自身的地位、斗争等。

在安迪·格林看来，教育并非简单的由经济基础决定。在国家机器的历史发展中，因不同国家的政治与文化传统差异，教育的发展呈现出不同的特点，个人的主体性也得到一定的发展，社会的文明与秩序得以形成。人类的精神文明和物质文明在国家教育的干预下，取得了较大的进步与发展，这些成就是促进人类完全自由解放的条件。因此，突破对教育的机械化认识，将其与政治国家相联系，还原教育的历史特性，关注教育作为意识形态的国家机器及确立自身文化领导权的历史路径，成为安迪·格林进行比较与历史研究的焦点所在。

---

① [英]安迪·格林：《教育与国家形成英、法、美教育体系起源之比较》，王春华等译，教育科学出版社，2004年，第109页。

② [英]安迪·格林：《教育与国家形成英、法、美教育体系起源之比较》，王春华等译，教育科学出版社，2004年，第108页。

2.3 教育意识形态的内部矛盾

教育意识形态既是统治阶级驯服的思想工具，又是社会大众解放的思想手段，教育意识形态的这种双重性源于其内部教育意识形态的多元性，不同的教育意识理念存在于一般教育意识形态之中。安迪·格林通过考察指出，当今教育意识形态内部存在着多种次级意识形态的对立与统一，在教育内容上存在同质性与多样性的矛盾，在教育对象中存在着精英与大众的分裂，在教育主体上存在着个体与国家的博弈，这些矛盾与问题涉及政治、社会、文化等宏观的国家背景，也包含了历史的进路和现实的选择，体现了教育意识形态的历史性与复杂性。

2.3.1 教育内容中同质性与多样性的矛盾

美国政治哲学家塞缪尔·亨廷顿曾指出，作为一个“定居者社会”，国家总是拥有一套主导的民族—文化价值观。在美国，这种价值观是盎格鲁—撒克逊先驱者的价值观，这些价值观为那些具有约束力的公民价值观奠定了基础并给予了效力。作为一个移民和多民族国家，美国是根据“美国生活方式”的共同理念和宪法的公民价值观，将各个群体捆绑在一起，实现了社会的统一性。美国信条就是将社会联系在一起的所有东西，但是一个被破坏的信条无法发挥其功能。

亨廷顿曾提问：“一个国家能否只能通过其政治意识形态来定义？”他的回答是否定的，因为这与更深层次的情感依恋有关。他认为，人们不太可能在亲属、血统和归属、文化、国籍所提供的深刻情感内容和意义中找到普遍的政治原则。因此，一个多元文化的美国迟早会变成一个多元宗教的美国，不同文化的群体拥护植根于特定文化的独特政治价值观和原则。

安迪·格林指出，在“国家形成”和发展的早期阶段，一定程度的文化同质性是一个具有良好运作的民主或国家制度的先决条件。因为，民主国家至少要在核心领域形成一定程度的价值共识，才能顺利运作。在经济领域中，为了让公民自愿同意他们的税收用于支付再分配福利政策，他们必须相信其他人也愿意纳税，根据这些理论，民主政府和福利国家的同意代表着公民一定程度的信任，而这更有可能发生在存在一定程度的文化同质性的地方。从文化领域来看，统一的民族文化是自由民主的主要原则之一，也是社会正义的前提。也就是说，人们只有在将未知的受益者视为他们的一部分时，才会愿意并准备做出牺牲。

然而，面对工业化带来的破坏性和分裂性影响，以及新的劳动分工的出现，地方主义和多样性的问题成为社会的现实问题，打破了传统的、稳定的基础。多元化提出了一个重要的问题，即国家真正需要一种多大程度上统一的国家文化，如果人们不接受极端的多元化和极端的同化文化，人们应该在两者之间如何寻找最佳的平衡点？人们在这种国家政体应当如何同时既集体地，又个别地存在；既能保护种族和民族群体，又能保持其独特性呢？

安迪·格林比较剖析了不同国家对待多元化的态度及其内在的意识形态主导性。他指出，西方国家虽然承认多样性的好处，认为其能够带来创造性的文化生活与经济利益，但也认为它在某些条件下会造成社会紧张局势。自由多元文化主义者更倾向通过法律和体制政策，以阻止种族主义行为和制度性种族主义。按照戈登·奥尔波特“偏见的本质”的乐观假设，即“群际无知及漠视强化群际敌意和冲突，那么群际成员之间的接触就会减轻或降低群际敌意和冲突”[①]。虽然接触有可能诱发敌意，但相互交往加深能够促进彼此的喜欢。因此，自由主义政策除了强调宽容和尊重他人等核心价值观之外，往往不愿过分强调共同价值观。在共和传统的国家里，他们较少强调当

① 朱志玲：《社会矛盾视域下群体情绪研究》，华中科技大学出版社，2018 年，第 211 页。

地的公民行动和社团活动，更多的是从国家角度出发，关于积极的政治参与和对政治共同体的归属感，并将更多的重点放在广泛的共同价值观及其认同上。共和党的政策在历史上往往倾向于将移民文化同化为国家政治文化。安迪·格林认为，自由主义和共和主义都认为文化多样性不是西方国家的问题，只要它们的政治制度足够强大，就可以调解相互冲突的利益，并提供对价值观的普遍信仰，但是它们都没有触及平等这一群际和谐的基本问题。

一种国家文化是必要的，就像需要一个国家政府一样。但是，这种国家文化的特性可以更具包容性，允许保留更多特殊亲缘联系的丰富性和深层性。多样性是一种资产还是问题，取决于如何应对它。由于在全球化的世界中，所有国家的文化多样性越来越多，于是这一回应也具有不同的国别特色。

安迪·格林指出，同质性曾在促进统一的国家形成和民族认同中发挥着重要的作用，尤其是作为民族身份标志的语言，被作为民族和国家认同的基本条件。因为积极的民主需要集体的政治讨论，而这些只有在参与者使用同一种语言时才可行，教育也极力推行语言、文化、价值观的统一。人们认为同质社会，民族自豪感会更强，国家能够将个体与占主导地位的国家等同起来，从而激发其高度的忠诚和认同。而在异质社会中，国家必须保持文化中立，这将妨碍不同文化群体对国家层面的认同，进而影响人们的团结意识。然而，事实却并非如此。

从现代理论来看，工业社会中的种族文化群体已经被工业化、国家渗透和同化的过程所侵蚀，这些认同已经变得无足轻重并注定会消失。因为，民族语言的分裂不过是前现代社会发展的特征而已。在现代社会中，在国家建设进程中幸存下来的民族文化认同，实际上比在发展中国家社会中更为根深蒂固。虽然现代化通过使各民族相互接触，迫使他们争夺相同的资源，从而增强民族文化意识，但现代化和标准化不一定必然导致同质化和均质化。最重要的是主流群体和文化的包容性。如果少数民族感到被排斥在这种文化之外，反民族主义就会出现，这种反民族主义或者导致国家的解体，或者在第二次世界大战后继续使国家深陷困境。

在安迪·格林看来，作为意识形态的文化和教育，如何形成国家的认同和社会的团结，所面临的不是是否要消除多元化的问题，而是如何保障多样化更好地存在。而这种保障，就是社会民主。社会民主以平等为价值追求，在平等的基础上组织多元合作、建构积极的相互依存，以共同的国家目标来促进群体的交流与合作。因此，民主并不是受异质性影响的变量，而是改变多样性影响的重要条件。

2.3.2　教育对象中精英与大众的分裂

教育虽然经常以大众的面貌出现，但“精英”意识一度成为教育的精神追求。精英，是现代政治哲学理论的核心词汇，它始终坚守着两块基石：其一，精英是“被选择”或“选举”出来；其二，精英具有高尚的人格魅力和道德素养。在阶级社会，精英成为统治阶级在制度层面和价值层面的双重体现。他们因具有专门的知识或特长而进入国家行政体系，充当技术官僚的角色，指导国家的发展。

现代精英理论的开创者莫斯卡认为，作为社会少数权威群体的精英，代表着控制人类社会的政治权力：“总是由特殊的阶级或被有组织的少数人行使。”[①] 精英阶层往往是作为统治阶级存在的，因为精英群体在各个方面都要比民众更为优秀，因此也有能力拥有更多的权力。精英治国成为阶级社会的重要政治原则，精英的标准仍然是以阶级为标准的。从马克思的观点来看，政治制度及其内部的冲突必须从社会的阶级结构加以分析。虽然各国在精英阶层的划分标准存在分歧，如在道德素养、政治权力、经济地位等方面各有侧重，但在最终结果上都有所共指，即承认由少数具有绝对资源优势的精英阶层组成的阶级对大多数人行使着治理权。

安迪·格林指出，自由主义的价值观无疑为精英政治提供了思想和理

① ［意］加塔诺·莫斯卡：《统治阶级》，贾鹤鹏译，译林出版社，2002 年，第 400 页。

论的合法性。“在很久以前有两种人，一种是勤劳的、聪明的，而且首先是节俭的精英，另一种是懒惰的，耗尽了自己的一切，甚至耗费过了头的无赖汉。”因此，社会应交由精英来治理成为自由主义不证自明的逻辑。[①] 安迪·格林指出：“英国维多利亚时代主流价值观即是由宗教调节的个人主义、进取意识和放任自由主义。”[②] 一方面，倡导个人的主体性以及主权；另一方面，又默许了个人之间的差异。自由主义为精英政治提供了有力的辩护。

在工业化的早期阶段产生了较为庞大的精英群体，他们明智并理性地解释和指导经济活动。于是，功能合理化使普通的个人丧失思想、洞察力和责任心，必定把这种能力转让给指导理性化进程的个人。这些人在社会上具有关键的地位，并成为具有智力优势的少数组织者，如同生产资料所有权集中在少数人手中一样，对社会的洞察、判断与决策的优势也掌握在少数人手中。普通人一旦把决策的优势交给组织者，其理性判断力便稳步下降。他们放弃了属于自己的文化个性，日益习惯于接受别人的领导。尤其是当社会危机时，个人赖以生存的社会系统中各种力量的不可预测性，已使个体明智决策所需的努力和能量耗尽，并成为普遍恐惧的根源。而这正是导致精英和大众距离加大及“诉诸领袖”的社会心理产生的根本原因。对此，“那些允许个人在广阔的行动领域进行私人选择的制度，往往会助长普通人粗俗的、动物性的欲望，于是这些欲望便会压倒较为崇高的价值，这些崇高的价值只显现给少数被选中的、具有无穷智慧的人”[③]。

无论精英的标准是什么，他们都是通过选择而获得权力。教育则与这种选择密切相关。安迪·格林指出，英国的公立学校和文法学校，具有典型的重品格轻技能、重古典轻科技的特征，根源在于维多利亚时代的政治精英大

---

① 王峰明：《资本论（第 1 卷）导读》，中国民主法制出版社，2018 年，第 309 页。

② [英] 安迪·格林：《教育、全球化与民族国家》，朱旭东、徐卫红等译，教育科学出版社，2004 年，第 61 页。

③ [美] 詹姆斯·M. 布坎南：《宪法秩序的经济学与伦理学》，朱泱、毕洪海、李广乾译，商务印书馆，2008 年，第 292 页。

多具有地主阶层的背景，他们推崇反工业和反功利主义的文化。“在整个欧洲，自从亚里士多德首先将人文主义教育作为适应闲暇阶级的唯一的文化教育方式以后，以学习经典作品为主的人文主义教育传统就一直被看作是与功利主义教育相反的教育形式，从而保持着很高的水平。”① 由于英国没有经历完整的资产阶级革命，其主流的政治和意识形态中始终没有完全摆脱地主阶级的局限。地主阶级的文化、老式专业阶级的文化和资产阶级的文化一起同化形成了保守主义的文化态度，对科学和技术及一切带有功利主义色彩的事务漠不关心。

安迪·格林进一步指出，精英原则背后个人归因论使国家的教育政策更倾向于筛选性的英才教育，社会平等与正义则被巧妙地忽略。它要求人们必须相信系统是公平的——你得到你应得的——并且所有人都有机会。平等并不是目标，即使强调机会均等，也不过是为精英主义的主张提供合法性依据。因为自由竞争的绩效原则是以个人为基础的，而非以集体为主，即认定个人成就取决于个人才能和努力，政府及教育的重要职责在于提供教育的机会和多样性的形态。这就内在地表明不公平的结果是属于个人天赋才能与努力的成就范畴，而不是与出身、背景及所在社会结构相联系的。布迪厄也指出，“最优者、最聪明者得胜”的才能哲学是一种社会达尔文主义的体现：“最优者、最聪明、最有才能的拥有工作，这意味着那些没有工作的人就没有才能。”② 这是一种“弱肉强食”的原则，表面上主张自由平等和公平竞争，但是在资本拥有数量相差悬殊的现实情况下，最终的结果只能是大资本家成为胜利者。

因此，安迪·格林主张，教育作为一种重要的意识形态的力量和途径，不能仅仅以筛选和培养精英为主，还要关注劳工阶级与大众主体等配角的参

---

① ［英］安迪·格林：《教育与国家形成英、法、美教育体系起源之比较》，王春华等译，教育科学出版社，2004 年，第 60 页。

② ［法］布迪厄：《遏制野火》，河清译，广西师范大学出版社，2007 年，第 44 页。

与。因为不论在劳动力市场或是公民政治领域，教育资历的差异意味着那些在资源分配中处于顶端的人在政治生活中越来越活跃，而那些处于底层的人则越来越不满和被边缘化。贫富差距和两极分化将导致社会的分裂和意识形态的危机。

2.3.3 教育主体中个体与国家的博弈

教育是个体自由的政治权利的体现，还是国家统治与干预的强制力量，二者的博弈体现了教育走向政治性的基本路径。

自黑格尔始，主体性确立了个体作为第一性的实体原则，即包括：个人主义批判的权利、行为自由和唯心主义哲学。一切自我之外的“非我”都与我相对立并成为一种外在于我的对象化存在。在笛卡尔那里，“我”成了别具一格的主体，其他的物都根据“我”这个主体才作为其本身得到规定。[①] 个人主体性作为宗教的替代物成为现代性的首要原则，支撑了宗教改革、启蒙运动和法国大革命，将人从神的统治下解放出来，个人成为世俗生活的主宰者和理性的建构者。主体性的力量渗透于政治、经济、文化的各个层面，在宗教与道德、社会与国家、科学与艺术等不同领域确立了以个人主体性为特征的文化形态。

个人主体性中的“对象化的逻辑”不仅建立了人与自然的关系，同样也应用于人与人的社会关系，由此出发便很难建立一种主体间相互承认的团结关系或力量。黑格尔认为，个人主体性的扩张必然会演化为一种控制与征服他人的理性欲望与暴力倾向，体现在把人作为客体加以压迫，会把社会共同体视为只具有工具性价值的东西，这必然会导致社会共同体的分裂和伦理总体性的瓦解。对此，马克思也指出：“在‘市民’社会中，社会结合的各种

---

① 贺来：《社会团结与社会统一性的哲学论证——对当代哲学中一个重大课题的考察》，《天津社会科学》2007 年第 5 期，第 24—30 页。

形式，对个人来说，才只是达到他私人目的的手段，才是外在的必然性。”①个人主体性赋予个人绝对的独立性、权威性，将自身视为最高的主宰者和立法者，当其成为现代社会的支配原则时，社会就成为一种因个人目的而存在的、分裂的组织。社会存在的客观性与内在统一性被人为地忽视与割裂，普遍性、公共性的规范处于危机之中，从宗教束缚中解放出来的个人主体性又陷入了另一种形而上学的唯心主义之中。

马克思说：“人的本质不是单个人所固有的抽象物，在其现实性上，它是一切社会关系的总和。”②进而补充说明，“只有当现实的个人同时也是抽象的公民，并且作为个人，在自己的经验生活、自己的个人劳动、自己的个人关系中间，成为类存在物的时候，只有当人认识的自己的原有力量并把这种力量组织成为社会力量因而不再把社会力量当作政治力量跟自己分开的时候，只有到了那个时候，人类解放才能完成”③。

因此，安迪·格林认为，个人主体具有难免的局限性，国家干预既是一种实践必然，也具有理论的合法性。个体自由根植于现实的人的自然和社会利益需求，而非自由主义的纯粹个体，所有的个体行动者都只是其他行动者中的一员，作为处于特定历史和空间中的社会成员，通过个体与社会的互动，融入社会系统之中，服膺于社会内在的规范和利益需求，并使之成为个体的需求而内在化。吉登斯也指出，人类的个性的主要特征是“通过对社会系统的内在化而得到组织的，这种客体系统起源于连贯社会系统——个体在其生命历程中必须融入这一系统中的角色单元”④。个体的自由是在一定的社会结构与系统中得以实现的。国家即是个体存在不能忽视的政治结构和社

---

① 中共中央马克思恩格斯列宁斯大林著作编译局：《马克思恩格斯选集》（第2卷），人民出版社，1972年，第87页。

② 中共中央马克思恩格斯列宁斯大林著作编译局：《马克思恩格斯选集》（第1卷），人民出版社，1995年，第60页。

③ 周志山：《马克思社会关系理论及其当代意义》，齐鲁书社，2004年，第94页。

④ [英]安东尼·吉登斯：《社会理论的核心问题：社会分析中的行动、结构与矛盾》，郭忠华、徐法寅译，上海译文出版社，2015年，第113页。

会现实。作为一种意识形态的建构的主体力量，国家并不是对个体的简单干预，而是克服了个人主体的私利性；国家并不是个体自由的敌人，事实上，它是通过促进共同的国家价值观，以及通过其社会保护和福利机构来实现个人的社会性存在。马克思明确提出："国家的真正的'公共教育'就在于国家的合乎理性的公共存在。"[①] 安迪·格林进一步强调，国家作为教育主体的意义在以下两个方面。

一方面，国家是个人独立的解放者。国家不仅仅是阶级统治的工具，也是个体的政治性存在的基本语境。它利用自身合法性的权力，将个体从不同的群体，如家庭、教会、行会等解放出来，赋予其普遍的、公共的"公民身份"，提升个人的个性以达到精神自由的境地，实现作为"自由人的联合体"的重要意义,"使个人以整体的生活为乐事，整体则以个人的信念为乐事"[②]。要做到这一点，国家并不仅仅是通过法律的建立或制度的保障，而是通过市民社会的物质生产和精神生产，塑造并培养这样的一种普遍主义，从而取代群体的特殊主义与等级优势。

另一方面，国家是道德教育的领导者。其主要表现为国家诉诸共同的、整体的利益，合法地教育自己的成员使其成为国民或公民，把其粗野的本能变成合乎道德的意向，将国家的政治理想转变为普遍的道德理想。国家的意识形态性决定了道德教育的方式与内容，因此这种道德意识更多地体现了国家的目标与要求。涂尔干没有从国家的本质来思考这一问题，他认为道德意识建立在劳动分工的基础上，只要促进良好的分工合作和有序组织，就能够形成基于分工的"道德共识"，职业群体成为连接个人与国家的精神纽带。国家虽然不直接代表人民大众的思想，但应在制度设计上保障职业群体的社会地位和政治权利，以有效地发挥职业群体的道德功能，克服因劳动分工导

---

① 中共中央马克思恩格斯列宁斯大林著作编译局:《马克思恩格斯全集》，人民出版社，1995年，第217页。

② 中共中央马克思恩格斯列宁斯大林著作编译局:《马克思恩格斯全集》，人民出版社，1995年，第217页。

致的社会失范问题。

2.4　当代教育意识形态批判

全球化时代的到来，改变了民族国家的世界体系，在政治和文化领域，也产生了重大变革。全球化的理念、后现代主义与新自由主义等思想对教育造成了重大的冲击，形成当下流行的教育理念与教育实践方式，这对教育的民族性、公平性、公共性与平等性产生了消极影响。安迪·格林集中批判了教育全球化、后现代主义与新自由主义的教育理念，力图消除这三种教育意识形态的不良影响，为重建民族国家的教育体系奠定基础。

2.4.1　教育全球化理念批判

随着世界交往的深化，教育全球化成为一种潮流，教育全球化理念有三个特点，一是认为教育全球化成为未来教育的必然形式；二是教育全球化具有强烈的经济动机；三是教育全球化既是教育资源的全球性流动，也是教育思想与价值观念的全球性交流。教育全球化力图实现教育资源与思想的全球性流动，但这一过程越过了民族国家的诸多权限，削弱了国家教育体系的重要作用，对民族国家文化价值观的培养具有消极影响。

对此，安迪·格林进行了深入的批判。他指出，全球化理论的判断缺乏历史的深度和全球的广度，教育全球化理论并不能完全反映时代的特征与教育的需求。经济全球化并没有超越资本主义征服世界的市场观念，这种观念早在 19 世纪就已为自由贸易主义者所熟知，也被马克思所吸收并研究。强烈的经济主义倾向不过是对历史的一种遗忘和片面性、缺少政治观照的解读。跨国公司的建立也多在其总部附近，其收益多从国民经济中获取；劳动力市场主要还是国内市场，经济迁移的机会往往因“边远地区”的消失和政府对移民设置障碍而被严重削减。全球化并没有带来经济上的趋同现象，发达与不发达国家经济发展的差距问题更好地说明了民族国家的存在意义。“国家的基础设施、制度、技能和文化被看作是比较经济优势的基础。”① 安迪·格林进而指出：“在技能形成体系和通常所说的经济体系中，都存在着根本的差异性。”② 全球化理论依赖作为一个政治实体的民族国家的现在和未来的作用。“民族国家总是与国际市场同时存在，而其也总是国际政治纽带中的一方。确实，民族国家可能从一开始就是国际体系的组成部分，而国际体系中的每一个国家都被众多的纽带和协定约束着，民族国家的角色现在可能正在发生变化，但是国际化本身并不必然削弱国家的功能范围或重要性。”③ 作为国家代表的中央政府并没有失去它们通过制定规则、确定角色来发挥影响的关键职能。国家通过缔约管理、运用目标设定、质量控制和绩效模式等加大对教育、健康等领域的控制。教育全球化并没有脱离于国家的政权形式之外，仍然受民族国家政权的制约。

从文化角度来看，虽然全球化的手段已经不可控制地渗透到世界的各个民族，并影响着民族文化的构成。但是，安迪·格林指出，这并不能确定全球文化对民族文化的绝对占领，占优势的西方文化在渗入全球各地的同时，也产生了非常巨大的文化混合物。西方国家力图通过这种混合物来同化民族文化，但是，文化传播和渗透的复杂性及各不相同的动力激发不同的反应结果：一方面引进西方文化和产品，另一方面又努力保存其民族文化的完整性。“文化通过相同的手段被传递到世界各地的边缘地区，但它们却以不同

---

① [英]安迪·格林:《教育、全球化与民族国家》，朱旭东、徐卫红等译，教育科学出版社，2004年，第176页。

② [英]安迪·格林:《教育、全球化与民族国家》，朱旭东、徐卫红等译，教育科学出版社，2004年，第176页。

③ [英]安迪·格林:《教育、全球化与民族国家》，朱旭东、徐卫红等译，教育科学出版社，2004年，第181页。

的方式被接受和同化。”①

因此教育领域全球化理论也未能跨越民族国家的核心边界。安迪·格林指出，教育全球化无视这种民族国家的差异，夸大了全球化的程度，由此高扬教育全球化的理念，其背后则是为了获取更多的教育资源与经济资源。教育全球化是西方资本主义意识形态的一种宣传与传播手段，其目的就是借助全球化的口号，绕过其他地区民族国家的管理，通过教育实践活动输出发达国家的意识形态。

安迪·格林对全球化理论鞭辟入里的分析，揭示了“教育全球化”的本质，重申了民族国家仍然是当前民主的代表与合法性场所的观点，强调民族国家仍然要为社会凝聚和团结提供重要的架构准则。赫斯特和汤普森在其著作《质疑全球化》中也写道：“全球化浪潮，既不是史无前例的，也不是必然持久的，其发展不会超出发达国家的小范围。”②民族国家的教育体系仍然是必要的甚至是重要的存在。尤其是当不同的文明日益融合的时候，民族国家的教育体系更是肩负起了建构国家文化的自主性及与其他文明差异性的重要使命。教育全球化掩盖了民族国家在现代教育中的重要作用，否认了国民教育存在的合法性，其实质是一种西方资本主义的文化霸权。

2.4.2　后现代主义教育观批判

后现代主义教育否定教育的理性化与国家主体化，主张教育的多元化、碎片化与个人化。安迪·格林认为，后现代主义的特点主要体现在三个方面。

第一，后现代主义表现出强烈的历史虚无主义。从 20 世纪 60 年代起，这种潮流所激起的浪花几乎销蚀掉传统史学的根基。后现代对于相对主义的

---

① [英] 安迪·格林：《教育、全球化与民族国家》，朱旭东、徐卫红等译，教育科学出版社，2004 年，第 178 页。

② [英] 安迪·格林：《教育、全球化与民族国家》，朱旭东、徐卫红等译，教育科学出版社，2004 年，第 172 页。

推崇否认了确定性原则，所有的历史都变成一种迷信、偶然，甚至是虚无，人类历史发展的规律也无迹可寻。千差万别的“后现代主义这一词汇在使用时可以从不同方面找到共同之处的话，那就是，它指的是一种广泛的情绪而不是任何共同的教条中认为人类可以而且必须超越现代的情绪”[①]。近代以来人们树立的理性传统被颠覆，客观性、同一性及真理等标志着人们理性发展与进步、解放的概念被消解，人类社会生产力发展与社会的进步也受到了质疑。后现代主义把世界历史看作是偶然的、没有根据的、多变的和不确定的一系列分离的文化或者释义。这些文化或者释义孕育了对于真理、历史和规范的客观性、一致性的怀疑。与这种怀疑的精神相联系，后现代主义便获得了自身的文化表征，即以一种折中主义的、多元主义的艺术方式来体现时代的特征，无深度的、表层的、无中心的及“怎么都行”的人为的肤浅性，模糊了高雅艺术与大众文化的区别，也打破了艺术与经验的界限。

第二，后现代主义以解构主义和个体主义为内在逻辑。解构主义是法国哲学家德里达所创始，他认为，真实就是个体的反映或是符号的表达，因而反对任何“整体化”的思想体系。基于启蒙理性而建立起来的包括科学理性、历史进步观，以及个人主体性与客观理性在内的，以发现社会结构和历史整体发展联系的宏大的思想和叙事方法体系，都被后现代主义所消解。法国哲学家利奥塔提出“小型叙事”的唯心主义历史观，否定了总体性和整体性的历史观。更重要的是，在历史的解构中，个人主体性缺少了稳定的同一性，意识、视角及话语成为无参照的、变化的、暂时的乃至片段和不可自知的存在。因此，在鲍德里亚看来，后现代主义“不可避免地趋向‘超现实’，趋向真实与想象不可分辨的模拟状态”[②]。这又必然回到一种唯心主义的个体中心的窠臼中。黑格尔曾指出，“个人主体性”原则实质上是一种控制性、

① 曾水兵：《后现代主义对现代性教育的解构和重构》，《宁波大学学报》（教育科学版）2005年第2期，第52—54页。

② ［英］安迪·格林：《教育、全球化与民族国家》，朱旭东、徐卫红等译，教育科学出版社，2004年，第16页。

征服性的“暴力”，这种“暴力”体现在对他人的关系上，把他人“作为客体加以压迫”。每个人不仅把社会共同体视为只具有工具性价值的东西，而且，也把他人当作只具有工具性意义的存在。人们只关心技术的价值、不关心技术本身的目的及其人文意义，非个人的、具有普遍意义和客观性的道德权威失去了存在的合法性，导致社会生活共同体的分裂和“伦理总体性”的瓦解。①

第三，后现代主义具有强烈的反理性色彩。由于坚信所有的文化是不能比较的，而所有的道德价值是相对的，由此“导致许多学者落入了利用混乱的道德和文化相对主义来辩护的简单反对主义陷阱中，而不是追求批判理性主义的更为有效的途径”②。哈贝马斯也提出：后现代主义是对现代时期始终存在的反理性主义的延伸。它的深刻见解与自身的危险不相上下，极端地讲，后现代主义只能导致道德虚无主义、政治冷漠及不再试图理解混乱的偶然事件。海德格尔、德里达、福柯、罗蒂、贝尔、费耶阿本德等后现代主义思想家，“坚持以打碎和破坏的态度对社会进行毫不留情的攻击，不承认社会历史的发展有着自身内在的、必然性的发展规律和发展前途，不主张进行任何有深度的、富于意义的价值追求”③。

安迪·格林认为，后现代主义并没有超越自由主义的思想，并不能为国民教育体系的消除提供合理的依据。反本质主义、反理性主义的思想背后，是对事物客观发展因素及本体存在的否定。真理、科学的终结并没有确立主体存在的依据，消除了确定性、普遍性、统一性与连续性的视角也未能给予个体现实的观照。后现代主义者标榜：没有所谓不因阶级、种族、性别和地域而有所不同的“共同文化”这类事情。极端相对主义的后现代文化政治反

① 马东景：《马克思法哲学思想研究》，广西人民出版社，2018 年，第 79 页。

② [英] 安迪·格林：《教育、全球化与民族国家》，朱旭东、徐卫红等译，教育科学出版社，2004 年，第 19 页。

③ 赵家祥主编：《马克思主义历史哲学（第 3 卷）：历史进步论和历史代价论》，吉林人民出版社，2006 年，第 50 页。

对共同课程，这虽在一定程度上肯定了边缘文化和被排斥文化的重要性，并以尊重个人主体性为由，鼓励人们批判地看待主流文化，但是过度的解构并不能为主体的发展提供更好的途径。后现代主义虽然质疑共同性，并强调现代文化的多元异质，但仍然无法清楚说明现代社会的课程要素是什么及由谁来建构等问题。学校教育的公正性和有效性价值无法呈现，留下的仍然是课堂文化政治的“自由市场”，并且会在“自由市场”的原则下萌生强大的主流话语，进而将其他的文化边缘化。自由思想下的多元化、差异性、选择性等都将进一步加大社会的差异和分化，教育均等成为一种幻想的前景。

安迪·格林并未被后现代主义教育理论的花言巧语所蒙蔽。他指出，后现代主义者看似为重新界定权威的意义提供了新的理论工具，将后现代主义的思想精华与现代主义相结合，发展出了批判教育学，加之不愿意放弃的新马克思主义立场，又将观点附加到激进的社会民主与公正的话语中去。他们努力通过对现存制度可行的改革去实现更多样性、更民主的教育责任和管理制度并提高教育质量。但是，他们并未达到自己的目标，反而带来更大的危险。安迪·格林认为，最大的危险就是个性化的教育“用户至上”主义论调，从实质上看，这是新右派自由主义市场的观点。因此，安迪·格林质疑后现代主义“批判的话语”的理论基础，他认为：“他们的目的是用最新的理论处方来延长在某种制度上已经垂死的自由进步主义的生命。”①

2.4.3 新自由主义教育观批判

新自由主义教育观是一种资本主义的意识形态形式，对于教育的公共性理念破坏很大，严重影响了国民教育制度的存在合法性。在否定国民教育体系与公共教育体系的同时，推行教育个人主义与教育消费主义的商业意识形态。其基本主张是：缩小国家对经济干预的范围，削减卫生、福利、教育等

① [英]安迪·格林:《教育、全球化与民族国家》，朱旭东、徐卫红等译，教育科学出版社，2004年，第20页。

社会服务中的公共开支，尽可能地将公共服务私营化，引入内部竞争等市场原则。新自由主义来源于古典自由主义，古典自由主义认为经济生活中有一只“看不见的手”在指导着自由竞争、自由贸易与自由经营，市场能够自动地促进经济发展。政府担当着“守夜人”的角色，除了维护公共秩序和社会安全之外，不干预市场活动。在新自由主义的引导下，市场原则从经济领域蔓延到社会领域，在医疗卫生、社会保障和教育等领域开始以市场机制为原则进行改革。这场运动以英国的撒切尔政府和美国的里根政府为先锋，很快蔓延到其他多个国家，成为发达国家政治、经济领域的主流价值体系，也成为席卷全球的浪潮。

新自由主义思想下的教育市场政策在美国的里根—布什时代和英国的撒切尔—梅杰时代影响广泛。“教育券计划”和“特许学校”运动进入教育实践领域。全方位的教育市场化改革带来了崭新商业文化，学生成为客户，家长是消费者，教师是管理者，而学习是“附加值”。自由竞争、受益者负担等原理导入公共教育领域，以促进学校教育多元化和学校选择自由化来激发学校教育活力，从而实现教育的平等、民主和多样性的目标。英国学者普林从政治学的角度出发，阐述了教师专业发展及国家在其中的角色改变过程，重申了自由主义的教育观。他认为教育的过程就是教育者与学习者之间的对话，国家的任务就是促使对话成为可能，而不是去构建它。教师才是教育实践中的核心角色。美国学者斯蒂塔分析了发展中国家和发达国家私立高等教育改革的状况，对国家能否承担充满活力的私立高等教育并保证其教育质量充满质疑，并提出，不成熟的国家干预教育是很危险的，进而再次强调了自由主义的传统价值。

安迪·格林用马克思主义的社会理论批判了新自由主义的教育思想。他指出，虽然新自由主义的教育理念营造了一种人人平等、个体自由选择的社会民主现象，但是却对其背后的政治结构、阶层差异及阶级统治的本质视而不见。学校开放招生或“择校”等政策仍然无法消除来自阶层和经济能力的差距：家庭背景不佳的学生更多地集中在某些学校，因为他们不具备获得市场成功的资源——良好的学业成绩，也不具备支付优质教育资源的经济能力，他们可以选择的余地非常小。家庭富裕的父母因为具有更好的社会资本，可以运用优势条件为孩子找到更好的学校。由此看来，由于缺乏统一的标准，自由选择的余地受限制，直接造成学校水平的差异与社会群体差距的拉大，这也导致了普通学校被条件优越的学校所“殖民”。而且，“自由市场”的原则充斥课堂文化政治，市场原则生产出社会差异与等级产别，主流话语仍然被市场中的优势者所占据，其他文化继续处于边缘化地位，教育均等仍然是难以实现的幻想。

关于新自由主义教育观所宣扬的自主权利的优越性，安迪·格林指出，从教育的效率和质量来看，并没有学校因为具有教育的自主权利而更好地提高绩效，反而会因为在管理、市场及筹措资金方面的关注，忽略教育的主要工作。重视市场的经济行为而忽略了教育行为，造成教育质量的低下；竞争原则也让学校遭遇淘汰，多样性原则并没有体现。在通过市场解决教育经费问题的过程中，不仅动摇了国民教育的根基，也并未引起民众的积极参与，只是一种按照资本逻辑进行的教育资源分配。事实上，从世界范围来看，效率高、成就高的教育体系都强调公共管理和操作一致性。因此，国家在整个教育体制标准的一致性方面具有强大的责任，正如德特利夫·格罗卡所说：“教育体系的私有化和商业化潮流在联邦德国会遇到强大的阻力，不会得到政治上大多数的支持……大多数人民相信为了确保有效性和社会平衡，教育体系必须由国家当局来管理。对这点我们有专门术语——政治秩序。”①

综合来看，安迪·格林深刻批判了全球化、后现代主义、新自由主义等思潮的自身局限及其对教育的蒙蔽和误导，并指出它们共同地指向了教育的现实危机：整体性的缺失、内在价值的迷失及社会责任的逃脱。教育应当面向群体的关系而不仅仅是个人存在，不能仅仅局限于微观个人主体而取消塑

---

① [英]安迪·格林：《教育、全球化与民族国家》，朱旭东、徐卫红等译，教育科学出版社，2004年，第27页。

造宏观主体的社会功能。教育应当包含价值的共识和文化的认同，并成为建构民主社会的重要的途径。教育不能因为经济利益问题而忽视了与国家的关系问题，教育与国家的辩证关系是教育理念的核心，“教育与国家的关系是教育政策和教育发展的本质问题”。因此，安迪·格林在批判教育全球化的理念、后现代主义教育观念与新自由主义教育思想的基础上，将“教育与国家”的关系从以上三种教育意识形态的蒙蔽中解放出来，揭示了教育全球化的理念、后现代主义教育观念与新自由主义教育思想背后的资本逻辑与资本主义文化霸权的本质。

小结

同大多数批判教育学者的出发点相同，安迪·格林的教育批判同样是基于教育的意识形态性这一逻辑起点，同时从国家工具的自主性及教育的内在的解放性等特征揭示了教育的相对自主性。

安迪·格林在继承葛兰西及阿尔都塞的理论基础上，从教育的社会性、阶级性、普遍性及虚假性等方面揭示了教育的意识形态本质，也从国家的自主性及教育的解放性等角度剖析了教育相对自主性的特征。教育具有社会性，同时也是国家进行统治的重要精神工具。教育的普遍性难以掩饰意识形态的虚假性，从“什么样的人接受教育”和“接受什么样的教育”这样的基本问题就能看出，教育仍然是统治阶级领导权的建立过程。教育的相对自主性表现在教育作为国家体制的一部分及普遍的、公共的政治机构，反映了统治阶级利益需求与阶级力量的平衡与协调。在维护阶级统治的同时，教育也成为被统治阶级反抗统治与压迫、追求解放的工具。国家教育活动可以塑造更加高级的文明主体，建构更加自由、民主、平等的社会形态推进人类解放的历史进程。

教育的意识形态具有内部的多元和矛盾性，即教育内容的同质性与多样性的矛盾、教育对象中精英与大众的分裂、教育主体中个体与国家的博弈等。安迪·格林主张以教育的多样性塑造文化主体和公民身份，提倡以教育的大众化提升底层民众的文化素质与社会地位，倡导以教育主体的国家化推进教育行为的公共性与公平性。

在剖析意识形态的内部矛盾的基础上，安迪·格林批判了教育全球化的理念、后现代主义教育观念与新自由主义教育思想，重申了教育的整体价值、文化功能及社会整合的重要意义。

第三章　理论对象：国民教育及其历史功能

“国家与教育”的关系是安迪·格林教育哲学的理论主线，而这条理论主线的核心就是国民教育。安迪·格林采用历史主义的思维方式，系统梳理了国民教育的理论渊源、形成样态及历史功能，论证了国民教育的意识形态本质。

意识形态的建构与国家关系密切。建立国家的一个重要任务就是改变社会关系和被统治群体的意识形态。教育就是承载着国家意识形态的重要工具。从这一点来说，教育是最重要的政治领域。布鲁斯·库蒂斯指出：“围绕教育所进行的斗争就是围绕政治统治的斗争。”国家越来越多地介入了教育的决策，决定着教育的目标、教育权力和资源的分配、教育的内容，从而确定统治阶级意识形态的合法地位。国民教育的制度确立成为统治阶级意识形态权力的体现和表征。安迪·格林批判了传统教育制度起源的经济和政治简约论、抽象化倾向，揭示了国民教育制度与“国家形成”过程的内在联系，亦即教育的政治化途径，并运用丰富的跨学科知识，剖析了英、法、美、德等主要西方国家国民教育制度的差异因素及促进民族认同的统一性目标。

3.1　国民教育制度的起源批判

19 世纪后半叶，西方国家陆续建立其国民教育制度，成为教育政治性特征的集中反映。它们或被视为民主政治的发展，或被视为阶级壮大的需求。历史上先后形成了辉格派、结构功能主义、韦伯冲突论等理论类型。安迪·格林运用马克思主义的理论武器与哲学思维，追溯了国民教育制度的历史起源并进行了深刻的分析与批判，否定了关于国民教育的经济和政治简约论思想及刻板的生产关系论思想，为其从历史唯物主义角度剖析教育的政治路径扫清了道路。

3.1.1 辉格论起源批判

辉格党是英国自由党的前身，其将自由、民主、宗教与教育相结合，形成了辉格派的教育理论。该理论认为，宗教与启蒙思想、政治民主运动及自由主义一起促成了国民教育制度的建立，体现着社会的进步。辉格派的教育起源论具有历史的英雄主义和进化论的色彩。这一传统在美国教育史上尤为突出。美国人把公立学校的胜利看作民主和人道主义理想的胜利，并认同了大众教育起源的温馨神话，即“理性、文明的工人阶级在空想主义和人道主义智者的领导下，从自私、富裕的社会精英及顽固的东正教手中努力取得了自由主义教育的胜利”[①]。

安迪·格林指出，社会的民主化及机会均等的教育原则虽然成为福利国家政府教育思想的主旋律，但是并没有起主导作用。

一方面，教育改革中体现教育民主主义精髓的中学教育，虽然表面上看起来是平等主义的，但更多只关注中产阶级。面向工人阶级的小学教育仍然是中产阶级进行控制和强加的方式，意在向工人阶级及移民子弟大众灌输道德观念。大众教育和民主思想相联系，并且看似获得了来自各阶级的超乎寻常的一致的支持，但其仍然体现两面性的本质：“一方面是建立包括工人阶级在内的所有民主势力的联盟，另一方面是强有力的政治驯服的工具，是建

① [英]安迪·格林:《教育与国家形成：英、法、美教育体系起源之比较》，王春华等译，教育科学出版社，2004年，第44页。

构个人主义、资本主义霸权的基本因素。”[①] 教育改革实施者的主要目的是控制民主工人的运动所带来的结果，而非工人的解放。

另一方面，在欧洲体系中，民主制度和民主思想的传播与教育发展之间的相关性很低。历史的事实表明，标志着社会进步的大众教育体系，却最早、最广泛地出现在落后的君主专制国家之中，尤其是专制时间长，而且统治程度深的德、法等国家。早期完成政治革命的英国，却不得不向独裁的德国学习和借鉴。如果资产阶级政权的产生是“上升的历史发展”，那么，教育改革就应该是社会进步和阶级意识的集中表现，但是主流资产阶级的思想却未必有利于教育的发展，甚至在实际上阻碍了教育的发展。国民教育体系的实践是在下层工人阶级的组织要求下推进的，教育改革成为政治纷争的一种应对，却不是其动因，更不是资产阶级思想的体现。

因此，在安迪·格林看来，国民教育的建立反映了民主政治势力的发展，但并不能简单地在二者之间画等号。“国民教育体系的倡导者来自多个方面，包括工人阶级的激进分子、中产阶级的功利主义者等，他们的自由主义是不同于纯粹政治经济学及中产阶级的主流文化——自由放任政策。”[②]

3.1.2　结构功能主义起源批判

涂尔干是结构功能主义思想的代表，他强调教育的社会性质，认为教育的本质就是一种社会过程。教育在这一过程中体现为两种功能：一是为工业经济输送技术工人；二是通过文化传递，实现社会的整合。社会先于个体的存在使国民或大众教育具有了先验的逻辑前提。劳动分工带来的集体性、同质性的缺失成为社会集体的现实性危机，以国家这一“社会思潮的器官”来组织干预教育成为解决危机的重要方式。帕森斯作为涂尔干的继承者，发展

---

① [英]安迪·格林:《教育与国家形成：英、法、美教育体系起源之比较》，王春华等译，教育科学出版社，2004年，第45页。

② [英]安迪·格林:《教育与国家形成：英、法、美教育体系起源之比较》，王春华等译，教育科学出版社，2004年，第43页。

了重在强调教育与劳动关系的美国功能主义。该理论认为，工业革命促进了大工业条件下的劳动分工，这就要求社会成员具备工业经济所需要的不同的生产技能及角色认知，这种需要直接推动了公共教育的发展。教育为个人提供准备，也能促进个体的社会化，从而适应现代社会的竞争原则和“能人治国”原则。学校教育根据能力发展的基础，成为使人各得其所的筛选工具。人力资本理论成为结构功能主义思想的变种。结构功能主义与社会生产发展的结合，再度确认了大众教育与社会发展、经济需求之间的逻辑联系，即教育是源于技术发展的需要，是工业发展的产物，通过技术的进步促进经济的发展。

对于国民教育制度起源的解释，安迪·格林认为，结构功能主义虽然强调了教育作为社会化过程的性质，但它却没能解释教育制度建立的不平衡问题。“如果经济对技术的要求是促进教育发展的主要原因的话，那么法国和普鲁士的教育就必然要落后于英国。而事实并非如此。”[①] 因此，结构功能主义存在着一定的理论缺陷。

第一，忽视阶级矛盾。涂尔干结构功能主义的理论不足在于没能对市民社会存在的矛盾做出理论解释。尤其是将阶级斗争看作是对新的劳动分工的病态反应，是一种由快速的社会变迁带来的社会秩序的暂时性混乱，并认为阶级矛盾可以通过国家及教育机构创造出一种“集体文化”来解决。关于社会的阶级矛盾及教育作为意识形态工具的意义被社会、分工的表层结构所遮蔽，忽视了矛盾和分裂的根源。“教育在提升一种文化以对抗其他文化、将主流文化合法化并加以巩固方面的作用，就这样被忽略了。”[②]

第二，掩盖学校教育的阶级本质。安迪·格林认为，学校教育并没有提供其所承诺的具体的技能，大多数的技能只在工作中学到，事实上，教育结

---

① [英] 安迪·格林:《教育与国家形成：英、法、美教育体系起源之比较》，王春华等译，教育科学出版社，2004 年，第 54 页。

② [英] 安迪·格林:《教育与国家形成：英、法、美教育体系起源之比较》，王春华等译，教育科学出版社，2004 年，第 47 页。

构和资本主义生产关系具有相关性和同质性，它阐明的是教育如何根据阶级、种族和性别差异来筛选和分流，从而再生产劳动力市场的权力关系并使之合理化。同时，从19世纪的教育来看，学校教育的筛选功能并不突出，教育凭证只对有限的职业才是需要的。虽然在法国、德国，学校在促进阶级的形成方面发挥了重要作用，但在这一过程中，被动的成分要多于主动的成分，与其说学校教育决定了社会的分层，还不如说它们对社会的分层起到了一定支持作用。学校在促进阶级形成的过程中意义重大，促进社会流动并不是其主要功能。

第三，机械的经济决定论。以功能主义理论为基础和分析框架得出这样的结论：国民教育是工业化的副产品。但是，19世纪的教育变革并未在经济发展中发挥重要作用，教育的变化也不是工业化所带来的经济技能需求所推动的。霍布斯鲍姆曾指出："工业革命的产生并不需要太多的智力基础。技术的发明特别少，而且无不是靠那些聪明的工匠在车间里做实验获得的，或者是出自那些木匠、磨房工人和铁匠的创造。纺车、骡机，甚至是技术含量最高的机器瓦特的蒸汽机，其所需要的物理知识是早就有的。"① 工业革命与通过教育获得识字技能的历史基础密切相关，但这更多地归功于宗教而不是经济因素，这成为工业化的一个前提因素，而非工业化的结果。学校教育并没如功能主义所说的那样，培养社会所需的各种技能。英国学者阿什比坦言："任何形式的正规教育对于其工业所起到的作用都是微不足道的。"②

安迪·格林指出，结构功能主义理论的这种缺陷使之在解释第一个工业化国家——英国的教育变化时就面临失效的境地，因为英国国民教育制度的建立与其工业快速发展相比晚了将近一个世纪。因此，很难将国家教育的世俗化，即国民教育的建立，单纯地解释为经济增长的需要或是技术发展的

① [英]安迪·格林:《教育与国家形成英、法、美教育体系起源之比较》，王春华等译，教育科学出版社，2004年，第50页。

② [英]安迪·格林:《教育与国家形成英、法、美教育体系起源之比较》，王春华等译，教育科学出版社，2004年，第52页。

动力。安迪·格林否定了经济决定论的简单化思想。鲍尔斯和金蒂斯也指出:“熟悉自己纱厂和其他类似工厂的日常操作的老板，都认为学校的课程与工人的生产力很有关系，这一点很值得怀疑。”① 经济因素不是促进教育发展的主要动力，或者不是唯一动力。政治和社会秩序、国民道德的培养是教育倡导者关注的主要焦点。即使人民已经意识到教育是国家收入发展或增长的强大动力，并热衷于教育及教育带来的道德的经济价值，但是在以手工劳动或农业生产为主的 19 世纪中期，传统的教育形式已经满足技能的基本需要，学校并无必要对国家的潜在发展需求做出及时的应对或者统一的回应方式。显然，功能主义不能解释这些差异。正如理查德·约翰逊所说:“试图以‘对劳动技能和需要’这一概念把教育和工业革命联系起来，得到的结果目前为止都是负面的。”②

3.1.3 生产关系起源批判

安迪·格林将国民教育的起源纳入生产关系的视野，沿袭了马克思对资本主义工业化过程的分析方式，关注资本主义生产关系的再生产、新的劳动形式及阶级控制的模式。一些激进的马克思主义社会学家和历史学家，如鲍尔斯、金蒂斯、理查德·约翰逊等以此为核心对 19 世纪的国民教育进行了深刻的剖析。

城市化的进程带来了社会关系的变化，催生了公立教育的发展。在 1780—1830 年间，英国的城市化程度加快，城市中的社会问题也开始出现。一方面，城市化的过程消解了传统的家庭结构，传统的家庭式教育和社区式教育功效减弱。城市因人口过多而出现环境恶化、犯罪和贫困滋生等问题。恩格斯在《英国工人阶级状况》中也指出，随着城市无产阶级人数的增

---

① [英]安迪·格林:《教育与国家形成英、法、美教育体系起源之比较》，王春华等译，教育科学出版社，2004 年，第 56 页。

② [英]安迪·格林:《教育与国家形成：英、法、美教育体系起源之比较》，王春华等译，教育科学出版社，2004 年，第 57 页。

长，英国的犯罪数字也增加了，不列颠民族成为世界上罪犯最多的民族。在1842年的罪犯中，有32.35%完全不会读、不会写；有58.32%不完全会读、会写；有6.77%读写都不错；有0.22%受过较高的教育。[①] 这些数据揭示了儿童受教育权利被剥夺程度与社会风气恶化之间的关系。家庭不能再教育儿童，并使儿童社会化，公立教育就成为缓解社会后果的途径。另一方面，城市人口的增长和工厂生产的发展带来劳动力管理和社会秩序的新问题。正如恩格斯所说："工业中的大多数工作都需要一定的技能和常规性，而要达到这一点就要求工人具有一定的文化水平。" [②] 公立教育的意义呼之欲出。

当然，更深层的问题在于城市化的过程也带来了阶级结构的变化。劳动人口逐渐形成了新的无产阶级，其阶级力量的壮大和政治意识的增强不仅刺激了教育的需求，也给中产阶级带了焦虑。中产阶级鼓励促进公立教育改革来解决社会问题，进行阶级控制，如灌输社会权威意识和宗教道德等，而这些是工人阶级家庭做不到的。用教育来对抗不良的社会趋势，通过对工人阶级子弟进行教育来灌输中产阶级和资产阶级的政治经济思想，对抗激进思想的传播，成为中产阶级试图规范、破坏及取代工人阶级文化再生产的重要方式。于是，工人阶级和中产阶级的斗争，构成了教育变革的基础。

安迪·格林认为，这种理论强调了教育与社会发展及无产阶级之间的关系，进而提出大众教育是一种阶级控制的统治工具的思想，具有一定的解释力，但显然缺少了一种历史的考量和复杂的阶级关系的探索。这主要表现在以下方面。

一方面，随无产阶级化和城市化而来的社会变革并没有带来公立教育按照理论的逻辑出现。城市化进程并没有带来入学率的激增，公立教育入学率的高潮，在城市化进程之前就已经出现。"公立学校的复兴被误认为是那个时代的教育发展的重要原因。免费的学校运动是事实，但它并不是近60年

---

① 恩格斯：《英国工人阶级状况》，人民出版社，1956年，第175—176页。

② 恩格斯：《英国工人阶级状况》，人民出版社，1956年，第120页。

来教育发展的突出特点。”[①] 而且，入学率增长最大的恰恰是农村地区。公立教育体系的建立是全国性现象，以城市问题和城市发展之间的联系为对象，很难解释农村的教育变化，并且以显见的城市偏见为出发点，也对教育的认识有严重的断章取义嫌疑。

另一方面，公立教育与城市化之间的关系，从本质来看是阶级关系的反映，但工人并不觉得工业化是一场大灾难，也不曾幻想着“维多利亚”时代的家庭模式。鲍尔斯和金蒂斯认为教育改革的对象是穷人、移民及工薪阶层的子弟，而教育改革者和教育体系对这些群体的态度是权威的家长的态度，是“强加”的控制和统治，但这种说法仍然无法解释当时独立生产者占多数，阶级力量尚未成熟的英国城市和农村，以“强加”“统治”为特征的国民教育，何以赢得了大众的普遍认同。对于贫民和移民的子弟来说，学校甚至是拯救他们的必要工具。

3.1.4 韦伯冲突论起源批判

与结构功能主义回避教育的冲突不同，以韦伯为代表的冲突论者则试图正视这一问题。他们认为，国民教育的兴起乃是社会集团之间争夺控制权的结果。英国学者玛格丽特·阿修从韦伯的宏观社会学入手，强调了社会集团相互作用的重要影响。“对教育有控制权的人们有着不同的追求目标，由此形成不同的教育特色……变化之所以发生，是因为那些有权修改以前的惯例的人们开始追逐新的目标。”[②]

阿修认为，团体的互动是核心，已有的制度和社会因素是改变或影响教育的因素，并非决定着教育。19 世纪英国教育体系的变化是源于不同利益集团之间的斗争，教会与英国的精英统治阶级，因为共同的利益和实现政治

---

① [英] 安迪·格林:《教育与国家形成：英、法、美教育体系起源之比较》，王春华等译，教育科学出版社，2004 年，第 76 页。

② [英] 安迪·格林:《教育与国家形成：英、法、美教育体系起源之比较》，王春华等译，教育科学出版社，2004 年，第 79 页。

社会化与阶级结构再生产的目标，共同控制着教育。阿修认为，教育冲突的性质是以现存的社会力量为条件的，进而从发生学的角度研究了团体互动在英法国家教育体系上的差异，提出了“替代型”和“限制型”的不同国家策略。“替代型”主要是创立新的机构以满足教育的需求；“限制型”则在于打破主流势力的独断，用国家力量来取代。选择哪种类型，取决于社会力量的性质及社会资源的分配情况。采取“替代型”的往往是经济界的精英，如英国；采取“限制型”的多是政治界的精英，如法国。阿修继续指出，“限制”策略中体制是离心的，由中心向外发展；而“替代”策略下，体制是向心的，由外向内发展，于是出现了集权制和分权制的教育结构。随着社会与教育体系的结构性变化，“统一”“系统化”成为教育与国家关系的特征，即国民教育是一系列相互关联的因素被整合到一个统一整体的过程，是通过各级教育相互沟通、共同规定并通过全国性的统一考试和统一要求而实现的。

安迪·格林认为，阿修以变化发生机制为研究核心，是一种重要的历史研究维度，客观地呈现了不同国家的教育发展上的差异。而且，阿修对于团体斗争、联合及意识形态等方面的研究，与葛兰西的霸权理论有诸多相似之处。但是，正如阿修自己所认为的，她没有考虑要对阶级的性质进行解释，而是把它当作一个既成事实。因此，安迪·格林指出，即使阿修的研究已经意识到英国中产阶级的教育改革没有和工人阶级激进分子建立或维持一种有效的联盟关系，是导致其发展迟缓的原因。但是，“一个不对其得以产生的社会和阶级结构基础进行分析的斗争理论，只能算是一半的解释”①。阿修虽然意识到了阶级掌握的政治力量的重要性，但无法解释掌握了政治力量的阶级或团体在教育决策上的差异。

对此，安迪·格林认为，不仅是团体斗争的性质决定了教育的发展，对国家的不同取向也决定着教育的决策与差异。持国家主义态度的法国资产阶

---

① [英]安迪·格林:《教育与国家形成：英、法、美教育体系起源之比较》，王春华等译，教育科学出版社，2004年，第84页。

级，把国家看作抵制贵族特权的壁垒，教育改革则是国家立法和实施控制的过程。而持自由主义思想的英国，则将国家视为专制的源泉，放任自由成为英国教育的主要特色。因此，国家政权的性质、市民社会中阶层关系，以及人们对国家的认识、与国家的关系等也决定着教育的产生、发展、形式与结构。

安迪·格林明确指出，关于国民教育制度的起源，不论是将其直接与经济和社会结构的变化相联系，还是认为其源于城市化进程或无产阶级力量的需要，都是一种简约论的思想，没有更好地解释教育与生产力、生产关系之间的不一致性问题。冲突理论虽然意识到了教育与社会集团的相互作用，但并没有指出教育发展与官僚进程的深入关系，没有考虑国家的普遍性和独特性。因此，安迪·格林呼吁："这样就需要一种国家理论，把各国国家形式的差异与它们各自的经济和社会条件联系起来，相应地，这些特定的国家形式又必须和源于其中的教育发展相联系。"①

3.2 国民教育与"国家形成"

国民教育是国家用公共资金为普通民众提供的正式的，并要求民众强制接受的学校教育，体现了教育政治性的基本逻辑：教育是为了使人们适应社会生活——使他们成为好公民。如何来判断"好"公民，政府既是标准的制定者，也是评价者，通过制定相应的教育制度来确立标准的公民概念及产生公民的机制。从这一点来看，国民教育与国家的形成具有一定的时序同构性。"国家形成"成为国民教育建立的现实语境和内在动机，国民教育制

① [英]安迪·格林：《教育与国家形成：英、法、美教育体系起源之比较》，王春华等译，教育科学出版社，2004年，第88页。

度则反映了具体国家的独特性和差异性。因此，安迪·格林指出："一国的公共教育体系只和国家的形成过程相关，与政治形态、经济和社会情况相关。"①

3.2.1 "国家形成"是国民教育制度的现实语境

国家是现代社会的一项关键性建制。安迪·格林指出，马克思提出的一般国家理论阐明的是资本主义国家发展的一般条件，尤其是经济因素的决定作用，但缺少政治文化维度的解释，不能很好地诠释国民教育制度的独特形成路径，容易陷入简单的经济或政治决定论。国民教育制度并非早期工业化的技术需要，也不是失范和阶级分化、冲突的反映，它与国家的历史文化以及发展任务密切相关，是中心国家塑造公民民族的一种重要工具。因此，安迪·格林指出："我将试看勾勒一个广泛的理论框架，以把公共教育的发展纳入被我称为国家形成的一般过程中。"②

安迪·格林从唯物主义的历史观指出：国家形成指的是现代国家建立的历史过程，不仅包括政治行政部门及组成"公共"范畴的所有政府控制的机构的组建，也包括使国家权力合法化、巩固民族和民族"特点"的意识形态和集体信念的形成。③

第一，国家形成实质上是指"民族国家"的形成。安迪·格林认为，受启蒙运动和法国大革命的影响，专制统治中的主权在统治者个人的思想中发生了变化。民族这一表征着一定人口、土地与自然形成的自发的人群集合，被纳入国家主权与领土完整的综合体系中，民族自身成为权威的构成部分。

---

① [英]安迪·格林:《教育与国家形成：英、法、美教育体系起源之比较》，王春华等译，教育科学出版社，2004年，第121页。

② [英]安迪·格林:《教育与国家形成：英、法、美教育体系起源之比较》，王春华等译，教育科学出版社，2004年，第88页。

③ [英]安迪·格林:《教育与国家形成：英、法、美教育体系起源之比较》，王春华等译，教育科学出版社，2004年，第88页。

民族由公民构成主体，公民的集体主权使他们建立了可以表达他们政治意愿的国家。将民族形成与国家的产生相联系，放置于文明时代的发展与历史唯物主义背景下，马克思提出了民族与国家的一致性。在《德意志意识形态》中，马克思指出："城乡之间的对立是随着野蛮文明的过渡、部落制度向国家的过渡、地方局限性向民族的过渡而开始的。"[①] 他认为，资本、国家及民族这些概念是在资产阶级社会的发展中被牢牢地结合在一起，它们体现出资产阶级确立自身领导权的经济、政治及文化心理要素。因此，民族国家"就是建立起统一的中央集权制政府的、具有统一的民族阶级利益及同质的国民文化的、由本国的统治阶级治理并在法律上代表全体国民的主权国家"[②]。这种国家也被称为资本主义民族国家。

安迪·格林认为，民族国家的新颖之处不在国家，而在于民族。关于民族的形成，学者们大致形成了两种认识，一种即民族形成的原发性与客观性，是族群、地域与语言等形成的真实存在。如斯大林曾认为："民族是人们在历史上形成的一个有共同语言、共同地域、共同经济生活及表现在共同文化上的共同心理素质的稳定的共同体……这些特征只要缺少一个，民族就不成其为民族。"[③] 安东尼·史密斯认为，"民族"是指"其每一个成员共享一个历史疆域、共同的传说、集体、公共文化、独立的经济体和共同的责任和权利的人群，简言之，民族是一个共享历史和文化的地域共同体"[④]。民族主义者盖尔纳认为，民族是真实的社会现象，同时也是一种强大的社会力量，是社会现代性的客观产物，由于环境的变化、社会的发展及教育的影响，逐

① 中共中央马克思恩格斯列宁斯大林著作编译局:《马克思恩格斯选集》(第1卷)，人民出版社，1995年，第68页。

② 刘中民、左彩金、骆素青:《民族主义与当代国际政治》，世界知识出版社，2006年，第223页。

③ 中共中央马克思恩格斯列宁斯大林著作编译局:《斯大林选集》(上)，人民出版社，1979年，第64页。

④ [英]莫迪默、[英]法恩主编:《人民民族国家》，中央民族大学出版社，2009年，第58页。

渐成为一种政治性、文化性概念。另一种则将民族视为“想象的共同体”，本尼迪克特·安德森指出，民族“是一种想象的政治共同体——并且，它是被想象为本质上有限的；同时也享有主权的共同体”[①]。霍布斯强调，民族在很大程度上乃“虚构的传统”，历史的连续性和文化的纯净性是民族主义创造的神话。霍布斯坚信民族是政治同共体，而非族群共同体。

安迪·格林坚持马克思主义的唯物史观，将民族置于国家形成的政治、历史和社会的整体情境中，指出国家的形成是国家创造公民和民族的过程，也是国家证明自身合法性的途径。国家通过征召训练国民加入国防、登记并与赋予公民身份、监督和约束政治行为及吸纳其参加国家仪式等，用官方的方式记录其集体的身份，并通过教育来帮助其确认公民身份。不论民族是作为现实还是想象出现，在国家形成的过程中，它无疑发挥了一种确立国家精神合法性以赢得大众同意的重要作用。它既与一定世界的特定历史时期占支配地位的生产模式相适应，又反映了不同国家内部诸要素结合所创造的认同力量。当然，安迪·格林也指出，从根本上来看，“现代国家，无论表现出何种状态，基本上都是一个资本家机器，资本国家、民族总资本的理想化身”[②]。

第二，国家形成是秩序的建立与阶级力量的协调。安迪·格林认为，资本主义国家发展的一般条件并不能很好地解释国家形成的过程与特征。把国家简单看作经济基础的附带现象，就陷入了经济简约论的窠臼。它很难解释为什么在一些国家，占支配地位的政治团体不能体现占支配地位的经济阶层的经济利益，即国家不由控制经济领域的阶层所控制等问题。

马克思主义学者认为，国家是一种相对自主的权力，它与特定阶级及阶级集团之间的关系是因时而异的。统治阶级不一定直接掌握国家机器，国家

① [美]本尼迪克特·安德森：《想象的共同体：民族主义的起源与散布》，吴叡人译，上海世纪出版集团，2005年，第6页。

② [英]安迪·格林：《教育与国家形成：英、法、美教育体系起源之比较》，王春华等译，教育科学出版社，2004年，第96页。

并不是资本利益的简单工具，它的主要职能是在权力集团内部、在各个阶级之间组织主权，从而实现阶级利益的平衡及被统治阶级的赞同和顺从。恩格斯指出:“国家是表示：这个社会陷入了不可解决的自我矛盾，分裂为不可调和的对立面而又无力摆脱这些对立面。而为了使这些对立面、这些经济利益互相冲突的阶级，不致在无谓的斗争中把自己和社会消灭，就需要有一种表面上凌驾于社会之上的力量，这种力量应当缓和冲突，把冲突保持在‘秩序’的范围之内；这种从社会中产生但又居于社会之上并且日益同社会脱离的力量，就是国家。”[①] 为了让这种生产模式长久存续并且服务于统治阶级的长远利益，国家可能作为一种自治力量而启动，在特定的时期让渡或妥协。马克思在《路易·波拿巴的雾月十八日》中分析，资产阶级放弃了通过国会来控制国家机器，而由拿破仑来掌权。拿破仑也因此依靠农民阶级——他们自身无法实现本阶级利益，欣然同意由某一个领袖来代表——巩固了自己的政权。“国家被看作是一个自发的形成过程，超越了基础集团利益及从属利益集团之间的不稳定的平衡——在这种平衡中，统治集团利益占有优势，但这只是以此弥补狭隘的经济利益的不足。”[②]

国家的形成是经济因素和上层建筑的共同作用。经济因素体现了统治阶级实现自身利益扩张的追求和实现方式的合法性，宗教、艺术、哲学、政治等上层建筑不仅反映着经济基础的内在要求，同时也形成了相对的自主性。正如阿尔都塞所说:“在历史上，上层建筑等领域在起了自己的作用以后不会恭恭敬敬地自动引退，也从不作为单纯的历史现象而自动消失，以便让主宰一切的经济沿着辩证法的康庄大道前进。无论在开始或结尾，归根到底起

① 中共中央马克思恩格斯列宁斯大林著作编译局:《马克思恩格斯文集》(第4卷)，人民出版社，2009年，第189页。

② [英]安迪·格林:《教育与国家形成：英、法、美教育体系起源之比较》，王春华等译，教育科学出版社，2004年，第106页。

决定作用的经济因素从来不是单独起作用的。”①

安迪·格林继承了马克思主义的国家观，认为简单的经济—政治线性决定论忽视了社会因素的复杂关系和政治国家的具体作用，必然导致唯意志论的主观主义和机械进化论的自然主义。所以，人们曾热衷于资本主义生产方式在西方国家所取得的长足进步，却忽略了国家的差异问题。这种历史或文化的差异，与国家形成中的意识形态也最为相关，甚至是国家形成的组成部分。在社会和意识形态分化严重的法国，或是由上而下总体构建的俄国，国家成为文化变革中的重要工具。

第三，民族国家的形成是集权化与世俗化的统一。作为一种相对自主的力量，国家的权力与权威来自哪里呢？黑格尔将国家视为一种理性的现实，同时也是一种绝对理性的、伦理的存在，其“存在即为合理”的思想先验地确定了国家的权威性、正当性。其他关于国家产生的典型范式，不论是自然演化论，还是社会契约论，或者是阶级斗争等理论，都围绕着“国家权力”而展开。它们的立场与观点各不相同，区别仅仅在于国家权力的形成途径，或是个人的暴力夺取，或是社会组织的契约原则，或是阶级的革命等不一而足，但都认识到了国家权力的重要性。安迪·格林坚持马克思主义的理论视角，他认为，国家形成的过程体现出独特的国家权力特色。众多资产阶级赖以生存的强大的中央集权的国家，即成为一股寄生的、控制的势力，有时甚至是极具生命力的力量。法国的中央集权制是法国历史上绝对君主制的遗产，后来成为资产阶级必不可少的工具。通过权力的集中，可以弥补经济力量相对迟缓和滞后的不足。

安迪·格林指出，国家的权力不仅存在于中央机器本身，也植根于市民社会和所有它试图要改造和施加影响的“所谓的私人组织”。国家是社会中的积极组织力量，不仅包括中央立法行政机构和军队、警察、监狱等强制机

---

① [匈]卢卡奇：《历史与阶级意识：关于马克思主义辩证法的研究》，杜章智等译，商务印书馆，1996年，第90—91页。

器，也包括那些道德教育和教化的机构，如法院、学校等。国家知识分子通过积极发扬某种世界观和意识形态建构了符合统治阶级愿望的市民社会。国家通过市民社会而运作，来实现塑造和教育的目的，使各级社会符合国家的历史目标。

市民社会的差异性也促成了国家权力的独特形态。在先进的国家里，市民社会已经相对成熟，可以抵抗直接经济要素的灾难性袭击，市民社会上层建筑甚至能够成为现代战争的防线。也正是在这个意义上，葛兰西提出市民社会文化领导权对于夺取政权的重要意义。安迪·格林认为，意大利革命的失败在于其市民社会没能创造出一种源于地方传统、服从于社会变革、能够在革命联盟中联合资产阶级和大众力量建立革命联盟的民族—大众文化。"总是缺失一种有效的雅各宾式的力量，而且也无法建立起来；但其他国家就是靠了这样一种雅各宾式的力量觉醒过来，形成全国性的集体意志，建立了现代国家的基础。"[①] 而在革命前的俄国，市民社会处于"原始的胶着"状态，并未形成强大的市民社会，国家就是一切，并以大众性的面貌发挥出强大的意识形态作用。马克思曾指出："国家是属于统治阶级的各个个人借以实现其共同利益的形式，是该时代的整个市民社会获得集中表现的形式。"[②]

3.2.2　国民教育制度体现国家干预教育的合法性

国民教育制度体现了国家干预教育的权力与过程。早期的教育与国家并没有太多的直接的联系，尤其是在西方自由主义思想的影响下，国家被视为对教育及个体自由解放的粗暴干涉。18 世纪绝对君主专制的欧洲大陆诞生了最早的国民教育形式。在民族国家建立和兴起之后，尤其是到了 20 世纪，公共教育虽缓慢却不可避免地演变为国家教育，从此国家教育就有了质的变

---

① [英] 安迪·格林:《教育与国家形成：英、法、美教育体系起源之比较》，王春华等译，教育科学出版社，2004 年，第 117 页。

② 王耀海:《唯物史观的逻辑探要》，中国政法大学出版社，2013 年，第 36 页。

化。19世纪后半叶起到20世纪初，世界各国陆续建立了自己的公共教育制度，或国民教育、民众教育、义务教育等概念不一而足，充分体现了国家干预、管理教育的过程。

然而，从教育的历史发展过程来看，这并不是个一帆风顺的过程。启蒙运动的理论财富为教育注入了解放性的内涵：教育是人类解放的工具，是人的一种权利。但这并没有成为国民教育体系建立的初衷，甚至可以处处看到相反的情形，“占主导地位的教育思想，或者是那些对学校实际发展产生影响的教育思想，更关心的是社会控制、道德和政治的服从，而不是人的解放”①。康德在《教育学讲授纲要》中指出：自然只给人以胚芽，必须由教育使他发展和完善。而人类真正的生活特点，是人必须通过他自己的努力来创造自己，使自己成为一个真正有道德的、有理想的和自由的人。这种创造性的努力要通过缓慢的一代一代的教育活动来进行。然而，由谁来进行教育以改变人性？

康德及启蒙思想以来的自由主义者认为，应当依靠开明的个体，因为个人心智的充分发展和整个人类的目的及进步的思想是完全一致的，由统治者干预的教育可能会出于民族利益而损害人类的普遍利益。但费希特和黑格尔则认为：教育应当是国家的主要职能。个人必然是利己主义的、没有理性的动物，容易受到欲望和环境的奴役，因此，需要以国家利益为基础的教育才能实现个人理性的培养和国家的复兴，民族国家成为实现个性和全人类理想的载体。德国因此而成为第一个实行公立、普及和强制教育制度的国家。国家教育的思想弥补了自由主义因缺乏发展教育理想的机构而诉诸自然原则的局限，凸显了国家的作用，并将国家目标与社会目标进行了有效整合。然而，杜威也指出，在没有将自己所说的社会进行明确定义之前，任何谈教育的社会化过程和社会化功能都是没有确切意义的。民主的教育应当首先考虑

---

① [英]安迪·格林：《教育与国家形成：英、法、美教育体系起源之比较》，王春华等译，教育科学出版社，2004年，第40页。

教育服从国家目标还是社会目标，抑或是个人的目标的前提性问题。

由此看来，国家并非自然而生就具有教育的权利。即使自柏拉图始就强调了国家的作用，但他最终把阶级而非个人作为社会单位。制度主义者将国家目标泛化为社会目标，从而把个人纳入制度的附属之中。因此，早期的教育权并不是国家垄断的权利，直到近代市民社会的发展以来，教育的作用才被广泛认知。

费希特曾大力提倡国民教育，认为这不是单纯地使公民尊奉既定的法律秩序，培养忠诚于国家统治者的公民，而是把国民当作神的永恒性的承担者，持续发展永恒的生命。费希特的国民教育超越了历史的现实和国家的界限，他把文化理解为神的绝对理念在人类精神中的显现，国民教育成为实现永恒的、纯粹的自由精神的创造过程。

安迪·格林认为，马克思主义的国家观是国民教育合法性的最佳解释。在马克思看来，国家是一个虚幻的共同体，因为社会陷入了分裂、对立的社会矛盾而又无法解决，国家成为从社会中产生又高居于社会的缓和冲突的力量。从根本上来说，它是阶级压迫与统治的工具。“代表性”和“遮蔽性”是国家的主要特征。国家代表了最有力量和在经济上占支配地位的阶级的利益，通过对国家的控制，这个阶级获得了控制被压迫者的新手段。但更为重要的是国家的一般社会功能，即防止社会解体的机制及隐藏于社会表象之中的权力与统治。也就是说，国家的阶级统治功能不会赤裸裸地表现出来，而是通过一系列的隐蔽手段掩盖自身的阶级属性，教育即是一种重要的手段。统治的经验证实：国民具有普通知识的话，会有利于国家的统治，这种统治也包括葛兰西所说的文化霸权的确立，因此，要将教育当作国家事务来看待。

安迪·格林进一步指出，国民教育首先是国家机关养成“健全公民”的主要途径，接受教育变成国民的“义务”。国民教育既要完成对劳动力的创造，又要进行对劳动力的培养。它不仅限于为劳动者提供教育和培训的机会，提高劳动者的生产技能、劳动水平以满足社会再生产的需要；同时还应重视对劳动者思想意识的培育，使之认同统治阶级权威，自觉顺从和维护统治秩序。其次，国民教育的重要任务还在于对国民精神领域的培育和训练。葛兰西指出，即便社会集团取得了“政治领导权”，但如果不从“文化”或“意识形态”上“教育”广大群众，那么，这个集团将有可能重新“回到起点”。这一点是暴力的国家机器难以否认的，只有借助于意识形态的国家机器——教育。“事实上，在今天，教会作为支配性意识形态国家机器的角色，已经被学校所取代。”[①] 阿尔都塞认为，在当代资本主义社会，教育成为“支配性意识形态国家机器”，它正在承担中世纪的教会在意识形态领域的角色。

安迪·格林指出，在资本主义制度下，各种教育机构、各类专门知识及整个教育队伍，无一不隐含着资产阶级的意识形态。国民教育从本质上是资产阶级的劳动力再生产体系和资产阶级意识形态的精神生产体系，其直接动力来自经济社会的发展。安迪·格林指出：“虽然工厂生产并没有要求工人掌握新技能，但却要求工人形成新的行为习惯，要求服从日常作息时间、单调的工作、严格的纪律，所有这些只有通过教育来实现。”[②] 为国家培养训练有素的行政管理人员、工程师和技术人员成为建立国民教育体系的基本动力。

安迪·格林认为，国民教育体系建立的目标就是要打破早期学习形式狭隘的“特殊论”，从根本上来说就是要服务于整个民族，或者说，要体现社会统治阶级心目中的“民族利益”。中世纪和早期狭隘的、单一的教育形式，已经不能满足国家发展的需要。在英国，工业革命加剧了英国贵族教育和贫民教育的差距。贫民教育主要由教会实施。教会学校不能满足工业化的需求，贫民子弟教育机会被剥夺状况十分严重。工业化也使大量农村人口涌进城市，城市里的工厂对工人的需求常常处于供过于求的状况，这也造成了包

① 俞吾金：《传统重估与思想移位》，黑龙江大学出版社，2007 年，第 144 页。

② [英] 安迪·格林：《教育与国家形成：英、法、美教育体系起源之比较》，王春华等译，教育科学出版社，2004 年，第 62 页。

括儿童在内的流浪人口的大量增加，从而对社会的稳定与经济发展造成了巨大的威胁。英国慈善学校的倡导者本杰明·肖曾深刻地感慨："一想到我的祖国，伟大的不列颠，还有那么多人反对贫民教育事业，而且还认定我国的教育体制是无可争议的好时，我就感到羞耻。"①

国民教育制度体现了国家基础上全新的普遍主义。面向所有的集团，服务于国家的需要，成为国民教育与以往教育在本质上的区别。在这一点上，安迪·格林认为，这在集权制的普鲁士和法国尤其明显，相比与英国的工业化，这些国家还没有摆脱专制主义甚至是未曾开化的工业国家，但是，"在欧洲最为'专制的'普鲁士的统治下，所有儿童，即使是联合王国最卑微阶级的儿童，都正在他们的村庄和教区学校接受比我们更为多样，在各方面看起来都更有价值的教育，而我们的学校都已经习惯或擅长于装饰"②。而英国作为欧洲工业化程度最高的国家，却体现出另外一种逻辑："只要一个国家的贵族阶级越富有且越有权势，那么这个国家的穷人就越穷且越受压迫，其穷人受教育的情况比欧洲任何其他国家都要糟。"③ 格林认为，不同国家，在实现国民教育的普遍性的过程中，仍然有着不同的发展模式与路径。

3.2.3 国民教育制度表现"国家形成"的差异性

国民教育是国家、社会和个人关系的一次重大调整，它反映了经济基础与上层建筑之间的发展需要，并且是国家建构文化领导权的主要方式。但是，安迪·格林指出，国民教育制度是在1770—1900年之间发展起来的，欧洲多数国家形成于19世纪。各国的国民教育发展历程并没有因为相似的

---

① [英]安迪·格林:《教育与国家形成：英、法、美教育体系起源之比较》，王春华等译，教育科学出版社，2004年，第18页。

② [英]安迪·格林:《教育与国家形成：英、法、美教育体系起源之比较》，王春华等译，教育科学出版社，2004年，第16页。

③ [英]安迪·格林:《教育与国家形成：英、法、美教育体系起源之比较》，王春华等译，教育科学出版社，2004年，第18页。

经济水平或共同的意识形态而呈现出共性的发展趋势。相反，不论是形成的时间、速度、形式，都表现出独特、不平衡的现状。其主要表现在以下几方面。

其一，国民教育制度在欧洲大陆的封建专制国家最先发展，而在工业化程度较高的英国却很晚才建立。普鲁士在 1763 年就开始推行强制的小学教育，1787 年建立了中等教育委员会，1826—1837 年就建立了较为完整的公立中小学体系。法国 1802 就建立了国立中学，1806—1808 年拿破仑建立“帝国大学”并为其立法，1833 年颁布《基佐法案》，确立了国家管理公共教育的权力，1882 年《费里法案》明确了小学教育体系的确立。美国在 1820—1860 年间就建立了中学教育制度，也是在 1860 年南北革命时期，在北方率先建立了国家干预的公立教育体系。英国则于 1870 年才颁布《福斯特法案》，奠定了公立教育体系的基础。1902 年，面对“英格兰教育上要劣于其所有的对手国家”[①]的现实，英国颁布了《巴尔福法案》，开始建立国民教育体系，而这几乎落后于法国拿破仑创建国立中学一个世纪。经济决定论很难解释为什么工业化程度最高的英国却很晚建立自己的教育体系，而且“晚发”型的英国教育体系还非常落后。而看似落后的封建政体却催生了先进的国民教育体系，这是国家的独特政治和文化力量共同作用的结果。

安迪·格林认为，在民族国家的形成过程中，专制国家更容易形成一种整合的力量。专制是封建社会长期危机的产物，佩里·安德森指出，专制是“封建统治的新工具……是受到威胁的贵族阶级的新的统治盾牌”[②]。由于面临疆域冲突、外敌入侵等危机，国家出现权力集中的需求，主张国家对市民社会的干预。发展教育很符合专制政府的利益。欧洲大陆的普鲁士和法国就是集权制的代表。普鲁士的专制政府虽然是封建社会的国家统领，但普鲁士的

---

① [英] 安迪·格林：《教育与国家形成：英、法、美教育体系起源之比较》，王春华等译，教育科学出版社，2004 年，第 18 页。

② [英] 安迪·格林：《教育与国家形成：英、法、美教育体系起源之比较》，王春华等译，教育科学出版社，2004 年，第 124 页。

统治者一直重视国家对教育的干预。腓特烈一世和二世先后颁布教育法令，标志着国家控制教育的开始。1717 年，德国《义务教育规定》颁布，并且提出了针对教师的具体内容，如接受培训、指定教材、提供资金学费等。普鲁士人民开始习惯于义务教育，为国家对教育实现全面控制奠定了基础。普法战争的失败，加速了普鲁士国民教育制度的巩固。战争的失败带来一种民族主义的冲动，封建的地主阶级力图通过教育来实现国家的重建。他们通过教育来培养强大的军队储备力量，建立了全民义务参军制度，着手建立国民教育体系，以加强国力，提高普鲁士国家的效率。

同为集权制的国家，安迪·格林认为法国的集权制就很少受益于专制统治。法国于 17 世纪建立了中央集权的国家机器来维护皇室的统治，并有效地解除了贵族对地方管理和控制的能力，在全国范围设立财政区，由遍布全国的官员控制，并由国王亲自领导，建立了极端的中央统治。这种集权体制将权力集中于国王手中，国王派遣代表统治各省，通过政府机关控制了教育活动，“出于同样的军事和商业因素，政府也通过赞助和颁布法令建立学校，干预教育”[①]。可见，在法国集权制体制下，教育与军事和商业一样，成为国家重点控制的领域。

安迪·格林认为，英国国民教育制度的滞后性在于国家的式微及与之相得益彰的思想文化的阻碍。他指出，英国国家教育的独特性与第一次工业革命的成就和自由主义的文化观念有着密切的关系。工业革命的发展成就并没有凸显出公共教育的重要性，人们甚至认为，早期的国家发展与教育并没有直接的联系。出于这种不可自拔的自满，英国对科学技术教育的态度冷淡，甚至反对国家干预，使得 19 世纪英国的国家教育体系远远落后于当时的德国和法国，而当时这两个国家的经济发展与政治文明又远远落后于英国。

英国的自由主义思想传统最初由亚当·斯密提出，成为 19 世纪英国主

① [英] 安迪·格林:《教育与国家形成：英、法、美教育体系起源之比较》，王春华等译，教育科学出版社，2004 年，第 143 页。

流的文化价值观念。这种价值观念秉持自由放任的信念与最小国家的原则，反对国家干预经济与私人生活，当然也不能干预人们的教育活动，并认为国家干预的教育体系违背了自由主义的原则。自由主义者约翰·穆勒以国家教育容易造成独裁统治为由，反对国家教育。在他看来，普遍国家教育只不过是一件塑造一模一样的人的一种发明，这种发明具有独裁的倾向，即国家教育越有效、越成功，“就越容易形成一种思想的独裁统治，这样就导致了一种个人统治多数人的自然倾向”。自由主义者反对国家教育，但仍然倡导大众教育，即让工人阶级相信自身的利益与中产阶级是一样的。事实上，资产阶级利用大众教育对工人阶级的文化启蒙不过是使资产阶级思想得以确立，争取对工人阶级支配权的手段。因为大众教育可以灌输基督教的道德观，可以鼓励服从和效忠中产阶级的理想，创造出更亲善和具有更高生产力的工人阶级。同时，出于对自身阶级和经济利益的保护，资产阶级一方面用“平等”的社会正义观抹杀了人的阶层差异，让人们相信，存在于不同阶级之间的差别是由教育的影响导致，自觉服膺于教育产生的“精英治国”理念；另一方面，资产阶级又限制和阻碍工人阶级获取更高级的智慧，“因此，必得有某些……智慧留于那些无须劳作的人”①。也就是说，资产阶级看来，工人阶级的教育必须是有限的教育，这种有限性就是要灌输服从和效忠的思想，而不能灌输自由与反抗意识。鉴于自由主义文化观念在当时英国的强大影响，英国的国家教育在19世纪后期失去了发展的机会，从而造成了英国国家教育体系的落后。

其二，在国民教育的不同序列，不同国家的教育结构也有很大的差异。比如，对小学教育的重视程度和中等教育的入学率等都体现出国民教育的独特性和历史文化因素的影响。19世纪国民教育制度建立后，英国的小学教育时长为4—5年，普鲁士为7—8年，美国则为9—10年。小学教育作为

---

① [英]安迪·格林:《教育与国家形成：英、法、美教育体系起源之比较》，王春华等译，教育科学出版社，2004年，第271页。

国民教育的基础，其时间的长短体现出不同国家对国民培养的态度。

安迪·格林认为，法国和英国将小学教育作为社会服从的工具及阶级结构的巩固途径，以限制为主要方式。法国教育部部长基佐曾明确提出："普及小学教育不值得以法律来保障；法律的目的是提供必需之物……其使命是规范社会的力量，而不是不加区别地鼓动他们。"① 法国在16世纪就形成了统一的官方语言，但却并不是作为社会平等的工具，而是推进民族统一与培养国家忠诚的途径。因此，法国的小学教育传授的是有限的民族文化以及少量的技能，从而使工人阶级既能够为国家服务，又不至于激发其社会地位提升的非分之想。关注道德教育、灌输虔诚驯服的态度、建立一种可被政府利用的道德力量来规范和巩固阶级结构是小学教育的主要特点。

安迪·格林指出，普鲁士和美国则将小学教育视为形成和塑造统一国民的方式。普鲁士教育体系的核心是以最狭隘的方式服从于国家的工具目标。"我们想通过教育把德国塑造成一个集体，共同的兴趣会激励每一个集体成员。"② 教育成为一种共同精神身份和国家复兴的工具。费希特曾对国民教育的儿童充满希望："它不仅仅是地球上人类社会的一个成员，只有短短数十年的光阴，它还是，而且无疑被认为是更高级社会的精神世界之链的一环。"③ 自1817年起，德国就开始实行7年义务教育。小学教育的普及性较强，课程也非常广泛，但内容多在国家的严密监管之下。在美国，儿童被告诫为："很久以来，你们顺从于自己傲慢的父母的控制。现在你们有了自己的利益要抗争和保护。你们要凭自己的努力来支撑和建设国家。你们要用自己

① [英]安迪·格林:《教育与国家形成：英、法、美教育体系起源之比较》，王春华等译，教育科学出版社，2004年，第175页。

② [英]安迪·格林:《教育与国家形成：英、法、美教育体系起源之比较》，王春华等译，教育科学出版社，2004年，第134页。

③ [英]安迪·格林:《教育与国家形成：英、法、美教育体系起源之比较》，王春华等译，教育科学出版社，2004年，第134页。

的智慧和美德来创建并传播自己的民族特性。”[①] 安迪·格林指出，美国公立教育制度是将资本主义意识形态合法化的重要途径。它并不积极地帮助人们进行阶级重组，而是帮助人们承认已经存在的阶级关系。公立学校采取比较民主的形式，如普通学校、分年级的学校体系、免费的学校等，反映资本主义民主的一面，即教育应该努力地把人们转变为共和国的公民。另一方面，又努力建立一种与众不同的美国民族文化，以形成共和国的价值观念，其关注的是把少数民族同化到占主导地位的新教文化中来，同时教育男人和女人分别扮演好不同的公民角色。“从一开始公立学校就成为文化统一的代理机构。”[②] 教育首要的责任在于道德教育，即尊重私有财产、服从领导和守法、接受社会制度，养成自律、守秩序和勤劳的习惯。语言的统一教学也被用来作为传递道德观念的方式。

中学教育作为社会变革的主要工具，是资产阶级形成自身的重要工具，也呈现出不同国家阶级结构、关系及教育需求等差异。从一种可比较的角度看，即中学的入学率来看，美国在 1835 年就达到了 5%，在 1890 年达到了 10%；法国在 1842 年为 2.8%，1865 年上升为 4%；普鲁士在 1870 年为 2.3%，1876 年为 2.5%；而英格兰和威尔士在 1870 年的时候，中学的入学率仅仅 1%。

中学教育被视为资产阶级自我塑造的工具，在职业筛选和阶级形成中的作用非常重要。资产阶级精英提出“以才论人”的原则来体现其阶级的进取心，赢得工人、专职人员及小资产阶级的信任。“以才论人”的原则是建立在个人有能力支付学费的前提基础上的，虽然技工、农民家庭及小资产阶级也有可能进入，但与其所在的阶级相比，比例还是很低。中上阶级的学生仍然在国立中学占支配地位。但是，由于法国对于职业和技术教育的重视传

① [英]安迪·格林:《教育与国家形成：英、法、美教育体系起源之比较》，王春华等译，教育科学出版社，2004 年，第 193 页。

② [英]安迪·格林:《教育与国家形成：英、法、美教育体系起源之比较》，王春华等译，教育科学出版社，2004 年，第 217 页。

统，职业技术学校吸引了工业、商业、农业家庭的子弟。由此，中等教育不仅巩固了中产阶级的职业地位，还发展了一种融合的共同文化，如对精英统治的推崇、鼓励学习与实践、坚持世俗和理性主义原则，对个人雄心、才能和金钱的认同等，而这也是其区别其他国家的重要成就。安迪·格林指出，这种发展并不是社会的自发产生，而是国家上层积极建构的，是特殊的国家和市民社会关系的产物。法国在国立中学建立之后，于1839年积极创办了面向中下阶层和工匠阶层的职业专科学校，体现出教育对法国中产阶级的重要性，即避免上层社会的压迫和下层社会的入侵。普鲁士的文科中学和实科中学为精英阶级子弟提供现代课程，建立技术中学和专科技术学校为下层人民提供教育。美国则将古典教育和职业教育综合起来创办现代中学，但却没有更强的阶级关系再生的需求，更多体现了资本主义“民主”的一面和以“金钱”“市场运气”为主的社会分层观念。英国的中学则分为面向上层阶级和贵族的私人寄宿学校公学、面向中产阶级的文法学校，以及一些面向下层人民和独立手工业者的私立学校，由于传统的乡绅、地主阶级的主导，英国并未发展出适合资产阶级的中学教育。

其三，国民教育体系中受教育者阶层构成的差异，体现着国民教育的阶级本质和霸权特色。国民教育是公共的教育、面向全体人民的教育，但是在教育主体的构成上，却体现出较大的差异性。这已然是被多数马克思主义学者所关注的问题。究其原因，一方面是因为劳动大众无力支付相关的费用，或者即使他们可享受免费的中学教育，但是其所拥有的文化资本使其无法具备与学校要求相应的知识基础或学习条件；另一方面出于职业的需要而接受教育，他们已经倾向于选择来自自身文化群体的教育资源以保障自身的生活所需，对于那种与劳动、技能获得相去甚远的贵族阶级的学校，他们本身也是排斥的。就这一点来说，安迪·格林也深刻地认识到了国民教育由于阶级性所带来的不均衡，但这并不能解释所有学校教育中的全面状况。就法国1864年国立中学的学生来源看，地主阶级为17%，商界富有家庭为17%，职业家庭为18.7%，城市下层人民为11.3%，农民为12.3%，小资产阶级家庭为 23.7%。从这一构成来看，法国的中等教育并没有表现出明显的等级差别。安迪·格林认为："法国的中学在一个共同的资产阶级价值观的统领下，形成了一个相对统一的体系。"[①] 德国的中等教育则具有明显的社会等级性，每种学校都有明确的服务对象，课程内容和颁发证书均有不同。传统的文科中学仍然主要是以官僚家庭和地主阶级子弟为主，在 19 世纪，他们几乎垄断了进入大学的机会。来自工业和商业中产阶级家庭的子弟，多数走向了文实中学和理科中学。

从本质上来看，安迪·格林认为普鲁士的教育制度体现着普鲁士主流的容克阶级的霸权色彩，既要牢牢掌握统治权，又要体现新工业生产的秩序。葛兰西也指出："普鲁士的容克阶级像一个教士化的军事等级，垄断着政治社会……而且，不像英国有土地的贵族阶级，普鲁士的容克阶级是庞大的常备军的军官，这使他们有足够的能力来维持一种团队精神，以及他们对政治的垄断。"[②] 在不得不走向现代化，即需要赋予资产阶级权力的国家发展路径中，容克阶级不得不身先士卒，创造出这种蔚为奇观的教育体系。

安迪·格林指出，法国的国民教育体系主要表现为：以集权国家的形式，通过灌输爱国精神和法兰西民族观念培养了民族统一的意识，确立了法国资产阶级的霸权地位。"与其说法国中央集权的教育模式反映了对国家高度统一的顶礼膜拜，还不如说它为法国资产阶级的霸权提供了极富潜力的工具。"[③]

安迪·格林也指出，美国的公立教育制度表面上无国家主义的假象并不能掩盖其同其他资本主义国家一样的本质。国家依靠保护私有财产利益的法

① [英] 安迪·格林：《教育与国家形成：英、法、美教育体系起源之比较》，王春华等译，教育科学出版社，2004 年，第 179 页。

② [英] 安迪·格林：《教育与国家形成：英、法、美教育体系起源之比较》，王春华等译，教育科学出版社，2004 年，第 141 页。

③ [英] 安迪·格林：《教育与国家形成：英、法、美教育体系起源之比较》，王春华等译，教育科学出版社，2004 年，第 172 页。

律机器来运转，而且还要通过这个机器来建立当地政府、教会、法院和学校所需要的社会秩序及一系列规章制度。对美国而言，政权最小化的观念，只不过是为了避免像英国那样，让政府成为国家公立教育制度最强的阻力。因此，托克维尔对于美国民主机构和民主文化的推崇过于表面化，并未触及美国社会的物质基础。正如马克思、恩格斯和葛兰西的理论认识一样，不能把政权从公民社会中分离出来单独考虑。政权的本质和功能是由它赖以生存的社会关系所决定的。

综合各国家国民教育体系的建立及差异性，安迪·格林认为："国家形成的性质和时间在很大程度上决定了民族国家教育体系的发展进程。"[①] 要解释这种变化，有赖于对社会相互作用复杂形式的分析。国家形成过程中的政治、经济、阶级、文化等因素与国民教育制度的建立密切相关，这一点也更好地解释了国民教育体系发展的不平衡问题。各国国民教育体系的不同结构，在历史—文化的现实中论证了每一次政治改革都是平衡政治力量的需要。因此它不仅体现着普及性、大众性，还表现着国家和市民社会的关系及发展路径。

3.3 国民教育的历史功能：民族认同

不同国家的国民教育发展虽具有一定的差异性，但其都具有相同的历史功能，即民族认同的功能。17、18 世纪的欧洲有着多样性的文化形态，需要一种强大的、统一的意识形态，即民族主义。它标志着欧洲传统的宗教思维方式的终结，也代表了近现代民族国家强大的意识形态的萌发。民族国家

① [英] 安迪·格林:《教育、全球化与民族国家》，朱旭东、徐卫红等译，教育科学出版社，2004 年，第 147 页。

意识形态是通过教育来生产与传播的，国民教育作为国民规训系统来整合国民，驯服民众，建立民族认同来实现其统治的合法性。民族认同对于一个国家的稳定和发展具有重要的作用。

孟禄曾指出：近代社会的一个显著特征就是民族的发展。他认为，在近代社会的形成过程中，血缘关系或种族、居住或地理界域、文化这三个因素发挥了重大的作用。而这里的文化是指“共同的思想、共同的风俗、习惯和志向抱负”[①]。在他看来，不论民族是真实的还是虚构的，民族主义不论是作为表示个人、群体或一个民族内部成员的一种意识，或者是增进自我民族的力量、自由或财富的一种愿望，它都是客观存在的。民族主义通过构建一个“民族”来重新想象“谁是我们”。通过对历史的追溯和现在的存在构建自身的灵魂和精神法则。前者意味着丰富的共同历史的记忆，体现着民族的历史认同与原初意识，这是现代社会的民族主义和族群意识最重要的来源之一。后者是鉴于当下共同环境的生存现实而产生的一种对群体存在的意向性和依赖性。对过去的历史记忆与当下境遇的认同与依赖，使民族成为一种共同体与群体符号，从而具有强大的凝聚力与号召力。

在民族国家的形成过程中，民族主义成为现代性的政治共同体意识与行动，成为国家合法性确立的意识形态依据。黑格尔指出：“只有形成国家的民族，才具有更高的品格。”[②]在民族国家里，统治阶级借助于民族共同体遮蔽了阶级问题，他们以民族的代表自居，以本民族之名建构政治认同感与效忠意识，以维护自身的统治。而广大被统治阶级则通过民族身份，融入本民族之中，建构自身的身份认同，满足了对于“我是谁”“我属于谁”的群体心理需要。民族主义是统治者与民众之间相互的政治期待。

在民族发展的不同阶段，教育创造民族认同的方式是不一样的。这种多样性体现了民族发展的具体特征，展示了民族发展的独特性。民族发展的独

① 朱旭东：《民族国家和比较教育研究》，安徽教育出版社，2008年，第239页。

② 吴松主编：《民族政治学论文集》，云南大学出版社，2000年，第18页。

特性没有优劣之分，是整个世界历史发展的共同组成部分。正如安德森指出，各种民族认同是自身历史发展的产物，承认民族认同发展的独特性，才能摆脱民族中心主义的偏见，才能寻求不同的“想象共同体”之间的和平共存之道。从历史唯物主义角度看，民族认同始终是被每一代人重新解释和重新塑造的。国民教育制度在不同的文化传统中以不同方式促进了民族认同，为民族统一和发展提供了重要的动力。

3.3.1 自由民族主义的民族认同

民族是一个历史范畴，不是从来就有的，作为历史上形成的人们的共同体，也不会永恒存在下去。从历史发展的视角来看，民族的形成与资本主义的发展具有历史同步性。从欧洲的民族发展来看，封建制度灭亡和资本主义发展的过程被认为是形成民族的过程。由于封建王朝的合法性、君权神授及统治的历史继承权和延续性等旧式的国家标志被削弱，国家不得不创造新的公民和民族来构建新的合法性，民族成为国家的民族。安迪·格林认为，启蒙运动和法国大革命严重冲击了封建制度的统治，深刻影响并改变了人们对于封建专制的主权观念，并将人民—民族引入了主权独立、领土完整和国家统一的体系中，使民族自身成为权威的一个构成部分。民族成为公民的主体，公民的集体主权构成了他们可以表达自己政治意志的国家。

安迪·格林指出，国家的形成也是民族形成的过程。如果国家体现了物质性与强制性，那么民族则成为这一时期国家核心的内在力量。西欧各民族形成的过程也就是它们变为独立的民族国家的过程，如英吉利民族、法兰西民族、德意志民族等。霍布斯鲍姆也谈到，大革命后的国家，“与‘民族’有一个必要的有机联系，即领土上的居民在某种意义上被认为是一个集体，一个民族……借助政治变革将不断动员起来的拥有各种权利的公民组成一个整体”。早期民族国家的自由主义理想是聚合性和解放性的。汤姆·奈恩指出：在工业革命和资本主义在世界范围蔓延之前，共同体必然是某种多民族国家。多民族国家在一般意义上是人类历史的主要产品，大型多文化和多语言的“帝国”是当时社会主要的实体类型。

安迪·格林认为：“早期形态的民族主义并不太关注语言或文化遗产的同质性，而是与新的在某种意义上是综合的民族认同有关的构造物。”① 也就是说，早期民族主义不太重视文化与语言共同性的功能，而是重视统一的身份认同。因此，法国、美国和澳大利亚等新兴国家，民族主义倾向于采取“市民”的形式，而不是文化或种族主义。民族认同是基于理性主义原则的，是对群体的归属感和自我意识，是以一定的相似性和主观性为基础，以确立“公民身份”为途径的意识形态建构。

安迪·格林以法国为例，指出法国大革命中关于民族国家地位和公民资格所提出的一元的、普世的、世俗的概念具有时代的先进性，归功于法国社会及政治制度中已有的对民族国家的基本政治认识和理解。法国大革命是法国进入新阶段的标志，最根本的成就即破坏了封建的生产基础，永远地改变了法国的社会关系，为资本主义生产关系的发展扫清了障碍。1789 年，法国颁布《人权宣言》，宣告了所有的人的自然权利都应得到保障，公民平等得到了法律的承认。前政治的要素构成了政治的前提条件，包含着历史的连续性。

民族主义想要存在，就必须有某些共同的实质性信念，然而，它并非一个能够完全凭空出现的信念体系，而是通过教育来培育的身份认同。《人权宣言》中明确提出：教育是所有人的需求，这种需求要求每个人都有接受教育的权利，在这种情形下，国家和社会必须满足人民的这种需求。“社会必须为社会的理性全力以赴，必须使全体民众都受到教育。”② 美国公立教育起源于殖民地时期，但并未形成民族国家的概念，仅仅是在少数的领域里，学

① [英] 安迪·格林：《教育、全球化与民族国家》，朱旭东、徐卫红等译，教育科学出版社，2004 年，第 148 页。

② [英] 安迪·格林：《教育与国家形成：英、法、美教育体系起源之比较》，王春华等译，教育科学出版社，2004 年，第 155 页。

校被视为社会控制的工具。独立革命时期，美国建立起了共和制的政治体制，认为国家依靠人民的道德和个性而得以生存。为了捍卫脆弱的共和制并避免其走向专政的危险，统治者认为需要进行文化革命的方式，在观念、原则和行为上适应政府模式。保障自由和秩序的统一是国家形成时期对教育的共同要求，也是应对社会的动荡不安、意识形态多样性与异常性的重要方式。对于一个政治实体的建立来说，教育的重要性就显得尤其突出。教育被视为共和制的“壁垒”和“支柱”，它支撑着美国的民主。因此，公立教育是共和统治的结果，也是共和政府的工具。

在民族国家的形成时期，民族、民族性及民族认同发挥了重要作用，成为一种普遍的霸权力量。学校教育不仅仅是统治阶级思想和意识的产物，也是霸权得以形成的重要场所。民族国家的领导者及民族主义者认识到教育是推行民族主义的一种工具。“民族性的神话之所以容易被塑造，是因为具有包容性的共同目的和价值观的政治原则。”① 通过这种共同目的和政治原则，能够实现民族认同和统治秩序，而教育就是要关注这种共同目的与政治原则，从而培养和塑造民族文化认同与民族身份认同。“民族主义在教育目的上，其终极愿望，即在维护国家的统一与荣誉的保存上。”② 国家通过教育创造公民认同和民族自觉，建构合法性的民族身份，塑造驯服的民族国家公民，围绕民族认同来实现社会的统治。因此，安迪·格林指出，教育在培养大众的民族认同感方面的重要性是毋庸置疑的，正如葛兰西所说：“获得意识形态上的霸权常常靠的是这些‘在国内很普遍的’概念。”③

安迪·格林认为，在民族国家形成的早期，教育构建的“民族认同”，也即“国家认同”。因为国家以民族形式出现，国家普遍主义的意识掩盖了

① [英]安迪·格林:《教育、全球化与民族国家》，朱旭东、徐卫红等译，教育科学出版社，2004年，第148页。

② 王兆璟、王春梅:《西方民族主义教育思想研究》，民族出版社，2006年，第18页。

③ [英]安迪·格林:《教育与国家形成：英、法、美教育体系起源之比较》，王春华等译，教育科学出版社，2004年，第174页。

阶级分类与阶级矛盾，主张将各个民族整合成一个“同质性”的“国族”，将民族身份转化为公民身份以便掩盖真正的阶级本性，通过同质化的方式掩盖了经济政治的异质性与不平等性，以此实现“民族认同”与“国家认同”的统一。因此，教育体系的主要功能就在于形成统一的市民意识形态。国家将教育与宗教分离，来避免教派冲突带来的分裂，强调教育对于现代国家传统和未来目标的意义，却不重点关注民族的传统性质与文化、宗教。这也正好论证了安迪·格林对于国民教育体系起源的判断，即民族性国家教育体系并非早期工业化的一种技术需要，就其重要性而言，首先是中心国家为了塑造公民民族的一种工具。

作为一种最根本的意识形态力量，教育的作用在于创造和形成民族认同，塑造人们的认同意识与服从意识。民族认同指的是社会成员对自己民族归属的认知和感情依附，其中的“民族”，不是指某一特定的“民族”，而是指大的民族共同体，即整合于一体的国家民族。在多民族国家中，公民教育一般具有双重功能，其一，公民教育致力于在每个组成的民族群体内部培养一种以共同语言和历史为基点的民族认同，实现本民族的归属感；其二，公民教育超越某一民族范围，力图培养一种能把各个民族结合在一起的民族共同体的认同感，并由此形成更大的民族身份认同。只有将民族认同扩大为民族国家认同的策略，形成了民族国家意识，“一个国家内部不同民族的个体成员才会将自己归属于该国家，并对这个国家产生认知和情感依附”①。法国大革命后，各国均十分重视教育在塑造民族认同方面的重要功能，利用公共教育体系来塑造国家民族的做法受到了许多多民族国家的推崇，国家权力的体现之一便是能够控制教育体制并按统治者的意志设置有利于构建国家民族的课程体系，教育制度日益体现出政治性、整合性和民族性。“教育并非传授知识传统的智慧和一个社会所设计的用来关注公众事物的方式；它的目的

① [美]卡尔·博格斯:《政治的终结》，陈家刚译，社会科学文献出版社，2001年，第298页。

完全是政治性的，也就是使年轻人的意志服从民族的意志。”[①] 教育对民族认同的关注，反映了其与民族国家形成的紧迫性相关。

安迪·格林认为，在促进民族认同的过程中，国家的文化、精神传统发挥了重要的作用。法国的启蒙思想代表了专制统治时期最高的思想水平，它将教育从宗教中解放出来，确立了国家的控制权。拉夏洛泰曾指出：教育必须要依赖于国家的力量，依靠国家政府兴办教育，“我呼吁建立一个完全依赖于国家的教育，因为教育在本质上就属于国家；因为国家有不可推卸的责任来教育其成员；因为国家的儿童必须由国家的成员带大”。启蒙思想也体现了资产阶级的目标要求：教育世俗化、理性化及精英化。教育成为资产阶级贤能政治的体现，通过国民教育机构的建立、制宪会议的教育立法、公共教学组织的建立等公共教育的方式来实现其目标。“建立一种面向全体人民的免费的公共教育体制，教授对全体人民来说必不可少的知识”成为当时的基本政策。这为法国国民制度的民主萌芽奠定了基础，即教育不仅追求政治的平等和公民的权利，也追求社会平等，消除贫富差异，这成为法国国民教育制度成就显著的重要原因，也成为其构建最为普遍的“市民”形式民族意识的基本立场。

美国共和主义思想占据意识形态的主导地位，以“民主”为原则来塑造最为广泛的“民族意识”。托克维尔在其《美国的民主》一书中，将中央集权的空缺看作是民主思想的代表而对其大加赞扬，他认为这样能够发挥更多的个人主动性，因为“权威们不敢忽视他们的群众基础，因为他们的权力正来源于此”[②]。独立战争之后，美国教育得到了大力的提倡和发展，它不仅被视为一种国家特征与身份形成工具，更重要的是保障了美国长久以来的共和主义意识形态。美国对于自由、机会的推崇和信仰让大多数人认为反对教育无异于反对美国。人们不仅把公立教育作为实现社会平等的一个必由途径，

---

① [英]埃里·凯杜里：《民族主义》，张明明译，中央编译出版社，2002年，第77页。

② 周采：《当代西方教育史学流派研究》，上海交通大学出版社，2018年，第28页。

而且认为，公立学校比私立学校更能促进个人自由和社会流动，这让公立教育的改革颇为流行。当时的美国人对于公立教育是拥护的，他们认为：“普通学校就是形成现代民主文明最合适的机构——这个文明服务于大多数人的最大利益。”[①] 即教育应当普及到大多数人，而不是某一阶层的工具。德国社会主义者沃纳萨特则一针见血地指出：因为各种特殊的环境给许多受压迫者制造了成功的幻想，因此资本主义得到了普遍的信任。“如果一个人幻想自己一旦被压迫，还能够从被压迫的情境中解脱出来，那他就能够很轻易地忍受任何压迫。在美国，许多人相信他们能够做到这一点。”宣扬通过教育可以实现社会平等的观点，让教育成为民主的成果而赢得了多数人的认同，为形成一种最具包容性的民族意识和认同奠定基础。

与法、美不同，英国的学校并没有成为形成民族认同感的重要工具。塞顿·瓦森指出，作为一种意识形态，英国的民族主义从未真正存在过，因为既不需要某种教义也不需要为独立而斗争。民族和国家因与其固定的疆界相符，才会形成民族认同的基础，并被相对稳定的制度神话所构建。地域疆界或种族文化的多元性并未形成一种对民族主义的关注，人们更加倾向的是英语的语言认同。正如霍布斯鲍姆所说，英国人的特别之处在于吹嘘其种族混杂的血统，并对其语言学混合引以为荣。一种真正的认同感的形成是在 18 世纪，这种认同主要是被构建成为一种异于“他者”的意识，并树立了最为大众化的认同感。

3.3.2　帝国民族主义、种族主义与民族认同

19 世纪后期，一种新型的民族主义开始出现在欧洲，与之前的民族主义不同，这种民族主义强调语言、传统文化的共同性，并且在极端的形式下强调种族同质性。

---

① [英] 安迪·格林:《教育与国家形成：英、法、美教育体系起源之比较》，王春华等译，教育科学出版社，2004 年，第 209 页。

安迪·格林认为，种族主义的民族主义形式，其意识形态的根源在于费希特和赫尔德的浪漫主义。这种浪漫主义源于当时德国日耳曼民族因领地纷争而四分五裂的社会历史环境。作为分裂历史的产物与反映，浪漫主义文化长期倾向于强调语言和种族性的确定原则。费希特认为，一种语言就能表明一个民族的存在，这个民族就具有独立管理自己的事物和统治自己的权利。赫尔德出版《论语言的起源》一书，否认语言是源于上帝的神学见解，强调语言是社会生活现象，民族语言是一个民族的思想财富。他认为民族应该是有机的、自然的、建立在精神和文化基础之上的特殊共同体。为此，赫尔德致力于搜集德意志民族的民歌，号召研究本民族的过去、关注民族传统，逐步完善了其文化民族主义的理论体系。因此，德国的民族观念不是政治的，也不是与公民概念相联系的。日耳曼民族不是普遍的政治价值的承担者，而是一种有机的文化、语言和种族共同体——是大众联合不可分割的部分。以古典主义为代表的文化民族主义为德国民族意识的形成奠定了基础。面对法国拿破仑战争的威胁，这种意识要求不仅在精神方面，而且在政治方面承认本民族的特殊性和重要性。在这种情况下，普鲁士知识分子便从文化民族主义逐渐地向政治民族主义转化。费希特要求德意志民族奋起摆脱他们在精神和道德上的腐朽状态，把捍卫德意志民族的自由和独立看成是至高无上的目标，号召德意志人民不分贵贱贫富，团结一致，反抗拿破仑入侵，恢复国家独立。费希特强调民族的政治独立性，在其著名的《致德意志民族》中说，这是建立在“新的道德秩序”基础上的，每一个个体都必须服从于其“崇高的意志”。泰勒认为，普鲁士教育作为“19 世纪欧洲的奇迹，是军事主义的独特产物，是‘征服’的巨大动力，且因其成员的自觉性而更显效果”[①]。安迪·格林也认为，教育成为普鲁士一种共同身份的表达和国家复兴的工具，但这并非普世的唯理主义，仅仅是富有德意志民族特色的政治理想，掩盖了

---

① [英] 安迪·格林:《教育与国家形成：英、法、美教育体系起源之比较》，王春华等译，教育科学出版社，2004 年，第 132 页。

其背后的阶级本质。

随着德意志的统一和国家的强大，种族文化的观念开始在欧洲的政治学中占据优势，此时的民族主义被狭隘为种族主义。它融合了“人种科学”等内容，又被帝国主义的意识形态裹挟，成为殖民扩张的辩护词。由于资本主义生产过剩的危机，帝国主义面临外部扩张受阻、内部民众骚乱等问题，政府只能通过民族主义来寻求安全保障，宣称“民族国家有权摧毁非民族国家，并为她们送来启蒙之光”[①]。通过民族性与非民族性的区分，为殖民者获取合法性。

安迪·格林认为，这种民族主义无论是在语言技巧上还是在符号象征上都是种族主义、排他主义的，甚至演变为更为反动的、侵略性的民族主义。种族主义的甚嚣尘上，导致了20世纪世界范围内的两次世界大战。正如霍布斯鲍姆所说，完全可以把1918—1945年这段时期看作最反动的种族中心主义形式上的民族主义的鼎盛时期。安迪·格林指出：“种族民族主义的原则因其不可能会有种族同质性的国家理想而导致了纳粹收复德意志领土和驱逐犹太人的计划——之后是对犹太人的大屠杀。”[②]正是这种狭隘的种族民族主义，演变为德国的种族屠杀，滋生日本的军国主义，导致世界范围内的民族战争的兴起，也让“民族主义”一词蒙受耻辱。

这一时期，民族性、爱国主义和语言成为民族认同的基础。语言影响到人们对于民族性的认识，拥有悠久的精英文化传统及独特的民族语言成为构成民族共同体的要件之一，并进而构筑了爱国主义情感的现实基础。与自由民族主义的开放性不同，以语言为核心的民族认同，其实是以国家名义而进行的特定族群的认同。因为不同的语言代表不同的族群身份，进而与一定的血缘、文化等特殊性相连，民族语言被纳入民族认同的活动之中。随着语言

① ［美］杜赞奇：《从民族国家拯救历史：民族主义话语与中国现代史研究》，王宪明等译，社会科学文献出版社，2003年，第6页。

② ［英］安迪·格林：《教育、全球化与民族国家》，朱旭东、徐卫红等译，教育科学出版社，2004年，第153页。

标准的发展与文字标准的形成，族群方言被发展成全方位的标准化民族书写语言，这种民族语言又经过国家机构的政治化过程顺势变成官方语言，也使这一族群种族优势得以凸显。国家化、集体化的民族性的实质是等级化的现实，甚至是由此导致了极端的种族中心主义。正如霍布斯鲍姆所说，官方语言成为民族国家认同的重要内容。以意大利与德国为例，霍布斯鲍姆指出："对意大利与德国来说，他们主要便是借共通语文来凝聚其民族认同。"[①] 正是有了通行的官方语言与文字，民族国家的文化认同才进一步加强。

安迪·格林认为，在这样的民族主义意识形态下，教育仍然是建构民族认同的重要途径。霍布斯鲍姆也指出，教育在民族认同过程中发挥了重要作用，国家机构通过小学教育来传播民族的意象与传统，传播国家意识形态，要求人民认同国家、国旗等国家象征标志，更经常靠着"发明传统"乃至"发明民族"，制造虚假共同体文化象征，以便达到国家整合的目的。

日本在 1868 年明治维新之后创建了民族性国家教育体系，在吸收西方现代化科学技术知识以发展国家的过程中，很快就屈服于民族主义以抵制西化和恢复日本传统价值。1989 年颁布的《教育敕语》，将中央集权论、儒家伦理和学习的现代态度融合为教育的爱国主义目的和公民责任的综合声明，成为日本"爱国主义新宗教的基本的神圣文本"。日本学校也成为军国主义和种族主义的滋生地。1871 年，德国统一后，教育逐渐受到"民族"观念的影响，人文主义教育受到压制，强调体育和民族自豪感的呼声日益强烈。学校教育的历史课本深受民族主义的影响，课程改革也是以灌输更强烈的民族精神为核心，中学的传统经典课程只能屈从于对德国语言和历史的重新强调。语言不再是教育的工具，而成为一种受教育者身份的确认和民族认同的前提。接受过教育从而会官方书写的中产阶级形成了自身的身份认同，并以此促进了他们的民族国家认同。法国在 1870 年的普法战争失败后，在普遍

---

① [英] 埃里克·霍布斯鲍姆:《民族与民族主义》，李金梅译，上海人民出版社，2000 年，第 34 页。

共和主义的旗帜下，也开始通过教育灌输爱国主义的思想意识，并强调教育的目的为塑造新型法兰西人。教育利用共同课本，在课堂内推行标准的历史，用以灌输法兰西的伟大过去、英雄与美德、共同意识等。即使在奉自由主义哲学为圭臬的英国，课程不仅将爱国主义与美德、领导力和军力进行了编码，而且还成了殖民种族主义的形象和神话的总汇。

安德森在其名著《想象的共同体：民族主义的起源与散布》中指出："种族主义的梦想的根源事实上存在于阶级的意识形态，而不是民族的意识形态之中：特别是统治者对神命与'蓝色'或'白色'血统的主张，以及贵族对'教养'的主张。"[①] 种族主义从未跨越民族界限，而是在民族界限之内的，其本质是对内的压迫和统治。文化与教育的方式则让这种压迫和统治转变为自愿与服从。在德国，虔敬派思想通过复兴宗教改革时期的精神价值观，为其文化民族主义的扩张奠定了基础。虔敬派因"虔敬"和秩序的美名，实质上是在寻求一种国家和维持社会等级秩序之间的妥协，吸引了中产阶级子弟的加入，也得到了统治阶级的支持。虔敬派主张个人的"内省性"，注重教育对个性塑造的作用，相信只有教育才能培养个人的道德，尤其是"它在培养自主的同时，也培养了服从"的教育效果。虔敬派教育既鼓励主动，又鼓励被动；既要求学生有进取心，又要求他们接受现存的社会和政治结构。教育成为复兴社会权威的有力工具，为德意志爱国主义和民族主义形成开辟了道路。

3.3.3 战后民族主义与民族认同

"二战"后，反动的民族主义退却，民族主义与左翼力量联合。西方资本主义政权和东方社会主义政权都想迅速与德国、意大利、日本的种族民族主义划清界限。第三世界国家反殖民运动兴起，以反帝国主义的形式再度将

---

① [美]本尼迪克特·安德森：《想象的共同体：民族主义的起源与散布》，吴叡人译，上海人民出版社，2016年，第145页。

民族主义推向高峰。但是，战后新兴的民族国家，在特征上都是多种族的，在被承认的国家中，只有不足10%是纯粹的、种族单一的民族国家。虽然民族国家已经成为世界范围内独立国家的典范，但是却越来越代表的是多民族的国家。

安迪·格林指出，现代民族国家都认识到了教育在民族性形成中的重要作用。就教育在现代民族国家发挥的作用而言，主要体现在三种途径上，即教育“是使文化落后民族得以迅速赶上一般水平的途径”“是弱小民族通过其文化力量和成就强大起来的途径”“是使世界对国家的组织类型来说‘变得安全’的唯一途径”。国民教育在建构民族主义意识形态的同时，也创造着公民认同和民族自觉，这种认同和自觉会将每个人与国家联系在一起，并相互保持协调，从而创造出真正的公民。国民教育不能只作为国家的统治权力的形式，还必须将国民视为教育权利的主体。在现代国家，如果没有民众的认同，一个国家的教育权利就失去了存在的基础，也就无法从立法、行政等角度得以真正的实施。

因此，战后的民族主义仍然与国家形成相结合，但重点不在强调文化民族主义，其典型的官方形式是强调市民整合和文化多元主义。由国家促进的民族认同倾向于强调“市民的”而不是“种族的”国家地位观念。与自由民族主义时期同质性的历史情境不同，多元性成为民族主义的时代特色。现代国家通过更广泛的爱国主义意识形态教育，塑造民众的民族身份与民族意识，并将民族意识让渡于统一的国家意识与共同体意识，从而形成一个以国家为单位的、人们共享一种价值观并在情感上彼此产生认同的政治共同体。它表达了人们对于归属感、整体性、生活理想和政治共同体的追求。

教育的认同建构走向了两个方面：一方面，在面临政治和经济重建任务的国家，教育发挥了重要作用。从国民经济和经济竞争力的角度看，教育被认为与民族利益一致。“二战”后，教育不再被认为是民族形成的文化过程的一个显性部分，许多国家也不再需要教育改革来解决民族利益危机。安迪·格林认为，这一时期的教育正在经历一场认同和目的危机，教育不能满足各种各样利益集团提出的相互冲突的所有需要。在多元社会中，对个性哲学发展信赖得太多，以致教育的集体目的和公共目的变得模糊不清。汤姆·奈恩也指出，当文化相对主义、文化多元主义导致国家认同困难时，国家已经不能确定他们的民族性是什么及学校应该培养什么样的公民。民族主义面临多样化危机而模糊了自身民族性的边界。

另一方面，在发展中国家，教育与国家形成之间的关系是显性的，同时教育还与公民形成和国民经济发展紧密联系在一起。第三世界国家认为教育制度是神圣不可侵犯的，他们把它视为获得大量机会、经济增长和民族融合的组织机制。安迪·格林列举了新加坡的教育在其国家形成中发挥的重要的作用。新加坡的市民认同倾向于强调精英管理和机会均等、物质进步和福利同步、主动的和负责任的公民身份等共同的社会和政治价值观。这是强调民族形成的市民工具维度，而不是强调民族形成的文化象征维度。在一些发展中国家，国家教育秉持“求同存异”的精神，在承认同质性的合理性的同时，也强调异质性的重要性，让民族身份从属于公民身份，最后实现“民族认同”与“国家认同”的统一，而政治意识形态的重要性则下降了很多。正如米勒所说：“在20世纪最后十年中，民族性诉求逐渐在政治中获得支配地位……国家信奉自由市场还是计划经济或者某种介于两者之间的东西，似乎不再那么重要。”[①] 这也引发了民族国家的界限问题，一个国家到底是由什么因素决定的，“更重要的是将国家的边界划在何处，谁被包括在内，谁被排除在外，使用什么语言，认可什么宗教，提倡什么”[②]。对此，安迪·格林坚持了霍布斯鲍姆的民族主义观，即扩大民族文化的内涵，从而将更多的社会因素纳入民族内涵之中，以此建构更加包容的民族共同体。“无论民族的组成是什么，公民权、大众的普遍参与或选择，都是民族不可或缺的要素。”[③]

---

① [英]戴维·米勒：《论民族性》，译林出版社，2010年，第1页。

② [英]戴维·米勒：《论民族性》，译林出版社，2010年，第1页。

③ [英]埃里克·霍布斯鲍姆：《民族与民族主义》，李金梅译，上海人民出版社，2000年，第21页。

安迪·格林指出，教育是民族认同和民族文化杰出的作者和守护者。西方教育史学者在整个 20 世纪都在关注教育与民族认同这个问题，在全球化的语境下，这个问题的重要性更加突出，教育要为民族认同服务的理念成为人们严肃思考的教育问题。诸多的教育哲学家认为教育与民族认同的关系问题是当代教育研究的重大问题之一。

民族主义和民族认同是教育作为意识形态力量在国家历史发展过程中的独特形式与目标，从根本上确立了教育在国家形成中的整合与建构作用。但是，安迪·格林并没有陷入狭隘的民族主义情绪，也没有被民族主义的神话所蒙蔽。他深刻认识到民族主义内涵下的阶级属性，并指出，所谓的民族矛盾，其根本也是阶级矛盾的体现。教育体系在用民族主义唤醒最广泛的社会支持的同时，也无法掩盖公民权利普遍性背后的阶级性和等级性。民族主义在赋予公民权利的同时，也附着了一种国家地位和民族文化的公民观念。在这种公民观念中，每个阶级都有各自不同的观念，从这个角度来说，民族主义的谎言是建立在故意混乱时代序列和精心歪曲历史事实基础上的一种政治欺骗、政治大杂烩和“少数人统治”的历史诠注。正如霍布斯鲍姆所说，近代“所有民族都是谋取在黑暗时代之后生存的历史新实体。他们的历史的民族主义版本不可避免地是借古喻今之论、文过饰非之词，从这种背景下演绎出来的民族主义故事，在最极端的情况下，甚至就是谎言”。

小结

国民教育及其历史功能是安迪·格林教育哲学的理论对象。作为国家干预教育的重要形式，国民教育体现着国家的政治、经济与文化的特征与权力结构。

国民教育是国家用公共资金为普通的民众提供的正式的并要求民众强制接受的学校教育的方式。国民教育制度就是统治阶级意识形态权力的体现。安迪·格林考察了国民教育的历史起源与发展状况，运用马克思主义哲学批判了国民教育起源的不同思想，即辉格论起源、结构功能主义起源、生产关系起源、韦伯冲突论起源等。在批判的基础上，安迪·格林揭示了国民教育与“国家形成”的历史关系，即国民教育制度是在国家形成过程中建立的，是实施和推广文化领导权的大本营，体现着其作为个人和社会意识的组织者和生产者的身份，也体现出不同国家文化领导权确立的历史路径。通过对英、法、美、德等国家的国民教育制度的深入研究，安迪·格林进一步探究了国家的政权性质、社会结构、文化因素的影响，也揭示了国民教育的历史功能与目标即实现国家民族认同，以维护国家统治的合法性。根据不同国家形成的特殊性，安迪·格林分析了自由民族主义、帝国民族主义与种族主义、战后民族主义等三种不同类型的民族主义，并注重阐述了教育在形成不同民族认同中的重要作用，揭示了国民教育过程与结果的复杂性与多元性。

第四章　价值目标：社会凝聚

在全球化发展的今天，自由主义、个人主义、多元主义日益兴起，宏观的国家民族观念受到冲击，教育的市场化、个体化与私有化更是解构了教育的公共性与民族性。国家认同与民族意识受到削弱，国家民族凝聚力下降，集体主义精神贬值。社会凝聚与民族国家认同仍然是当今社会存在与发展的精神基础，安迪·格林的教育哲学的价值目标就是要重新建构教育的国家民族维度，实现社会凝聚与社会团结，为人类的生存与发展提供稳定的环境。这就需要一方面探索并扬弃传统的社会凝聚理念与形式，界定符合时代精神的社会凝聚理念，澄清社会凝聚内涵，另一方面根据当下的社会凝聚内涵，探索建构社会凝聚的途径，实现精神的共识与社会的团结和稳定。

安迪·格林指出，如果在国家形成阶段，教育是通过一种民族意识的塑造来建构国家的意识形态和精神认同，从而实现葛兰西所说的霸权的统治地位，那么，到了全球化时代，教育的功能主要转变为一种市民社会维度的社会凝聚的实现。实现市民社会的团结与凝聚是国家维护其合法性的重要表现。随着民族国家的形成，市民社会也形成了新的生产、生活和交往方式，确立了新的劳动生产体系和个人对于财富的所有权。基于个人的出发点成为哲学家们认为无须指涉的、不证自明的自然法则。马克思曾指出“个人的虚伪性”，揭示了个人主义经验描述背后的价值逻辑，以及对于权力、等级等社会关系问题的忽视。也正是在这个基础上，安迪·格林提出教育的宗旨就是要摆脱教育个人主义与自由主义的影响，通过国民教育体系的重构，在科学合理界定社会凝聚内涵的基础上实现社会凝聚的提升，既需要揭示个体在社会中的真实存在样态，又需要根据个体的存在而实现社会关系的整合，维护社会的秩序和一致性。对于这一目标的实现，教育一如既往地发挥着意识形态的功能，努力维护国家的合法性。

任何人类社会的团结，都源于共同的价值观和一整套共同的活动和计划，体现着人们共同生活的愿望。教育的目的是使人作为社会的人而得到全面自由的发展，并在人与人之间建立基于共同准则的社会联系。在当前以多元异质为表征的全球化社会，身份的差异、阶层的分化及利益的冲突使社会的秩序、团结及与此相联系的统一性面临严峻的挑战，引发了人们对于“我们可以共同生活吗？”的思考。教育成为“修复社会裂缝的社会黏合剂”，不仅要尊重个人和群体的多样性，还要建构并维护那些共同的、一致性的集体原则。

4.1　社会凝聚的思想来源

安迪·格林认为，社会凝聚这一概念代表了 19 世纪“社会学”的学科的定义性问题，在社会思想领域有着悠久和复杂的历史，经历各种不同的用进废退，仍然提供着最根本的价值原则和命题，成为教育建构活动的思想基石。

4.1.1　自由主义：“自然和谐”

自由主义思想的前提是关于个人性质和个人自由的基本和相互关联的命题：个人与国家的关系、社会的组织与秩序、个人与国家之间的社会生活等。

现代自由主义思想主要来源于英国哲学家约翰·洛克。他认为，个人出生于自然状态，即“完全自由的状态”。人们被赋予理性并享有作为人类的自然权利，尤其是拥有财产和享受劳动成果。“虽然地球和所有的劣等生物对所有人都是共同的，但每个人都有自己的财产。除了他自己，没有任何机构有决定权利。我们可能会说他的身体劳动和他的工作都是他的，他把他的劳动与他自己的工作混合在一起，并产生兴趣，从而使之成为他的财产。”基于天生的财产权的保护，洛克主张君主立宪制政府。国家的作用是保护天生的私有财产，维护法律和秩序，捍卫国土，维护公民的权利和自由。除此之外，国家的特权应该保持在最低限度。洛克是一个乐观主义者，并认为没有必要建立一个强大的利维坦国家，因为人们有自然的利益认同，人们希望在市场上交换货物，并认为在交换关系中存在自然平等。虽然洛克没有使用社会凝聚的术语，但正是这种关于公民社会的论证为后来的社会凝聚思想奠定了基础。这也是洛克著名的“捍卫宗教和政治宽容”的基础，没有这种宽容，人们就无法享受他的自然自由。

英国政治经济学延续了洛克的自由主义思想，将他的哲学原理延伸到市场经济学领域。于是，公民社会利益自然和谐的基本论点成为社会凝聚概念的基础。一个世纪之后的亚当·斯密就像洛克一样，倡导个人自由和最小国家干预。斯密倡导自由贸易，反对重商主义国家干预经济的思想，并宣称“自然”市场秩序的根本好处。根据“自由市场”理论，追求个人自我利益，不受政府限制，这将导致所有人的共同利益和最大的公共利益。市场秩序有多重优势，它允许最大限度的个人自由；它为企业提供了激励机制，提高了竞争力，提高了效率，并保证了最有限的成功；通过鼓励追求个人的自身利益，它无意中促进了整个社会的利益。自由市场的必然结果是对政府权力的限制。斯密支持有限的国家干预措施，以弥补市场对个人激励的不足，从而确保某些关键公共产品（如教育）的实现。

随后的19世纪自由主义思想的巨人——杰里米·边沁和约翰·穆勒提出，国家应当干预社会生活的特定领域，例如教育和城市环境等。但他们对国家与公民社会之间最佳关系的态度基本上是自由放任的。边沁写道：“没有什么事情可以做，政府企图为了增加全国财富的数量……没有一些特殊的理由。安静应该是政府的座右铭或口号。”约翰·穆勒后期的思想中，对纯粹自由放任持有越来越多的保留意见，但仍然公开反对任何最谨慎的国家干预措施，坚持认为放任自由应该是一般的做法。他支持提供公立学校教育，前提是允许私立学校和公立学校之间的自由竞争。在大多数其他事项上，他坚决反对国家对个人自由的限制。国家限制自由的唯一理由是保护个人自由。穆勒诠释着消极自由的意义，即只要不侵犯他人的自由，个人就有权按自己的意愿行事。正如他所写的那样："每一次对自由放任原则的放弃，除非是被一些更大的利益所要求，否则都是邪恶的。"

安迪·格林指出，自由主义思想的最明显标志是个人对国家和社会的绝对优先权。个人被视为优先于社会的存在，社会通常被描绘为仅仅是个人在市场中自由追求其利益之间的多重互动。从集体的角度来看，社会也是值得质疑的。在亚当·斯密看来，即使将组织中的个人聚集在一起也可能是对自由的冒犯。他写道："同行业的人很少见面，即使是为了欢乐，但谈话最终是针对公众的阴谋，或者是为了提高价格而进行的一些设计。"[①] 与马克思关于人的社会本质的认识不同，自由主义并不强调个人是社会或文化的构成。而且，自由主义者的社会准则是功利原则，以边沁为代表的功利主义哲学将个人自由推向了极致。边沁认为，追求快乐和避免痛苦是人的普遍倾向，除了快乐原则，没有其他。而且个人的需求是私人制定的，没有任何理由认为个人偏好可能受到文化和社会的影响。因此，边沁曾说社区是一个"虚构的身体"，保守党总理玛格丽特·撒切尔则宣称："没有社会这样的东西——只有个人及其家人。"

安迪·格林认为，由于英国19世纪自由主义思想中普遍存在的原子化概念，很容易理解为什么"自然和谐"利益理论会如此盛行。在自由主义者看来，利用国家作为道德和政治社会化的工具，通过提升平等的水平而促进社会凝聚的做法，是对个人自由和权利的极大侵害，是无法容忍的。即使是

① Green, Andy. Regimes of Social Cohesion:Societies and the Crisis of Globalization. Palgrave Macmillan Limited，Macmillan Distribution Limited，2011，25.

自由主义的社会民主制度，代议制政府也引起自由主义者的普遍担心，他们担心普遍和平等的投票权，担心被选举的群众可能会寻求使用他们的重新分配财富的政治权力，从而侵犯了财产所有者的自由。因此，一切都最好依赖于乐观的信念：通过市场的自由交换可以维持社会和谐。赫伯特·斯宾塞将这一观点推向极致。他认为，根本不需要对市场进行监管，通过法律强制确保自由交换和联系，是社会和谐的唯一必要先决条件，即“人与人之间唯一的联系是完全自由的交换”。

安迪·格林批判了自由交换的虚假性。他认为，真正的问题在于：“正式自由交换的存在并不一定意味着交换关系中自然平等的前提存在，即使在没有交换关系的情况下也仍然存在冲突。”马克思也曾犀利地指出，自由主义忽视了社会和经济的前提，所谓的平等自由不过是资产阶级为保护私有财产而编造的谎言。自由主义者也只能忽视权力差异的现实基础，才能歌颂所谓的权利和自由，表面上的平等，实际上却在为不平等的延续和繁殖创造条件。

法国自由主义者托克维尔在《论美国的民主》一书中为自由思想提供了看似可信的文化视野。他和英国自由主义者一样，认为公民社会是社会和谐的关键，但他并没有将自己的重点放在自然和谐的抽象和无文化学说上，而且明确反对个人主义。对他而言，自由的个人主义是：“成熟和平静的感觉，它让社区的每个成员都脱离了他的同胞群众，并与他的家人和他的朋友分开……起初它只会削弱公共生活的美德；但从长远来看，它会攻击并摧毁所有其他人，并且最终被吸收到彻头彻尾的自私中。”托克维尔通过对美国社区生活的多样性进行了高度洞察力的分析，证明民间社会不仅仅是一个交换市场，它还可以发展一种公民文化，社区中积极的社团生活可以在个人之间建立超越契约和交换所代表的薄弱关系，从而形成较强的文化心理联系。

在安迪·格林看来，托克维尔对自由主义国家的社会凝聚提供了一种有价值的社会学视野，并成为社会资本理论的重要来源。但是，他的盲点在于对美国社会种族和阶级的分歧视而不见，将社团生活作为民主社会的推动力，实质上是致力于从“互不理解”向“意见一致”的国家推进，迫使在一个不变的国家和一个不稳定的社会之间达成某种默契，这是一种现象和逻辑力量的建构，而非美国政治的现实趋势。

自由主义伴随着全球化的发展，更将个体的自由推向了绝对和极致。它倡导“国家的终结”来促使个体脱离直接的共同体，以实现个体在市民社会的“政治解放”。不管自由主义变幻多少形式，安迪·格林认为，它们始终没能正视阶级的差异性，因此，也并不能解决市民社会所产生的私人利益的对立、国家和市民社会的分裂及人的本质的二重化的问题。

4.1.2　共和主义：分工团结

共和主义的思想可以追溯到卢梭的社会契约论。卢梭从政治角度提出社会契约是社会凝聚的基本保障，与自由主义的代议制不同，他主张人民通过创造“共同意志”来积极行使主权。这种共同意识不是个人意志的结合，而是通过共同审议和行动来执行，因此，它在很大程度上依赖一套共同的信仰及其在国家文化仪式中的体现。共同的信念不是自发地来自公民社会，而是集体的政治行动与观念构建，并且只有国家才能保证平等。卢梭认为：“英国人认为自己是自由的，这是严重错误的，它只在议员选举期间免费；一旦议员当选，人民就会被奴役，它没什么。”在卢梭看来，权力不能代表人民，人民代表只是代理人，只有经过人民批准的法律才是有效的。

涂尔干认为完全靠契约为基础的社会也是不可靠的，由此提出社会分工与团结理论。社会分工是生产力发展和个体意识觉醒的标志，人类历史上经历了三次社会大分工：游牧部落从野蛮人群中分离出来、手工业从农业中分离出来、商人阶级的出现。社会分工的发展逐渐走向了职业化和专门化。深化的分工不仅将人类从自然界中分化，也完成了人类的自我分化，即人自觉地使自身分化为主体和客体、目的和手段。人们的生活也从早期的采集、渔猎等日常生活领域而不断分裂为经济领域、政治领域、文化领域和生态领域等。人类主体也逐渐分为两个相互独立的阶级：统治阶级和被统治阶级。

涂尔干认为，社会团结的前提在于社会劳动分工。前工业化社会虽分散，但相对同质，由此可形成“机械团结”，社会团结的力量与集体价值观的强度成正比。随着工业社会的到来，分工的职业化、专业化带来了差异性及道德个性化，削弱了集体良知对个人良知的控制，因此集体信念在“量”和“强度”方面都减少了。但是，工业社会中劳动分工所产生的功能性依赖在很大程度上可以弥补共同信念的衰落，社会中的道德信仰和集体良知会变得更加普遍和抽象，即“有机的团结”形成。涂尔干倡导国家和积极的民间社会都是巩固社会团结的必要条件，并预示着第二次世界大战后的社会伙伴关系运动，他呼吁发展合法授权的专业组织，以规范市场交流，促进劳动力市场的相互关系。

同时，涂尔干强调，国家必须充当“道德力量”来帮助社会倡导的集体价值观。随着社会的进步，国家的职能变得越来越多，并越来越多地渗透到所有其他社会功能中，公共教育成为国家促进团结的主要途径。由于“社会只有在存在足够程度的同质性时才能生存”，因此，教育通过从一开始就确定了集体生活所要求的基本相似性来延续和加强这种同质性。但是，涂尔干认为，仅仅依靠国家来促进社会团结是不够的，而且，孤立的国家是无法做到这一点的。过分依赖国家，就是进入新黑格尔主义者和德国社会主义者的陷阱，成为威权主义的牺牲品，最好通过组建职业团体或专业协会来实现这一目标。“我们在职业群体中所看到的是一种道德力量，能够遏制个体自我，在所有工人的意识中维持一种充满活力的团结的情感，以防止强大的法律残酷地应用于工商业关系中。”

安迪·格林认为，涂尔干的理论是他所嘲笑的自由主义自然和谐利益理论的一个更社会学的版本。

一方面，涂尔干看到了冲突，指出阶级冲突的普遍表现，即劳动力市场的无政府主义倾向和工人工作生活的非人化，但他将大部分冲突归咎于财富和交换关系中的高度不平等，并认为这是缺乏精英管理的结果。这种缺乏表现在继承财富的延续、工作的不平等回报及人们在劳动力市场上的工作分配不当。正如他解释的那样："财富的遗传性传播足以使冲突发生的外部条件不平等，因为它给一些不一定符合其个人价值的人带来了好处。"对于分工中的问题，他认为冲突的这些表现只是由于缺乏监管而产生的"异常形式"，而且社会行为没有时间"成熟"和"赶超"社会关系的变化，但这种异常随着社会分工的深化而自行消失，这已然陷入了自由主义"自然和谐"的逻辑之中。

另一方面，涂尔干对劳动分工、社会团结的描述似乎相当矛盾：一边承认工业社会中破坏社会团结的深刻现实，另一边又断言有机团结会在工业社会中必然实现。后期的涂尔干也认识到，劳动分工本身不足以产生和维持社会团结，因此仍然需要集体道德。他没有强调集体良知本身的衰落，而是注意到了新的集体良知形式的出现，并认为这种形式更加世俗化、人性化和理性化，因此更加适应个人主义时代。涂尔干始终暗示着强大社会规范的持续存在和社会力量的作用，但即便如此，他最终也未能解决当代资本主义的冲突和分歧问题，甚至认为冲突是社会的正常现象，会随着时间的推移或国家的改革而自行消失。

安迪·格林批判地继承了卢梭和涂尔干共和主义的社会凝聚思想。他认为，卢梭和涂尔干都共同指出了社会凝聚的非自发性特征。从卢梭一直到涂尔干及其他的法国共和主义思想经常明确地否定自由放任的自由主义，强调个人不是完全自由的存在而是由国家和社会所构成的。但是，个体自由和国家权力并没有从根本上对立，真正的自由是个人利益和集体利益的体现，国家充当着适当的角色，来保护集体利益，同时也是个人利益的担保者而不是自由的敌人。

社会分工的不同带来社会凝聚形成的不同路径。原始社会中，血缘关系是维持人们之间关系的纽带。在奴隶社会与封建社会里，人们处于单一的社会结构和较低的劳动分工中，生产和生活相似性或相同性构成了团结的基础，加之统一的思想文化与道德钳制、法律权威和政治权力的干预，形成了一种机械的社会整合方式。到了资本主义社会，社会分工越来越复杂，劳动的细化和专门的程度越来越高，人们在生产中逐渐表现出更多的差异性和个体性，而且人与人之间的依赖性不断增强，基于这种多元异质基础上的相互关系就产生了一种内在的团结方式，即有机的社会整合方式。随着社会的进一步发展，这种有机整合方式一直会得到发展并持续下去，直至自由人联合体的形成。全面而自由发展的自由人联合体的整合方式是一种更加深入而有效的有机整合方式。涂尔干阐明了一个连贯的共和主义社会团结理论，尤其是他对社会伙伴关系和专业协会的倡导，强烈影响着社会民主的政治内涵。

安迪·格林也指出，涂尔干将社会团结的实现归结为“道德意识”，又具有了某种形而上学的局限性。正如马克思所指出的：“全部社会生活本质上是实践的。”① 这种实践性不仅仅表现为生产劳动与社会分工，也体现着社会生活的丰富性与矛盾性。简单的以多样性的协调或共识来涵盖社会组织与个人的复杂关系，抹杀社会生活的复杂性和丰富性，所形成的也只能是“虚幻的集体”。社会的团结和统一成为抽象的团结和统一，而无法具备真实的社会属性。马克思在《资本论》中曾指出，现实的人就是作为生产关系的化身出现的。人与人正是在具体的社会生产与交换的过程中，获得了自身的社会性质与社会关系。马克思辩证法的基本理论使命就是将社会生活中的各种对象性存在放置于社会关系的逻辑中加以展开，并以社会关系的逻辑为解释的基本原则，揭示资本主义的本质关系即资本和劳动的对立，揭露资本主义的剥削机制，进而阐明“一定的社会关系秩序的必然性”，并揭示支配着一定社会机体的产生、生存、发展和死亡，以及为另一更高的机体所代替的特殊规律，从而为无产阶级的革命运动提供了理论的指南。

---

① 中共中央马克思恩格斯列宁斯大林著作编译局：《马克思恩格斯文集》（第 1 卷），人民出版社，2009 年，第 501 页。

4.1.3　浪漫保守主义：文化团结

安迪·格林认为，社会凝聚作为一种意识形态的共识，并非抽象的聚合，具有历史和文化的传统。他指出，源于18世纪的德国浪漫主义，作为法国启蒙理性的产物，为社会凝聚的本质提供了独特的知识来源。

德国浪漫主义认为语言、文化和传统是身份的真正标志，成为社会团结与凝聚的自然基础，而并非政治或人权。集体“民族”取代个人“公民”成为社会的基本组成部分。18世纪晚期的德国诗人、哲学家和文学评论家赫尔德是这一思想的先驱。他推广了“民族”的概念，奠定了其在德国和中欧知识分子的社会思想中的中心地位。赫尔德认为，我们只能在我们的本土文化传统和母语中真正地思考。他写道：“我们国家的特殊性，最显著的标志就是继承和不断传播的方言。”他将民间传统视为民族社会的自然表达，并收集和出版来自许多地区的民歌作为这些传统的证明。他的著作，引起了人们对于民间文化的兴趣，也带来了民间文化研究的复兴。

赫尔德认为社会是一个有机的整体，个人在集体民俗文化中找到了他的真实表达和身份。在1806年之后，德国人越来越多地将个人完全归入社会认同，其最高表现形式是国家。费希特成为普鲁士新国家复兴最重要的理论家之一，他呼吁普鲁士人民共同努力建立一个新的道德秩序的国家，每个人都应当从属于这种崇高意志。

安迪·格林认为，赫尔德的思想倾向于民族文化的“本质化”。他对民间语言和民间传统的文化创造力的呼吁引起了新的兴趣和新的自豪感。但作为人文主义知识分子，他并不主张以语言和文化来界定民族优劣及成为仇外的民族主义者。他相信民族文化，但他的观点是严格相对论的，没有任何文化被认为比其他文化更好。他写道：“人应该不断地与其他民族学习，直到所有人都明白了这个艰难的教训：没有人是上帝特别选择的，只有真理是必须寻找的，真理是所有人共同培育的共同花园。”赫尔德认为，人类历史就是文化史，文化不光是人们社会活动的产物，更是使人们团结和聚合的一种手段。安迪·格林认为，赫尔德的思想促进了历史主义思想的发展，但并没有正确解释人类历史发展的客观规律与社会团结的根本问题。

伊格尔顿在英国保守浪漫主义思想史中挖掘出文化团结的思想。他将保守主义和德国唯心主义的混合描述为维多利亚资产阶级试图重新合法化的一种尝试。“经验自由主义缺乏的时代，需要从德国浪漫人文主义及其怀旧的、反动的资源中探寻可培育的、象征性的以及强制性的资源来确立和稳定资产阶级关系的合法性。”伊格尔顿对文化目标的判断可能过度简化。马修·阿诺德试图为英国寻找一种克服英国中产阶级狭隘价值观的唯物主义，并使社会秩序更加安全有效的方式，他在《文化与无政府主义》中明确地寻求通过一种新的“被认为和所说的最好的”文化来缓解中产阶级自由主义的“庸俗主义”，并以国家复兴的目标来反对自由主义中的个人主义。文化反对“无政府主义”“我们需要权威……这是文化建立国家的观点”。[①] 当然，阿诺德所说的文化国度从根本上来说是要控制和削弱工人阶级的社会、经济文化抱负的作用，而让中产阶级接受足够的文化并承担社会的责任。也因此，阿诺德提出“教育是通往文化的光明大道”，通过教育发挥文化的社会功能，防止社会的分裂。

在20世纪，这种“有机保守主义”仍然存在着回声，民族意识的感觉遍及英国保守派的大部分思想。在他们看来，习惯和习俗是值得珍惜的，因为它们是根深蒂固的、有机的，同时也是真实的，是由经验而来的，而非抽象的理想。国家意识意味着对这种民族传统的保护。

安迪·格林认为：“浪漫的民族主义者的极端非理性主义和种族主义的混合，以及国家的黑格尔理想化，产生了一种特别有毒的民族主义思想，是具有致命的历史遗产。”他指出，人们普遍认为德国语言和文化具有“纯洁性”和独特性，但是，民间认同的概念却变得越来越种族化。正如德国民族

---

① ［英］约翰·斯道雷:《文化理论与通俗文化导论》，南京大学出版社，2006年，第24页。

主义历史学家后来所说："对解放战争的强烈兴奋（反对法国人）揭示了德国人的所有秘密；在普遍的骚动中，对犹太人的所有旧的和深刻的敌意再一次表现出来。"这种有机保守的社会凝聚是建立在稳定和持久的社会等级制度之上的，等级制度由文化传统和个人对社会秩序的尊重及对其分配的接受而联系在一起。在这种视域中，个人与社会之间没有二分法，自由和平等的概念是缺乏的。个人和社会被视为融合在一起的有机整体，其自然和谐成为"民族"历史中重要的文化传统证明。

安迪·格林指出，历史与文化的存在及社会凝聚不可忽视的思想来源与基础，"民族"曾是唤醒大多数民众并参与了国家形成的重要精神力量，并仍然具有对国民教育的影响力。即使在全球化时期，历史和文化的差异仍然会导致社会机构与制度的差异，社会凝聚的民族性文化内涵仍然不能被世界文化的趋同性、普遍化所代替。

从比较和历史的观点来看，要认真对待文化因素。在现代经济学和理性选择社会学中，文化因素仍然被严重低估，即使有被关注，也仅仅作为个人偏好出现，这并不是文化的真正意义所在。在安迪·格林看来，文化与"工业""民主""阶级"等概念所表征的历史巨变和社会进程紧密相连。它不仅是高高在上的、抽象的意识形态，而且是社会生产的重要组成部分，它体现着意义生成和传达的方式，也表征着传统在时间和空间的再生产，这些都必然涉及社会秩序的变革和社会重组。

4.2　社会凝聚的制度类型

制度是社会实践在时空当中的深度堆积，也是具有持久性和包容性的规范，在共同体或社会成员中具有广泛的约束力。拉德克利夫·布朗认为：

“制度可以被看作是行为的标准化模式”[①]，并在社会系统的时空构成中起着基础性的作用。安迪·格林指出，社会凝聚的制度可以被视为相对持久的社会态度和行为的结构。“我们必须确保该模型同时指向特定社会系统的意识形态和制度特征，即使它可能并不完全对应它们中的任何一个。”与社会凝聚紧密相关的国家制度结构包括劳动力市场组织、工资、收入再分配、福利制度等。适用于阶级支配的原理与同样适用于社会凝聚的制度分析。安迪·格林从不同国家的制度类型中剖析出社会结构与社会关系再生产的独特路径。

4.2.1 自由体制

安迪·格林认为，自由体制的社会凝聚力体系来源于自由主义哲学的思想，即将社会的团结与凝聚依赖于个人对机会的自由选择和基于功绩获得奖励的普遍信念的合法性。除了这些核心信念之外，它还将高水平的公民协会作为重要的社会黏合剂，来体现自身的多元性和包容性。在自由主义政权中，社会凝聚并不依赖于经济平等，国家及公共机构不被视为社会凝聚的保证，这超出了它们维护法律和秩序的作用，以及最低限度的安全网。个人来到国家之前，自由比平等更有价值。从公司治理、劳动力市场组织到福利提供，社会组织的所有领域都在围绕这一原则运行。

个人私有财产权作为基本的自然权利之一，成为自由主义制度的前提。英国和美国的私有财产权比其他国家更为绝对和无条件，公司法和公司治理使公司对其股东负责，而不是像许多大陆国家那样对股东和其他利益相关者负责。因此，股东价值推动了公司战略。英国和美国的大部分公司股份由个人和机构投资者持有，在追求利润的资本本性驱使下，公司采取各种策略来实现股东利益的最大化，利润更有可能以分红的形式分配而不用于再投资与研发，企业往往通过兼并和收购而不是通过耐心的创新过程和建设生产来寻

① [英]吉登斯:《社会理论的核心问题：社会分析中的行动、结构与矛盾》，郭忠华等译，上海译文出版社，2015年，第106页。

求价值提升能力。因此，股东制中的公司并不是共同利益的社区。安迪·格林深刻地指出："公司的存在是为了赚钱，而不是为了促进团结和长期的关系，而且很少被视为凝聚力的源泉。"

自由的劳动力市场模式，缺乏团结的概念。灵活的劳动力市场被认为可以提高效率、公司盈利能力和就业率。在英国和美国，就业保护相对薄弱，招聘和解雇变得容易且成本更低。这促进了许多低薪、兼职和临时工作的创造，特别是在服务业，由于提高了整体就业率，人们并不关心有利于创新和高绩效工作场所的发展。而且，英国和美国的工资设定机制也是市场驱动的，缺乏能够促进团结的品质。虽然一些公共部门维持了国家工资的谈判，但是大多数的工资水平是由市场供求关系决定的，这导致了更大的收入差距和不平等。

从福利制度而言，英国和美国各不相同，但并未实现普遍的"去商品化"。英国虽然在"二战"后建立了以税收为基础的国家卫生服务系统，但是，它无法保障足够的质量，并且仍然被私人保险计划资助的私人医疗服务广泛使用。在美国，除了分别为 65 岁以上和低收入者提供有限的联邦医疗保险和医疗补助计划外，个人医疗保险几乎完全依靠私人医疗保险系统提供，缺乏全面的公共卫生系统。2000 年，仍有 4300 万美国人没有任何健康保险。就养老金制度来看，安迪·格林指出："与英国的养老金一样，美国的社会保障并不意味着挤出私人养老金市场和个人主义。因此，效益和贡献与相当低的标准挂钩，总体目标是尽可能地符合市场要求。"20 世纪末，英美两国养老金的实际价值已经不能维持老年人的生活，需要越来越多地鼓励和采用补充性私人保险计划。不仅养老金融资的危机日益严重，失业救济金也越来越具有针对性，且受到多种条件的制约。

安迪·格林深入地批判并指出，英美国家高利率的就业、看似强劲的经济增长、廉价进口、宽松信贷、房价上涨所带来的私人债务扩张与消费热潮，看似形成了具有凝聚力的社会，然而这不过是建立在虚幻基础上的盲目乐观。

他指出，自由主义的国家制度带来的最大的特点就是不平等的加剧。从1986年开始，英国和美国的经济增长幅度最大，但家庭收入不平等的基尼系数在英国上升了28%，在美国上升了24%。安迪·格林也指出，到20世纪末，美国的平等记录最差，最富有的20%的美国人平均收入比最贫穷的20%美国人平均收入多9倍，不平等程度令人沮丧。自由主义的思想文化与制度中心并不关心不平等的问题。自由主义体制对于形成社会凝聚力的官方话语，重点放在就业上，自由选择、社会包容等成为其最佳的政策术语。自由的市场经济制度，从根本上确立和保障了私有财产权利的合法性。个人只要不会因为种族、性别、年龄等因素受到歧视，市场竞争原则所导致的收入差异就被视为一种自然的法则而被接受。

安迪·格林从马克思主义视角出发，认为："不断增加的财富不平等（其中大部分属于财产），也可能锁定代代相传的特权和劣势。"一方面，人们因阶级背景和天赋能力等差异会导致"机会"不平等。在劳动力市场存在着一级劳动力市场和二级劳动力市场。前者是指那些收入高、工作稳定、工作条件好、有良好培训机制和晋升渠道的工作岗位；后者是指那些薪资低、工作稳定性差、工作环境恶劣、缺少培训和晋升途径的工作岗位。表面上看，他们是劳动力自由选择的结果，但是二元劳动力市场会把那些受教育水平较低的青年排斥在一级劳动力市场之外。失业后，特别是长期失业的青年由于在工作场所所获得的各种技能和知识处于停滞的状态，所以，在重新求职的过程中，缺乏新技能，导致他们在竞争中处于劣势，进而陷入一种恶性循环。另一方面，统治阶级用"精英治国"的逻辑必然性，把政治领域的矛盾用"经济领域"的现实来掩饰，甚至把经济领域的冲突视为"非政治性的"、自然的存在，从而保护统治阶级的利益。但事实上，经济领域的差异背后是深刻的社会排斥。由于经济上处于被排斥地位，既缺乏经济基础维持既有的社会关系，更无法开创和建立新社会关系的渠道，经济上的弱势地位使得他们日益处于孤立的社会地位。当一些个体在遭遇诸如失业、技能缺乏、收入低下、住房条件恶劣、高犯罪环境、丧失健康、家庭解体等交织在一起的综合性问题时，随即产生的是社会排斥及在文化参与、文化信息的共享方面的不利地位，他们始终无法融入主流社会。

安迪·格林进而指出，随着英国和美国不平等的加剧和社会流动性的下降，政治家大肆宣扬的“自由选择”和“机会均等”的意识形态作为社会凝聚的核心显然是缺乏效力的，其社会包容性话语中缺席的是对工作生活质量变化的讨论及与工作极不对等的物质奖励，这些将导致人们获得社会福利的机会实质性的不平等。自由主义体制所宣称的社会团结的要素，如信任、结社与政治参与等都因不平等的加剧有所下降。在英国，社会信任水平下降，不同社会阶层之间的信任程度更加两极分化。罗伯特·普特南在其著名的《独自打保龄球》一书中指出，在美国，社会资本的大多数指标都有所下降，社会两极分化有一些非常明显的迹象，大批低薪和不安全的雇员构成了穷人的重要组成部分，导致了封闭社区的扩散。更为极端的是，新的独立合并城市，宣布政治的独立和州税的豁免，成立自我监管的社区，也对其成员进行了明确的选择和排除。于是，城市的贫民社区将越来越孤立，呈现出更加可怕的社会分裂现象。

对此，安迪·格林指出，自由主义体制过于夸大了教育对于社会团结和凝聚的作用。自由主义强调教育机会的平等，教育被看作是促进个人心理上及道德上发展的主要工具，而个人的完满实现，基本上取决于个体的潜能发展的程度与方向。基于教育对个体的发展职能，从社会角度看，教育就能够改善人们的不利地位，缩小经济的差距，减少贫富分化，促进社会平等的实现。教育通过对个体的筛选功能，能够将人们统合到经济发展和政治稳定的各种职业角色中去，从而促进社会团结和凝聚的实现。事实上，自由主义体制下的教育体系，不论对于人的发展，还是经济报酬、社会保障，都没有提供平等的机会。唯才主义的教育逻辑使教育体系把个人分配到不平等的经济位置具有了公开性、客观性和合法性，并通过与该位置相适应的个性品质、知识技能的内化和鼓励，加剧并强化了社会的不平等，不平等是制约社会整合与凝聚的根本因素。这一点也是英国新左派马克思主义的基本观点，以鲍尔斯和金蒂斯为代表，他们认为，教育就是通过学校与阶级结构之间的相应，实现“社会生产关系的再现”。

4.2.2 社会市场体制

安迪·格林认为，社会市场制度与自由主义制度的不同之处在于更加强调共同价值观和积极参与国家政治生活的重要性，以及更加依赖国家为社会凝聚创造条件。可以说，社会市场倾向于将社会凝聚的来源制度化。

社会市场经济中的产权是义务和权利的集合，并不是自由主义制度的绝对私人性。德国公司法和公司治理原则是基于对多个利益相关者（包括劳动力和消费者）的问责概念，而不仅仅是对股东的责任。德国公司法第 76 条，要求管理人员为整个组织的利益经营业务。德国的公司资本化更多地依赖于银行的长期融资——所谓的“耐心”（长期）资本，并通过法律来限制企业的恶意收购。社会市场制度鼓励企业的长期性，限定利润的比例，要求银行与个人股东和机构、投资者一起拥有公司股份，并且制定共同决策赋予员工代表与经理、股东和其他利益相关者权利。

德国的劳动力市场的组织具有类似的模式。德国的大多数员工都是工会会员，并受到雇主和员工机构之间的部门协议的约束，这些协议不仅定义了特定职业所需的资格，还定义了不同工作的薪酬范围。这不仅阻止了公司通过提供工资溢价来挖走其他公司培训的员工，还激励了公司培训和德国全面的学徒制度，这对生产力发展和创新起到了重要的推动作用。德国法律要求公司加入并资助商会，这些商会在培训及协调公司行为方面发挥着重要作用。工业工会主义倾向于将特定部门所有职业的雇员聚集在一起，便于协调不同雇员群体的利益。社会市场经济中的劳动力市场组织倾向于在促进员工之间的团结和社会伙伴之间合作的同时，促进更大的工资平等。德国工业民主部分归功于德国公司在开发创新高技能、高附加值的生产系统方面的成功，这是“多元化质量生产”的基础。这不仅使德国成为世界上最大的出口国，还促进了不同利益相关者和社会伙伴之间更加团结的行为。

安迪·格林进而指出，社会市场的福利制度在某种意义上可以看作是团结的。与德国学徒培训制度相同，其保守的“社团主义”福利制度也起源于早期的行会制度，在于为成员提供社会福利和保护、专业社会化培训。虽然行会制度被废除，但其基本原则被纳入企业联合主义和共生主义的意识形态之中。德国的俾斯麦和奥地利的冯·塔菲带来的福利改革是一种保守的策略，通过重新强调国家权力和加强传统地位群体中企业身份的等级性来阻止自由主义。社会保险围绕职业地位群体组织，每个群体都有自己特定的权利，但最终由国家而不是市场组织。安迪·格林认为，在社会市场经济中占主导地位的福利保障在许多关键方面巩固了社会凝聚力：它有助于协调雇主和雇员的利益，促进不同企业和工人之间的团结行为；有助于形成建设性的社会伙伴合作，并巩固职业群体和工业部门之间的职业身份。

因此，职业教育体系成为德国促进社会团结的重要途径。通过职业教育，可以向失业者开放职业培训的大门，提高其技能，改善低技能者的就业机会，从而实现市场经济要求与社会一体化、公平化的统一。在加大职业教育培训力度的同时，提高再就业的福利，促进劳资共同决策与共同参与的体制特征，是保持社会稳定的极为重要的基本因素。

安迪·格林认为，国家—社团主义虽然克服了市场的随意性，对于社会分裂和个人主义做出了积极回应，但它仍然是非常等级化的。“这是涂尔干分析如何对抗社会失范的中心主题，它成为教皇和天主教社会政策的基石，它（后来）发现……这是在法西斯意识形态中的表达。”由于德意志民族文化心理的影响，它促进了地位群体和家庭的团结，也强化了等级化的社会分类。在父权制中，没有工作的妻子依赖于男性，几乎没有参与再分配的资格，男女不平等的等级性再次被强化。同时，由于强大的工会化和强有力的就业保护，失业人员的就业问题面临更大的障碍，慷慨的福利可能在一定程度上减轻了他们的困境，但德国社会支出的极端压力已经开始削弱这一优势，就业人员的团结与失业者的边缘化的矛盾也日益凸显。随着德国的外资公司越来越多，产生一些恶意收购，许多大公司将其大部分生产外包给国外，这给传统的共同决策模式带来了压力，也使社会凝聚的基石发生了动摇。

4.2.3 社会民主制度

社会民主的制度模式，依赖团结的劳动力市场组织，同样是由国家主导并高度制度化的。安迪·格林指出："社会民主政体将平等置于其社会哲学的中心。"

北欧社会民主国家的劳动力市场组织具有新社团主义的特征。斯堪的纳维亚半岛国家虽然不具备德国那样完全成熟的工业民主制度，但是高级社会合作伙伴特征同样明显。在瑞典，集中的工会谈判占主导地位。丹麦，虽然学徒制很广泛，但是初期培训仍然多是国家主导社会伙伴参与模式居多。一些地区的就业保护很高，较有特色的是丹麦开创的"灵活性系统"，它结合了相对宽松的雇用和解雇规则，并为失去工作的人提供了非常慷慨的支持。这些政策鼓励了劳动力流动，加速了就业率的提高。因此，北欧国家的就业水平远高于欧洲社会市场。由于没有父权制的思想影响，这些国家多实行家庭友好型就业和福利政策，为女性提供普遍的、基本无偿的学前教育条件和慷慨的育儿假权利，使女性就业率达到了较高的水平。

安迪·格林指出，北欧劳动力市场组织最显著的特征在于高就业率与低收入不平等的结合。虽然经济决策者往往认为这两者互不相容，但是灵活的就业政策与协调一致的集中工资谈判、广泛的积极劳动力市场政策相结合，多余的工人重新投入工作，兼顾了公平与效率之间的平衡。高就业率使人均国内生产总值的平均收入高于同等生产率的社会市场经济体制水平，在某些情况下，其劳动生产率水平高于美国。

北欧社会民主模式最为著名的是其社会福利制度。社会学家埃斯平·安德森认为，它比其他政权更大程度地体现了普遍主义和"去商品化"的原则。北欧福利制度在健康、社会福利、学前教育甚至在公共交通方面都非常有效，它们能够更好地保持用户所要求的服务质量，并通过补充普遍利益和收益的福利来满足所有期望。这使得中产阶级忠于社会制度，从而获得了普遍的团结和支持。

安迪·格林指出，北欧教育体系也是北欧国家社会凝聚的重要基础。促进社会团结一直是北欧国家公共教育的核心目标，这一目标为教育体系的课程和结构提供了方向。自第二次世界大战以来，北欧国家都引入了一种独特的综合学校教育，其中包括整个公共系统中非选择性和几乎完全没有流动的社区综合学校。这些学校提供“全面”的初级课程和低级中学课程，以便学生在整个义务教育阶段能够连贯地在同一个班级，拥有同样的同学和核心教师，即确保义务教育资源的平等和稳定分配。这种学校的目的是为学生提供一种情感支持和社会凝聚力的环境，促使个人的发展和群体的社会化。

安迪·格林认为，社会民主制度体现了社会凝聚最重要的原则：平等。北欧国家的各种社会制度都致力于减少社会差异和促进社会流动。平等的教育制度不仅有助于实现受教育者的绩效相对平等，还有助于缩小受教育者的技能差距。安迪·格林指出，根据 PISA 测试中对识字、数学和科学技能的重复调查，北欧国家的技能差异比其他大多数国家小，并且社会背景对其成就的影响比其他大多数国家弱。北欧国家在世界价值观调查中显示，成人之间是普遍信任的，而信任是社会凝聚关系的重要表现。

安迪·格林对社会民主制度的推崇在于其表面的“平等性”，这既体现了他对社会矛盾与冲突的现实观照和政治理论诉求。但也掩盖了对主体需求与利益的关注，将其纳入社会的“客观利益”之中。“客观利益”通常与“集体利益”相联系，同时又具有结构性特征，而与行动者的主体需求并没有多大的关系，从这一点看，平等仍然是统治阶级的利益需要及意识形态的价值规范。正如安迪·格林自己所承认，其研究具有较强的结构主义色彩。

4.2.4 东亚模式

从西方的视野走出，安迪·格林认为，20 世纪 60 年代初以来在日本、韩国、新加坡等国家形成的“国家主导”的发展模式提供了社会凝聚的另一种制度方式。

许多东亚国家经济快速发展的关键因素正是“发展型国家”的存在 。政府和国家官僚机构一直致力于引导经济发展，政府没有遵循自由市场与自由贸易的正统观念，而是通过产业政策和新的重商主义战略贸易政策对市场进行了大量干预，政府和国家官僚机构发挥关键作用。与西方的“股市”资本主义不同，日本的大型企业集团包括众多公司，要么在特定领域“垂直整合”，要么在多个领域“横向整合”。这些公司通常通过交叉持股来保护公司免受恶意收购，并通过稳定的供应链协议将这些公司联系在一起，允许采用协调一致的方法来处理和改进产品。

日本公司的核心工人受益于长期就业政策，基于资历的薪酬制度和雇主提供的广泛社会福利。“终身雇佣”原则已扩展到日本大公司的所有“核心工人”，公司承诺为核心员工的终身就业和资历培训支付费用，这源于提升员工忠诚度和生产力的愿望。大公司可以大量投资员工培训，而不必担心会失去那些可能挖走员工的其他公司的投资。企业还通过提供诸如金融和婚姻、葬礼援助等众多社会福利来提升核心员工的忠诚度。这些组织特征是“关系型”资本主义的一部分，它使公司更像是一个社会单位，拥有多个利益相关者，而不仅仅是一个只为股东谋利的合同组织。

安迪·格林认为，经济增长和社会流动的可能性构成了东南亚发展期间异质社会的“黏合剂”。这些社会中的经济增长和社会凝聚是由政府主导的，国家不仅直接参与发展规划，而且还将民众纳入国家未来的愿景并让他们参与其中。“国家在这些经济体和东南亚经济体中的中心地位也对社会凝聚的性质产生重要影响。”

在福利政策方面，东亚社会的公共支出水平相对较低，家庭的重要性和家庭主义的意识形态在东亚的福利体系中体现明显。日本的福利提供是一种混合形式，而不是一种独特的福利国家模式，它既结合了社团主义对等级地位的强调；又如自由主义国家模式一样，广泛依赖私人市场供给的差别化职业保险。国家提供和保证福利作为公民社会权利的作用是微弱的。相反，非政府机构、社区、企业和家庭受意识形态影响，在融资和提供福利服务方面发挥重要作用。

安迪·格林认为，东亚的社会凝聚制度的突出特点是形成了以“儒家思想”为主导的“亚洲价值观”。儒家思想不仅仅是个人的自我完善的道德准则，还是一种社会和政治制度的内在支撑。在这种制度中，人被视为社会和政治存在。君子“修身”的出发点不仅在于个人的德行修养，而是为了“缓解整个民众的命运”的最终目标。和谐、和平与稳定及儒家思想的社会理想。安迪·格林否认了马克斯·韦伯等西方学者将东亚的“落后”归因于儒家顺从的、愚蠢的思想的观点。他认为，儒家思想并非与现代性完全不兼容。儒家话语的重点是社会和政治的和平与稳定，这必然要考虑民众的需求并给予满足，还强调道德原则、行动的共同理解及仪式（礼）的实践。在儒家思想中，和平与稳定是与个人和社会伦理、仪式或实践有关的共同理解，或者更准确地说，除了统治者的明智统治之外，正是这些共同的理解和实践，构成了将社会团结在一起并为国家带来和平与稳定的“黏合剂”。

20世纪90年代以来，儒家思想的规则演变为更为普遍的当代亚洲文化理论。在新加坡和马来西亚，李光耀和马哈蒂尔·穆罕默德这样的政治家，不仅将他们国家的成功归功于“亚洲”价值观，而且还将其与“西方”价值观区别开来。他们认为，西方是颓废的社会，其中猖獗的个人主义造成了不可挽回的损失。相比之下，“亚洲”价值观是以家庭为导向的，包括勤奋、节俭和教育。新加坡的成功在于其人民“把社会福利的重要性置于个人之上”，社会凝聚也来自这种“基本儒家观念”的力量。

安迪·格林也指出，亚洲国家形成一种不同于西方的社会凝聚模式，国家发挥了重要的作用。太平洋东缘的社会往往更具个人主义性质，西部边缘的人更具有集体性质。西方国家以公民的社会参与，尤其是社团和政治组织、活动的参与作为社会凝聚的重要指标，却不能很好解释东亚国家的社会凝聚特征。日本是主动参与得分最低的国家之一，新加坡、韩国等国家的社团成员水平相对较低（韩国有24%的人口，新加坡仅有10%的人员报告至少有一个协会身份）。社团成员之间的相关性很弱或没有相关，与互惠性和公民身份也没有显著关系。最受欢迎的社会群体是以身份为基础的群体，例如校友会、体育和娱乐团体或宗教团体，这些团体往往“强调原始身份而不是经济利益”，并且“可能鼓励群体内团结或者社会资本的‘黑暗面’”。安迪·格林认为，东亚的价值观模式虽然有可能导致一定的威权主义，但仍然不能忽视国家及特定价值观在社会凝聚中所发挥的重要作用。“它们似乎努力聚合成一个国家、社会、文化的复合体。”

4.3 社会凝聚的内涵与维度

全球化时代，社会秩序和整合的问题往往会在社会快速变化时浮出水面。从政治和社会的角度看，社会凝聚面临众多潜在威胁，如收入不平等加剧，失业与犯罪率增加，传统家庭的衰落，移民和移民社区隔离，个人主义、利己主义的盛行，政治极端主义和恐怖主义威胁等。政治家们对于如何维持社会秩序、保障社会安全而忧心忡忡。社会凝聚这个话题重新回到了哲学与社会学的中心。

4.3.1 社会凝聚的内涵

社会凝聚的概念，多来自社会学中关于社会整合、系统整合的思想。从结构功能主义的角度看，社会整合强调行动者之间的交互性，而系统整合则强调各种社会系统或者集体之间关系的系统性。英国社会学家洛克伍德曾将社会凝聚界定为社会融合，认为社会凝聚是朋友、家庭、邻居和社区基本社会关系强弱的体现。社会态度和行为是社会凝聚的表征，如团结一致的情感、信任、归属感和参与感及其行为的表征。20 世纪 80 年代末以来，这些社会态度和行为相关的特征不断扩充，也包括了社会的制度特征，如共同的价值观和目标（自由、民主、任人唯贤、平等）、归属感和共同认同感（包括国家和其他形式的身份）、容忍和尊重其他个人和文化、人际关系和制度信任、公民合作 、积极的公民参与、守法行为（低犯罪率）等。而社会凝聚的先决条件和保障机制通常是指：分享风险和提供社会保护的机构（福利国家）、促进平等或机会均等的再分配机制（如税收）、冲突解决机制等。

欧洲委员会从基于人权的角度出发，将一个有凝聚力的社会定义为：通过民主手段追求共同目标的自由个体的相互支持的社区。这一定义强调归属感和共同价值观，同时也注意到平等和尊重个人在促进社会凝聚力方面的重要性。英国关于融合与凝聚力委员会在《我们共同的未来》报告中也说道：凝聚主要是所有社区必须实现的过程，以确保不同的人群一起相处。整合主要是确保新居民和现有居民相互适应的过程。

安迪・格林认为：社会凝聚是指整个社会及其中的个人依赖共识而非纯粹强制地将特定态度、行为、规则和制度的行动联系在一起的财产。它不仅是一种强大的精神力量，也包含着意识形态的内涵和社会现实的具体语境。社会凝聚涉及个人自由与社会平等、社会秩序与民主权利、价值共识与多样性等深层次的哲学政治问题，后作为一种普适性目标，包含了社会实践层面的诸多选择与困境。比如：社会凝聚的实现以文化同质性为前提，还是以对异质文化与宗教的宽容为条件；社会凝聚是否存在社会冲突与权力斗争；社会凝聚究竟是个体存在的理想状态，还是大众民主的社会期待等问题。安迪・格林认为，以往社会学家、政治学家及国家实践都给出了历史的解释，但是，面对诸多困境，社会凝聚仍然是国家所致力的社会目标，这是维护国家秩序的需要，也是教育作为一种意识形态霸权的工具所要实现的文化和价值目标。

社会凝聚的前提条件是社会秩序。社会秩序是自亚里士多德起就不断被讨论的重要社会学和哲学论题。自社会产生，就以某种秩序的形式存在着，只不过这种秩序的原则更多是来自人们生产和生活的习俗，习俗调整着人们的行为与关系。人类学家埃文思·普里查德也指出，社会真实存在过这样一种“有序的无政府状态”。国家产生之后，尤其是19世纪以来，社会秩序成为国家的重要职能，并与国家的政治与权力紧紧结合在一起。孔德、圣西门、涂尔干、斯宾塞、韦伯、滕尼斯等社会学家都对将社会维系一体的社会力量、制度、价值观进行了审视和研究。生活在一个快速变迁的时代，传统的纽带和关系正在遭受侵蚀，工业化和民主所带来的离心力割裂了与之前社会的所有联系。就连马克思和恩格斯也深刻地意识到：“所有固定的，快速冻结的关系，以及他们的古老的偏见和观点，都被冲走了，所有新形成的关系在可以僵化之前就已经过时了。一切固定的东西都烟消云散的……”

工业化和劳动分工是社会秩序发生分裂与冲突的客观条件，涂尔干曾寄望于劳动的进步而形成人与人之间相互依存的“有机团结”，滕尼斯则认为劳动分工的发展使社会走向了法理社会，而缺少传统礼俗社会的情感联结，因此希望回到传统的社会秩序。英国自由主义者斯宾塞认为自由市场能够将社会凝聚为一体。法国自由主义者托克维尔则认为有效的社团生活是社会民主与和谐的关键。孔德和滕尼斯认为唯有国家能将社会凝聚在一起，涂尔干则认为国家作为形成核心价值观和精英治国的“道德力量”，其作用是不容忽视的，但是在社会病态和“失范”的情况下，介于国家和市民之间的中介团体成为重要载体。

安迪·格林认为，左派理论和右派理论都为社会秩序与凝聚提供了思想资源。他们或乐观地强调在劳动分工与职能相依基础上自然形成的社会秩序以及价值共识，或强调现代福利国家和“社会合作伙伴”在社会秩序建立和维持中的作用。但是，对于社会权力、社会冲突的等根本问题缺乏关注。

在安迪·格林看来，马克思的社会观则从更为本质的角度揭示了社会秩序的含义及其建构的路径。马克思重视社会秩序，认为维护和保持一定的社会秩序是国家作为上层建筑的重要职能，国家通过政治职能和社会管理职能来协调各部分之间的运作，实现社会的和谐有序，但这种有序并非一种抽象或忽视了矛盾与冲突的秩序。人类社会的特征不外乎冲突、协调与秩序的过程，这种产生社会结构的矛盾和冲突是社会发展的动力，而非阻力。社会正是在冲突与和谐反复过程中不断前进，直至共产主义社会的实现。当然，面对冲突与矛盾，人们有着不同的行动规则，由于大多数人甘于维持现状，所以人类社会的革命非常少。但是，马克思认为，在实现共产主义这一伟大目标的道路上，暴力与革命是必要的手段。作为马克思的继承者，葛兰西和阿尔都塞区别于马克思早期对国家的强制控制的关注，强调建立一种来自市民社会内部的“认可”与“同意”的意识形态，作为社会主导的价值观来维护现实的社会关系，以建立并保证资本主义国家的正当性和合法性。“统治阶级用来影响大众的见解、需要和兴趣的力量，它使民众心甘情愿地遵循由统治者钦定的道德观念、价值体系，认同统治者的审美趣味、行为规则和思维习惯，认可现存的政治和社会秩序，从而自愿地服从国家的控制和管理。”①

因此，安迪·格林指出，从根本上来说，社会凝聚涉及权力和资源分配、冲突和冲突解决，以及形成这些的国家形式、制度、意识形态和文化。同时，社会凝聚不仅涉及特定群体和社区内的团结和信任，还涉及群体和社区之间的信任，这需要一些公民意识和价值观。虽然国家内部的区域差异很重要，但决定一个国家社会凝聚的许多因素是结构性的和国家性的，需要在社会层面进行分析。个体在社会中所涉及的权利、自由、平等、公正等概念，也应当置于历史和现实社会关系的框架中予以阐释。社会凝聚具有三种本质的维度，揭示出社会凝聚的内在的政治性、社会性、文化性特征。

---

①　黄忠敬:《知识·权力·控制》，复旦大学出版社，2003 年，第 135 页。

4.3.2 社会凝聚的结构维度：分配平等

“所有的关系都是情境约束的假设开始，也就是说特定于历史时代和地点，以及与它们相关的不同国家的结构和环境。”安迪·格林认为，凝聚不是单纯的社会关系表征，也不是社区或社群取向的，而是社会整体的状态，是国家制度、文化、环境的共同产物，而不是单纯的社会行为。这表明社会凝聚既体现国家的结构性基础，也体现社会行动者与集体之间的联系、交换、实践的交互性。

社会凝聚作为一种社会关系的表征，通常用社会资本理论来解释。社会资本理论源于法国社会学家布迪厄，他指出：社会资本是一种制度化的关系网络，这种网络是集体性拥有的，它为每个成员提供支持，提供他们赢得声望的“凭证”。[①] 这种制度化的关系是在长期的自然积累中形成的，每一个人或者每一个团体，都在长期的社会关系中获得默许与认可，并逐渐将这种关系固定化、形式化，进而发展成为一种文化权力与符号暴力。

社会资本是一种社会关系的资产，布迪厄将其分为人力资本和文化资本，并将现代资本主义社会中支撑权力和地位获得的各种资源与过程分开，阐释了社会资本的政治性特征。美国学者罗伯特·帕特南从社会学角度阐释，将社会资本定义为社会生活的特征——参与网络、规范和信任——使参与者能够更有效地共同行动以追求共同目标。帕特南认为，在积极的公民社会情境中，许多有特色的态度和行为，包括联合、志愿、捐赠、政治参与、信任和宽容，在良性循环中共同作用，能产生令人满意的集体成果，这些因素能够更好地发展个体的社会公共性，实现一种文明社区和积极的公民社会。

安迪·格林认为，社会资本的方法更适合作为分析个人和社区行为的工

---

① 李晓新，于良芝，许晓霞：《平等、包容、和谐：社会资本理论对公共图书馆使命的诠释》，南开大学出版社，2018 年，第 24 页。

具，但不能诠释整体的社会关系层面。第一，安迪·格林指出，在北爱尔兰和美国的许多社区中，有着丰富的社区资本，但社区资本不一定会产生社会层面的凝聚，因为社区内部的联系不一定会导致社区之间的和谐。美国虽然有较高的社会联合水平，但社群之间的不信任、冲突和社会分裂现象却日益增长。第二，社会资本理论都将教育作为增强社会资本的重要工具，是个人、社团成员信任和政治参与的最强有力的预测因子，但是却无法解释美国年轻人的受教育水平提高，但社会资本却迅速下降的问题。20 世纪 60 年代末以来，美国公民在信任、政治参与和投票方面都表现出了持续的下滑。“参与社会事务的积极的一代逝去，而被无名的一代所取代，他们的生活方式更加私人化，他们花更多的时间去看电视。在两代人之间，已经出现了分离。”安迪·格林认为，帕特南不能回答美国大多数人都受过良好的教育，但社会资本却在快速下降的问题；也不能解释如果这种下降是教育以外的因素，那么这些因素如何在社会和个人层面发生影响。安迪·格林指出，帕特南的悖论在于他是基于个人行为基调的，缺乏对理解社会变化至关重要的文化、制度和政治维度。“环境，包括国家的作用，可能对这些特征具有重要的影响。”这意味着，在一些国家，虽然拥有较高水平的社会信任，但只具有中等的社会参与程度，如北欧等国家。而在美国，有着较高水平的社会参与度，但是信任水平却很低。

安迪·格林指出：“如果这些核心的社会资本特征在不同的国家没有共变性，这表明它们作为社会层面的单一因素基本上没有任何意义。”因此，如果没有从国家、制度和文化等社会现实的整体分析，单纯的社会资本理论是不具备解释力的。在帕特南那里，社会资本提供了一种没有权力、政治和冲突的社会独特的浪漫主义观点。因此，“尽管帕特南声称要对美国的社会变化做出解释，但他对美国社会本身只字未提，关于它是如何团结在一起或失败的，以及教育是如何在社会层面影响社会凝聚的说法很少。很多明显的问题凸显出来，说明帕特南的方法在社会层面上提供的解释不足，是更适合分析个人和社区行动的工具”。

安迪·格林认为，社会凝聚不是政治哲学的抽象性命题，或在规范性价值框架中来讲什么是好的生活和美好社会的问题，而应考虑文化和意识形态、经济和社会结构的变化、制度安排等因素的综合作用，考察实际社会中的矛盾。平等主义和团结主义是社会凝聚的两大价值基础，社会凝聚应致力减少财富和收入的差异，使人们能够感受到他们参与共同的事业及面临共同的挑战，从而形成群体的归属感和自我身份的认同。社会的分配平等和社会包容应当成为国家制度及社会结构方面首要关注的问题。

平等是社会秩序的前提，也是社会团结和凝聚所不能忽视的前提。恩格斯认为："一切人，或者至少是一个国家的一切公民，或者一个社会的一切成员，都应当有平等的政治地位和社会地位。"[①] 平等原则是资本主义社会的首要原则。在国家形成的过程中，国民教育即是国家"平等"原则在教育中的建立，并以此形成了"国民"的基本政治权利。平等的理念已经广泛实践于民主社会的各个领域，如权利的平等、性别的平等和工作机会的平等，以法律为保障的人人平等的思想已经深入人心。

但是，安迪·格林认为，自由主义所提倡的最低限度的机会平等，已经不能成为社会凝聚的基本原则，它不仅没能揭示由人们背景的阶级差异和天赋能力的先天差异所导致的不平等，而且还严重损害了资本主义的社会民主。在经济领域，财富分配上的悬殊日益加大，甚至出现了全球化的分配不均的情况，这已经严重影响到社会的凝聚和团结。"部分是因为收入两极化日益加剧所导致的人们对政治越来越深的幻灭，失业率持续居高不下，整个北美、欧洲以及 OECD 太平洋地区各种社会排斥之风盛行，这种不适感在全社会扩散。"格林指出，收入不平等会引发人们对制度的信任危机，并与社会冲突有直接关系。

安迪·格林指出，"平等"这个词意味着机会和结果最明显的平衡，应

① 中共中央马克思恩格斯列宁斯大林著作编译局：《马克思恩格斯选集》（第 3 卷），人民出版社，1995 年，第 444 页。

当从社会分配的意义来界定，而非自由主义简单的机会平等。经济领域的分配尤为重要。在现代市民社会中，每个人虽然因政治解放而获得了支配自身的权利和劳动所有权，但是资本的决定权又对人本身进行了一种新的“等级制度”的限定，成为关系的不平等因素。即使社会资本理论将教育视为社会资本的决定性力量，关注教育所提供的促进个人社会行为的技能和知识资源，但是，这种效应可能是“置位”的，是社会优势群体通过社会支配的形式而安置主体之间的关系，以形成社会思想的统一和结构的稳固。正如伯恩斯坦所说：“置位，是一种不平等的社会关系的建立和创生的过程。”[①] 阶级背景和个体天赋能力的差异等仍然在发挥重要影响。马克思曾指出，资产阶级的政治平等是有一定的进步意义的，不能武断地说其完全是资产阶级欺骗无产阶级的伎俩。但是，平等不能只是表面的口号，也不仅仅是国家民主政治的标志，它更应该体现在经济及社会领域中，因为经济的平等从深层次反映着政治结构的基础及平等实现的程度。

安迪·格林指出，关于社会凝聚往往意味着寻求社会共识，但这在权力不平等的情况下是不可能实现的。在英国，社会的阶级区分非常明显，贫富差距日益加大，虽然政府已着力增加就业机会，提高工人的最低工资，但是，贫穷仍然是形成社会阶级的主要因素。新左派学者柯亨也指出：“‘劣势者’的存在根源是社会关系和阶级结构。他迫使一些人处于社会底层，而赋予另一些人以更大的权力。”[②] 安迪·格林意识到了权力差别的根源并试图给予处于社会底层的人们更多的权力分配，或者是使社会底层的人们能够通过教育而拥有更多的社会资本，在社会分配中处于优势地位。为此，他推崇一些国家的福利制度，通过医疗、教育及失业保障等福利措施，来保障底层人们的基本需要，调和资本主义激烈的社会冲突。在这一点上，也体现出其思

---

① [英]巴兹尔·伯恩斯坦：《教育论述之结构化》，巨流图书有限公司：国立编译馆，2006年，第13页。

② 乔瑞金：《英国的新马克思主义》，人民出版社，2013年，第336页。

想的不彻底性和局限性。恩格斯早在《英国北方社会主义联盟纲领的修正》中就指出："现今的制度使寄生虫安逸和奢侈，让工人劳动和贫困，并且使所有的人退化；这种制度按其实质来说是不公正的，是应该被消灭的。"[①]资本主义制度虽然经历了改进和完善，但其根源和本质并未有所改变。

安迪·格林重点强调分配平等具有促进社会平等的工具性价值。只有当分配平等与结果平等接近时，才有希望实现机会的平等和政治平等，而"平等的目的是确保人们间的关系是在由平等者组成的社会中应该表现出的那种关系"。因此，分配的平等能以两种方式促进社会关系的团结与凝聚。首先，更公平的收入分配使人们更乐观，也更愿意参与社会组织和活动，并分享社会的福利。社会学者奥尼尔也指出："分配平等因为其后果而有价值，尤其是因为它带来了由于平等主义的原因而内在地有价值的事态这个事实。"[②]除了某些极端情况，分配平等总是可以促进社会平等，使人们可以平等地生活在一起。其次，更公平的收入分配会在社会中不同群体之间产生更强的联系。当一些人拥有的远远超过其他人时，无论是高层还是底层的人都不可能将对方视为他们"道德共同体"的一部分，他们没有意识到与社会中其他人的共同命运。因此，他们不太可能信任可能与自己不同的人。分配的平等能让人们产生更多的"我们感"，使人们在社会产品的获取、社会的交往及生活的选择方面拥有更多的实质平等的机会，自由和权利能够兑现为现实性的价值和社会资本。

分配的平等与普遍性也是减少社会冲突和分裂的有效途径。涂尔干指出劳动和社会分工是现代社会的客观实在和社会凝聚的前提，但是对于社会变革中的矛盾和分裂，即影响社会凝聚的基础，则被其很大程度地忽略了。涂尔干虽然意识到了社会的不平等是分裂的根源，但与马克思不同的是，他并

① 中共中央马克思恩格斯列宁斯大林著作编译局：《马克思恩格斯全集》（第 21 卷），人民出版社，1965 年，第 570 页。

② 艾四林主编：《新民主主义论导读》，中国民主法制出版社，2018 年，第 111 页。

不关心社会如何分裂，只对于如何将社会凝聚在一起感兴趣。安迪·格林指出，结构功能主义往往忽略冲突和变化，即使意识到了，也会简单归结为功能失调，未触及社会凝聚的核心，甚至阻碍了社会凝聚的发展过程。而这一过程，恰恰包含对社会冲突的理解，并涉及阶级、种族、宗教、文化等因素，需要一种包容的视野。“如果组织是相对包容和异质的，并且它们在追求超越小群体狭隘利益的集体公共目标时，那么这可能形成一种广义的信任。”在国家形成时期，主要政党或政党联盟建构一个传统社会描述的民族大众意识形态或霸权的社会关系，即发展了这样一种普遍的信任，这与人们的身份或政治参与并没有太大联系。相反，具有自我利益目标的排他主义组织可能具有较高的参与度，也会鼓励成员之间的信任，但是却对整个社会团结产生负面影响。如“极端主义或种族主义组织很可能产生高水平的内部联系，但同时也产生了其成员对外部人员的不信任”。在安迪·格林看来，多样性和冲突虽然并不能代表社会凝聚，但对多样性和社会矛盾的处理恰恰也是社会凝聚的发展过程，实现分配平等是减少社会的分化和分裂的重要途径。

4.3.3　社会凝聚的价值维度：合法性共识

社会凝聚表现为社会的统一和团结。这种统一性体现在共同价值观念和统一的道德规范意识。国家与社会要实现这样一种良性互动与动态均衡，需要形成一种广泛的价值共识，即国家的意识形态。这种合法性的意识形态不仅具有对社会系统的规范性整合功能，以确保社会个体的行为能够表现社会的结构性要求，也提供了被集体与社会成员所认可的价值观念，并且具有能够将其扩展并延续到社会大多数群体身上的广泛性。由此看来，国家的合法性规范共识的塑造，对于稳定社会秩序、消解社会冲突及实现个体精神连接的情感凝聚都具有重要的意义。

对于这样一种共识的形成，哲学家们经历了不同的探索。柏拉图在《理想国》中就明确提出:“对于一个国家来说，还有什么比闹分裂‘化一为多’更恶的吗？还有什么比讲团结‘化多为一’更善的吗？”[①] 柏拉图所寻找的团结的途径就是“至善理念”，这种至善的理念将维护公共的秩序及个体的团结。中世纪，哲学家将永恒的神性作为社会统一性的基础。近代，人们将社会团结与统一寄望于人的理性的发展，认为人的理性的力量能够克服和超越一切由于特殊性、个别性所带来的分裂和分离，为社会的团结和统一提供普遍性的基础。然而，不论是至善的理念，还是永恒的神性，或者是人的普遍的理性，它们都将社会的团结、凝聚建立在形而上学的原理上，是通过先验的本质来规定社会生活的理论逻辑，否认了社会生活的具体性和历史性，更是将个体与社会进行了人为的“割裂”。这个传统梦想着一种超越自然和历史差别的社会，社会呈现出的是不受地域文化限制的共同性，因而也是一种非历史的抽象的人性。

马克思将这种形而上的虚妄带回到具体的历史现实中。从物质生产实践出发，马克思阐释了自下而上的社会凝聚产生路径。他指出，人类为了生存，必须从事生产，由此产生了个人对他人和集体的依赖性。从个人依赖集体的角度，形成“认同性凝聚力”；从个体自由交往结合的角度，形成“互补性凝聚力”；社会与社会组织以整体系统联结这两种凝聚力，就成为社会凝聚力。[②] 马克思从生产劳动及主体交往的角度揭示了社会团结的历史现实性，以及共同意识、价值观的生发路径。

涂尔干也认为，工业化和劳动分工正在改变社会关系和空间关系。这种变化会使基于传统分工和人与人相互依存的所形成“机械连接”和“集体意识”被侵蚀，进而形成“有机团结”和新的“道德共识”。“有机团结”代表了一种社会成员之间的依赖、忠诚和团结。安迪·格林曾深入地批判了涂尔干关于“道德共识”的理想化色彩。但是，他认为，涂尔干提出“社会凝聚

---

① ［古希腊］柏拉图:《理想国》，商务印书馆，2002 年，第 197 页。

② 杨雄、夏国美:《社会凝聚力：国际视野与本土探索》，上海人民出版社，2018 年，第 8 页。

来源于共同的信仰和感情的论断仍具有这一合理性”[①]。对于一种个体与他人、个体与群体、群体之间的关系维系来说，基于认知、信仰或道德观念基础上的思想共识和情感体系仍然是非常重要的。

安迪·格林认为，文化领导权的获取与巩固所依靠的“自由的同意”与“集体意志”就本质而言就是社会思想的共识，亦即某种具有普遍性、规范性的文化思想与价值观等。在民族国家形成的过程中，国家认同成为最为普遍的信仰和感情。国家认同既包括人们对于国家的统治权威与政治权力的认可、接纳与服从，也包括公民对国家的历史文化、道德观念及自身身份归属的认可。人们对国家的认同或者通过使用政治符号，如宪法、君主制或某些口号（自由、合法）等独特性来加强公民团结；或者依赖于文化特征（语言、习俗与宗教）及归属特征（种族、血统）等身份标志来形成统一的民族情感。在19世纪的社会学和政治经济学中，首要关注的是如何在新成立的单一民族国家中维持社会秩序，构建完整的政体，这一过程通常意味着对一些特殊身份毅然决然地压制，以求社会融合。[②]“二战”以后，由于人们对民族主义的危险意识增强及全球化时代“国家认同”概念变得越来越复杂，难以统一，因此带来了各种价值观念的混乱、道德的无序和由此导致的社会的非正义现象，降低了人们的认同感，并产生社会的分裂和矛盾。构建一种基于个体认同的团结统一的社会价值共识成为社会秩序的内在要求。正如帕森斯所指出的秩序问题：“一个社会在经历了一段时间的稳定之后，面对个人之间的冲突和一切人反对一切的战争，社会如何能够存在的问题。”[③]

因此，安迪·格林指出，尽管不希望掉入带有倾向性的价值共识理论的

---

① [法]埃米尔·涂尔干：《社会分工论》，渠东译，生活·读书·新知三联书店，2000年，第234页。

② [英]安迪·格林等：《教育、平等和社会凝聚力：一种基于比较的分析》，赵刚等译，华东师范大学出版社，2018年，第62页。

③ [英]吉登斯：《社会理论的核心问题：社会分析中的行动、结构与矛盾》，郭忠华等译，上海译文出版社，2015年，第112页。

陷阱，但是仍然应当关注价值的形成及集体认同对于增强社会凝聚的重要作用。社会整体以统一的道德意识，将价值“内在化”，使之成为个体的需求和性情，以此形成个人与社会之间的吻合，通过这种方式，共同价值的主题得以确立，合法性意识形态也内在生成。从葛兰西和阿尔都塞的理论中都可以看出，合法性的意识形态要产生一定约束力，就必须表现行动的结构性条件，这种结构性条件至少为集体和社会中特定比例的成员所认可，同时，这种结构性条件也必须扩展到大多数行动者身上，以保障集体和社会所需要的稳定性特征。

然而，在全球化时代，基于共识的国家认同必然要面临多样化的社会特征。安迪·格林指出，1968 年以来，人们对于身份政治和文化多样性的关注，导致社会“共识”面临危机。种族主义、仇外心理、差异性及多样性等问题列入了社会融合与团结的政治讨论之中，它们已经不能简单地用结构功能主义的“功能异常”来解释。而要解决这些多样性的社会问题，必须要体现出对各种文化形式的宽容性。正如鲍曼所说，现代性的秩序追求就是确定性、一致性、统一性。但它必然引发相反的冲动，秩序会产生“秩序的他者”（混乱）。“现代性的历史就是社会存在与其文化之间紧张的历史，现代存在迫使它的文化站在自己的对立面，这种不和谐恰恰正是现代性所需要的和谐。”① 社会共识与国家认同需要在尊重各种文化内容与形式的前提下，以宽容性与包容性建构社会文化主导理念。安东尼·史密斯也声称：“人类在今天所有的集体认同中，国家认同也许是最根本和最具包容性的。”

因此，在多元文化语境下，建构认同政治就是要在尊重差异的基础上进行。“认同的政治”实质是一种“差异的政治”，是对差异的认同或认同差异的存在。差异包含多种内容，种族、性别、自然客体、外来文化等都会形成区别于主流文化的差异文化，这些文化从主流文化的压抑中解放出来，演变为多种合法性的文化形式，不同文化主体也形成了其合法的身份，身份代替

① 周宪：《思想的碎片》，山东友谊出版社，2002 年，第 177 页。

阶级成为当代西方社会各个主体存在的主要方式。从利奥塔为“差异”这个概念的荣誉而战，到霍尔对“族裔”的关注或“后殖民”的批判，再到女性主义对“性别”社会塑造的批判反思，以及环境主义对生态和人与自然关系的重新界定，可以说都是围绕差异理念展开的，差异的合法化得到了普遍的认可。

葛兰西在关于“文化领导权”的理论构想中，也提出“联盟”和“谈判”显得异常重要。“联盟”意味着推行“文化领导权”的条件必然是以一种差异性的主体为前提，这一主体由工人、农民、知识分子和其他反对资本主义的阶级所组成，由于身份的不同，其中的思想观念必然是繁杂而多元的。[①]“谈判”则是主张市民社会集团必须与对立的集团及其价值观进行谈判，寻求差异中的共识，将对方的利益纳入其中来，实现意识形态权威的扩散。这种谈判的过程就是由“不同”到互相“认同”的过程。罗宾斯提出了认同的悖论：统一性与多样性的矛盾。统一性指特定的认同具有相似的或统一的特性，可呈现出与他者的区别，但认同并不具有唯一性，多样性也是认同的面向之一，认同是统一性与多样性相辅相成的复合体。美国政治学家亨廷顿在《文明的冲突》中指出：在塑造群众间和国家间的身份、亲近、敌意关系方面，文化已经取代了意识形态。世界各地的人们都是通过他们的起源、宗教、语言、历史、价值观、习俗、制度来定义他们各自的身份。他们将自己的身份与文化群体连接在一起：部落、族群、宗教群体、民族，以及最为宽泛的文明。在这样一个新世界中，地方政治就是族群政治，全球政治就是文明政治。安迪·格林并不完全赞同亨廷顿的观点，因为其宣扬最重要的国家集团及世界的主要文明具有明显的自由主义霸权性质，但是，他提出的全球政治的多文明性却已是十分明显的事实，而这在人类历史上还是首次。安迪·格林认为，多样性的文化形式已成为全球化时代的重要特征，全球化应是促成、加强而非减少或消除国家认同的力量。

---

① 张羽佳：《葛兰西》，陕西师范大学出版社，2017 年，第 126 页。

4.3.4 社会凝聚的主体维度：相对的自由与政治参与

安迪·格林批判了自由主义哲学关于“自然和谐”的理论，认为自由主义并没有考虑到个体的背景差异，并忽略平等的原则。但是，安迪·格林并不否认个体自由对于社会凝聚的积极意义。个人自由与社会秩序是一个传统的政治命题。在安迪·格林看来，社会的凝聚还要通过积极的个体参与和公民社会维持。公民合作是现代民主政治的重要体现，而合作是以公民的权利和自由为前提的，通过公民的社团身份、政治参与体现社会的凝聚。

公民身份的研究来自自由主义的传统。1949 年，马歇尔在《公民身份与社会阶级》的讲座中，阐释了自由主义对于个人的认识，奠定了自由主义公民教育的理论地位。

自由是现代社会个体的存在方式。对于自由，人们形成了两种认识：一种是意志的自由，是从形而上学的因果性和必然性出发，对人的宿命论或其他决定论的回应；另一种则是社会的自由，探讨处于社会中的人能拥有怎样的自由及其程度与性质。后一种自由引起了人们更多的关注。英国哲学家以赛亚·伯林曾提出的著名的“消极自由”和“积极自由”来区分。“消极自由”意为“免于……”的自由，是主体被允许做某事，而不被干涉的自由，这种干涉可能来自饥饿、恐惧的个体状态，也可能来自思想的束缚或宗教的压迫。而“积极自由”意味着一种“去做……”的理性的自主或主导。自由主义者更关注“消极自由”的意义与价值。因为其有效地区分了公民个人的权力与国家权力的界限，并明确了国家对私人领域及公民自由的非干预性和保护性原则。个体价值、个体自主性的存在，体现了人类社会从传统转向现代的一种需要。现代公民社会提供了个体自由的定位和捍卫原则。自由主义对于“个体自由”的辩护，确立了市民社会发展的新的行动规范和生活准则，具有不可否认的贡献。马克思也认为，在市民社会的形成之初，自然的“个人”不仅是一种理想，同时也是一种较为普遍的现实。

从个体自由的角度出发，社会凝聚被视为一种社会过程，而非一种条件或状态，它涉及责任感，有助于向个人灌输对同一社区的归属感及社区的认同感。自由主义理论认为，社会凝聚并不一定涉及共享的价值观念，相反，如果对个人观念束缚过多，价值观过于统一，反而容易导致社会停滞和封闭。所以，社会凝聚有赖于民主制度的合法性和冲突协调机制的有效性来确保公民的积极参与。托克维尔在《美国的民主》中指出，民主社会中的民间社会不仅仅是一个交换市场，它还可以发展一种公民文化，社区中积极的社团生活可以在个人之间建立超越契约和交换所代表的薄弱联系。这也在美国的政治文化中留下了强大的反国家的公民意识形态遗产。

安迪·格林深刻揭露了自由主义和民主社会的假象。他认为自由并不总是表明具有社会凝聚力，“言论自由”和“不妨碍的拥有私有财产”的权利，可能会与充满“憎恨”的言论和不加约束地利用私权践踏公共生活同时存在。积极的社会参与可能是健康民主的表现，也可能是非健康民主走向健康民主的一种标志。因此，安迪·格林认为：“在进行这样的分析的过程中不能丧失历史背景感。”在资本主义社会，个体的自由与政治活动受国家制约。资本主义的制度内涵规定了社会凝聚的内容。马克思曾指出，资本主义的社会关系渗透在社会生活的各个层面，如意识形态、社会习俗，以及制度、组织与活动等要素中，从某种程度来看，它具有人格化的特征。在这些表征的背后仍然体现着最基本的社会结构原则和阶级支配原则。在解答“如何将个人整合进社会”这一问题时，社会即成为一种由不同群体组成的权力与冲突的张力结构，个体的自由深受社会条件的限制。安迪·格林指出，教育体系与其他福利体系及劳动力市场制度等都对社会凝聚的各方面产生影响，因为它们决定了公民参与的权利，并有效保障了不同利益的协调。但是，就个体而言，其阶级类别、家庭背景、父母职业、财富、文化水平等因素都对个体产生了巨大的影响。布迪厄指出这些文化资本经过“惯习”的方式实现了从规范到实践的转变，通过实现社会的客观性与个体主体性的相互融合与渗透，内化为个体的主导性倾向，形塑着个人形象并日益固化为个体的行为模式。

马克思也曾深刻地揭示资本主义市民社会交往关系的“伪个人性”。他指出，自然的“个人”不过是一种表面现象，当劳动者与生产资料发生分离，劳动力成为商品的雇佣劳动产生时，资本成为主导一切的东西。当“个人”为私有财产所裹挟时，个体的自由就已经被资本与利益所裹挟，市民社会也被认为是“迄今为止最发达的社会关系”。其社会凝聚具有表面的虚伪性及唯个人性，是在资本的束缚下的一种所谓最发达社会关系的表征。

安迪·格林在一定程度上认识到个体自由与政治参与这些概念的虚幻性，但他并未彻底找到根源。他认为，对社会中的大多数人来说，社会凝聚的实现并不要求实现人身的自由与解放，消灭资本主义的剥削，只要凝聚力是建立在平等或相对平等的获得商品、机遇和权力的基础上，那么这种社会凝聚可能就是他们心目中所期望的状态。但是，安迪·格林没有意识到，如果不消灭剥削，这种个体的相对解放是不可能实现的。因此，在资本主义社会，社会主体的教育就立足于商品生产、交换、分配与消费的逻辑中，并通过这种现实的实践活动认同当前社会秩序，增进社会凝聚力。

小结

国家与社会总是相伴而生。安迪·格林将视野从国家形成转换到市民社会。在国家形成阶段，教育是通过一种民族意识的塑造来建构国家的意识形态和精神认同，从而实现葛兰西所说的文化领导权的确立。全球化时代，教育的意识形态功能主要转变为一种市民社会维度的社会凝聚的实现。构建社会凝聚的国民教育体系是安迪·格林教育哲学思想的目标。

安迪·格林从历史的视角及比较研究的范式出发，分析并批判了社会凝聚的思想根源与制度类型。安迪·格林认为，社会凝聚的思想来源主要是自由主义的自然和谐观点、共和主义的分工团结观点与浪漫保守主义的文化团结思想。而社会凝聚的制度类型则主要有自由体制、社会市场主义、社会民主制度、东亚模式等四种，它们分别提供了不同侧重点的社会凝聚实践类型。安迪·格林深入分析社会凝聚的历史渊源及其发展类型，并从马克思主义哲学的批判视角，对不同的思想与制度实践背后的阶级本质与意识形态进行了批判。

安迪·格林界定了社会凝聚的内涵，即指整个社会及其中的个人通过依赖共识而联系在一起的一种社会状态。安迪·格林从国家、个体及价值维度析出了社会凝聚内在表征，即社会的分配平等和多元包容、个体的相对自由与政治参与，以及一种普遍性、合法性的共识与社会价值观。分配平等、思想共识与多元共存是安迪·格林社会凝聚的中心内涵。

第五章　实践建构：统一与多元

安迪·格林坚持马克思主义的思想立场，从全球化的时代出发，重新诠释了“教育是修复社会裂缝的社会黏合剂”的思想观点。意识形态不是人类主体有意识的创造物，而是只有通过意识形态和在意识形态中，“有意识的主体”才存在。吉登斯指出：意识形态的性质不仅仅表现为思想和信仰本身，而是社会行动者在现实中所体验到的日常行为的实际组织。

因此，安迪·格林认为，教育对于社会凝聚的文化目标的实现，既是结构意义上的，也是意识形态方面的。就前者而言，社会结构对于个体具有一定的决定性和指导性，教育着力于知识和技能的平等分配，缩小社会主体的阶层差距，扩充个人的社会资本，促进社会结构的完善和生产功能的实现。就后者而言，教育既要致力于一种团结的国家意识的塑造，也要增强这种共识的包容性和多元性，以便更多的个体可以参与，并进行自主建构。这也是安迪·格林认为社会凝聚的独特性所在，即不仅仅包括国家政权自上而下的社会整合，还包括来自主体的自我确认、社会参与及群体归属感的获得。同时安迪·格林也强调，社会凝聚从来不是一个完全的状态，而是一个变与不变的交替过程、一个辩证的过程。在这个过程中，更大的凝聚力还会从它的对立面出现：社会分裂和冲突。因此，教育理念与实践应当鼓励宽容、平等的互动关系，以及尊重多样性的差异逻辑。在这种关系中，主体之间并不是“我们”与“他们”的排斥与对立，而是一种兼容的共同存在。在全球化与多元化的语境下，教育应该在这种多元对立与统一包容的张力中探寻实践的平衡，促进和实现社会凝聚。

5.1　消除教育不平等，建立公共教育制度

安迪·格林重视国家机构的教育作用，强调国家和公共机构能够为人们提供社会凝聚的基础。英国学者杰夫·惠迪指出，安迪·格林向人们指明了这条道路：教育不仅是现代社会中政府活动的重要形式，而且在18—19世纪国家的形成中发挥了重要作用。当前的教育政策中的变革也同样关系到政府性质的重新定位及国家和市民社会关系的重新构建。因此，安迪·格林主张发挥国家主体的力量，建立平等的教育制度，塑造合格的社会主体。

5.1.1　消除教育的不平等

平等是安迪·格林社会凝聚思想的核心。在安迪·格林看来，平等、正义、自由不仅仅是规范性的价值概念，更是一种社会实践的原则，是政治哲学的重要概念。教育的不平等已经深入影响到整体的社会关系与社会生产的过程。作为将个人整合到社会的重要的途径，教育不平等制造了社会的封闭、矛盾和分裂。

布迪厄曾指出，用思考经济资本的方式去思考文化资本，就能够发现，教育是复制主流文化的策略。经济制度被构建用以支持经济资本者，学校以支配阶级习惯来对待所有儿童，支配阶级的习惯转变为文化资本的形式成为教育成功的唯一效标。学校教育成为阶级驱动的价值体系，理所当然地扮演着阶级社会复制的过滤角色。所谓的“教育民主化”并没有消除教育不平等，反而成为其合法化的重要手段。安迪·格林指出了教育不平等对社会凝聚的影响机制。（如下图）

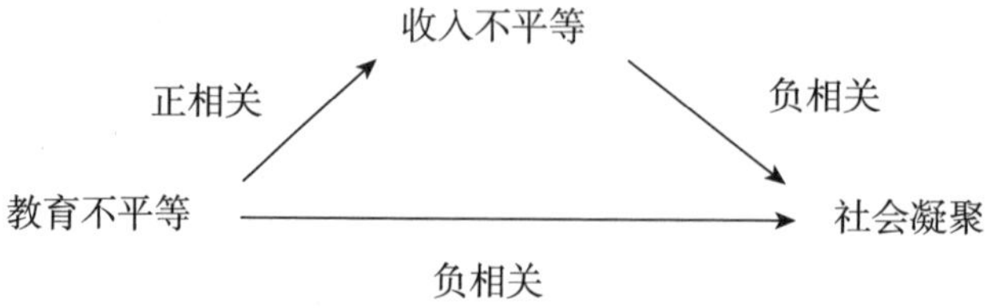

教育不平等与社会凝聚的机制关系图

安迪·格林认为，教育平等与社会凝聚之间的一个间接的机制便是收入不平等。技能分布和资格分布的不平等随时间的变化而会演化为收入的不平等。按照人力资本的理论，技能和资格收入、资格分布的范围越广，薪酬的范围就越广。为了维护在劳动力市场取得成功的资格及优势的教育地位，一些群体便会采取社会封闭的策略，于是导致资格主义的不断增长，从而给社会凝聚带来负面影响。在社会心理机制方面，由于收入不平等增加的心理压力，等级差异和社会地位差异日益显现，导致资源竞争不仅发生在劳动力市场，也发生在公民生活和政治领域。教育结果多样化的标准和价值观并不能掩盖教育的不平等或发挥促进阶层流动的积极作用。因此，“不是由于教育不平等的加剧使民主运动受到挑战，而是民主越来越不能由那些积极推进政治进程的大型团体所代表”。

教育不平等已经使社会系统陷入了一种缺乏反思的固定模式循环：物质剥夺—教育程度差—低级工作—物质剥夺。自由主义教育可能会采取教育举措来作为这一闭合循环系统的控制机制，但是，受阶级利益和权力的决定作用，教育反而对这一过程的定向变化形成支配。这一点也正是批判教育学者们所形成的共识，即教育是资本生产经济和文化再生产的过程。教育依照社会阶级的不同而进行分配导致不同的结果，教育是社会不平等关系复制的主要变量。虽然各国都在扩充教育的机会，以增加不利族群的多元教育进入来满足社会均等与社会流动的需求，但是，安迪·格林也指出，机会的平等并没有实现真正的平等。一方面，学校作为个人在社会阶级竞争中取得有利就业机会的普遍场所，却演变为中上层阶级学生竞争的竞技场，这些学生有足够的物质资源、良好的家庭生活条件、社会化途径及文化生活方式，这些因素都在很大程度上决定着其竞争能力和优势，也因此能更好地使用文化资本来维持其特权地位。另一方面，随着国家对教育的干预日益深入，政府作为表征权力的机构，以授予教育证书和文凭的方式作为控制、监督教育的方式，它是授予资格与权利的中央权威者，是阶级权利的体现。正如韦伯所说："政府支持垄断合法的表征权力，每个世代为取得合法的权利而奋斗。"①

教育不平等对于社会凝聚的影响也是多方面的：一方面，从国家政治文化的社会结果来看，教育的不平等严重制约着社会凝聚和人们的文化认同。安迪·格林指出，在技能结果分布方面不平等的国家，如英国、美国、加拿大等，其不平等与资本的量度——普遍信任存在密切相关（显著性为 0.020，相关性为 -0.592，见附录）。在不同国家的收入研究中也发现，收入不平等与普遍信任也存在显著相关（显著性为 0.035，相关性为 -0.547，见附录）。安迪·格林通过对 15 个国家或经济体的基尼系数与成绩测试发现，技能高度差异的经济体，其收入不平等的程度越高（显著性为 0.009，相关性为 0.650）。

另一方面，教育不平等对于公民自由和政治权利也是极为有害的。人们对教育理论往往抱有"历史决定论"的思想，认为政治权利是在国家形成的早期发展起来的，教育只是在其社会化和传播中发挥作用。然而，教育却在实质性地影响公民的政治权利。教育的政治结果表明：教育不平等与公民自由之间存在负相关关系（-0.31，见附录）。自由主义主张国家的中立原则，在于防止国家权力对公民自由的侵蚀。公民自由与政治自由有密切的关系，政治自由与不平等变量之间存在着类似的关系。政治自由与教育不平等之间是非线性关系，政治自由随着教育的不平等的加剧而下降。而教育不平等与社会动荡呈正相关关系（0.19，见附录），这与自由主义的"自然和谐"显然是存在悖论的。自由主义虽然不诉诸必然的平等，但其认为只要机会平

① 林美玲：《教育社会学》，复文图书出版社，2003 年，第 124 页。

等，就能够实现自发的社会团结与整合的逻辑推论，在宏观实证的数据面前是无法成立的。

此外，安迪·格林也指出，教育不平等与社会凝聚并非简单的线性关系，而是受一定的社会与教育发展需求所影响。他指出，教育的基尼系数会出现一个临界点（0.34—0.45，见附录），在这个范围内，政治权利和公民权利在上升，而动荡则在下降。超过该临界点，各项指标就会恶化。这反映了教育的水平与教育平等之间的关系，即在教育扩展的初期，教育的不平等是必要的，而且社会系统在不损伤凝聚力的情况下，有能力容纳有限的教育不平等。而当教育不平等超过某个水平，权利就会恶化，动荡就会加剧，社会的凝聚就难以实现。[①] 这一点，可以看作教育系统自身的调节功能，安迪·格林将其解释为一种情境的约束性，即国家与社会在发展过程中的实践需要。

由此可见，教育不平等对社会凝聚具有复杂的且多是消极的影响，要消除这种负面影响，就要建构一种教育平等的政策和制度，从根本上消除“机会平等”的差异。通过政府的表征权力而实现分配意义上的教育平等，促进社会凝聚的实现。为此，安迪·格林从哲学探讨走向了实证研究，通过大规模的国际比较收集数据，开展评价从而为政府提供决策的证据和建议。以证据为本的政策旨趣可以看作是后意识形态社会治理的一种方法，但是安迪·格林仍然坚持马克思的历史唯物主义，保持着对国家与社会的政治本质的清醒认识，揭示了教育“民主化”背后的个体不平等和社会分化的实质。

5.1.2 反对“择校”与市场化，建立公共教育制度

安迪·格林指出，“身份政治”的兴起和文化多样性使统一的身份认同遭遇危机。身份政治呼吁在公众与政治领域中确保所有民族、文化、语言社

---

① [英]安迪·格林等:《教育、平等和社会凝聚力：一种基于比较的分析》，赵刚等译，华东师范大学出版社，2018 年，第 46—54 页。

群有得以展现的机会，认为文化压迫、身份误认与不平等、剥削、不公正有着同样的危害。安迪·格林强调："在某种意义上而言，身份最为关键，因为我们所接受的和采用的身份决定了我们的情感和意识形态边界，因此也决定了我们信任和合作的核心和范围。"[①] 因此，各国面临的主要的教育问题仍然是：要进行无差别的教育还是要增加学校的多样性。安迪·格林主张建立国家统一的公共教育制度，以国家干预的方式实现最普遍的教育公共性和教育平等的社会民主价值观。基于英国的教育实践，安迪·格林认为，公共教育制度的建立首先是对新自由主义的教育政策和"市场化"教育制度的修正。

新自由主义政策培植了一种个体的观念，即把公共责任降到最低，仅限于公共安全等基本保障，而将个体的责任无限放大，福利、教育的责任都转移到家庭与个人身上。这不仅限定了政府的活动范围，而且市民社会也越来越被市场的术语加以限定。尤其是在"二战"以后，政府的职责开始向市场化的市民社会下放，消费者权利逐渐压倒了公民权利，教育的"市场化"表现，严格来说是将教育转变为"私人领域"。教育的责任下放到学校和家庭，学生成就的低劣即可看作他的家教不力或者没能有效地利用择校能力，抑或没能以积极的伙伴和参与者身份与学校配合，维护精英主义意识形态的重担就从政府转移到个人身上。择校、不加干预的市场化政策、政府权力的下放，以及看似尊重自由、满足多元需求的"择校"政策，其实不过是政府对于公共责任的放弃。"当政府以一种相当有损尊严的方式向大众提供高质量的公共教育的历史责任中隐身而退时，这是一种有意的规避、歪曲、隐瞒和故意忽视的过程。"[②] 针对 20 世纪 80、90 年代英国的高等教育市场化改革，安迪·格林指出："的确，英国应该回避欧洲大陆国家教育体系中集中控制

① ［英］安迪·格林等：《教育、平等和社会凝聚力：一种基于比较的分析》，赵刚等译，华东师范大学出版社，2018 年，第 167 页。

② ［英］杰夫·惠迪：《教育中的放权与择校：学校、政府和市场》，马忠虎译，教育科学出版社，2003 年，第 58 页。

的那些方面，比如对教科书的法律规定。在这种意义上，自由的传统就像它的许多支持者所说的，确实为英国的教育免受国家的集中控制提供了一种有用的工具，然而，那样的传统在很多方面是有害的。它导致了对独立和灵活性的狂热追求，而忽视了教育的普及和平等。”①

安迪·格林认为新自由主义主张建立的“学券制”，会产生一个新的精英教育等级制，加剧教育的不平等。对于这种市场化改革的未来结果，安迪·格林的预见是不乐观的：“如果说过去的历史给了我们一些教训，那么这些教训就是市场机制以及自由放任的理念根本就不适合教育的发展。如果那个最晚建立，且从来没有真正建立起全国性教育体系的国家，却又成了第一个放弃这一体系的国家的话，那真是一个令人感到悲哀的讽刺。在市场自由主义名义之下，英国是否会再次成为‘教育最糟糕的欧洲国家’，就让我们拭目以待吧。”②

安迪·格林指出，不能任由教育市场化与自由化的发展，必须发挥国家机构在教育中的重要功能。“民族国家是当前民主代表、责任和合法性的唯一可靠的场所，并且还将持续发展下去。”③民族国家仍然是全球化时代最重要的政治组织形式，也是个体存在的基本组织形式。全球化的出现，时间和空间的压缩，反而增加了其在政治、经济、文化和社会等领域中的影响，当今时代更是一个民族国家日益进化完善自身而超越普遍化的时代。因为在此之前，民族国家总是与其他政治组织形式（比如大型帝国）等同时存在，并为统治阶级意识形态所垄断。现在，随着两极格局所荷载的意识形态斗争的瓦解，“民族国家的观念第一次为每一个人所接纳，他们都试图拥有自己

① [英]安迪·格林：《教育与国家形成：英、法、美教育体系起源之比较》，王春华等译，教育科学出版社，2004年，第342页。

② [英]安迪·格林：《教育与国家形成：英、法、美教育体系起源之比较》，王春华等译，教育科学出版社，2004年，第343页。

③ [英]安迪·格林：《教育、全球化与民族国家》，朱旭东、徐卫红等译，教育科学出版社，2004年，第184页。

的民族国家”[①]。既然民族国家没有消失，公民身份很大程度上也就仍将以民族国家作为认同对象，国家也仍将是公民形成自身政治认同时首要面对的问题。“正常运转的社会以及正常运转的民族国家，其前提条件之一，就是所谓民族的社会凝聚，一种社会成员彼此休戚相关、具有共同传统和共同目的的意识。”[②] 而民族的社会凝聚，必须大力发挥国家教育体系的功能。

对此，安迪·格林认为，国家或政府应当通过战略性的拨款方式继续保持对教育体制强有力的控制。政府如果放弃对公共教育应有的责任，不论是对于社会的稳定还是政权的巩固，都将产生深远而消极的后果，因为全球市场化引起的分裂可能造成社会功能的日益失调。伯明翰的高级官员布里格豪斯也认为，分散的市场会产生混乱，并进一步拉大教育和社会强势群体与弱势群体之间的距离。[③] 收入的差距会影响不同阶层的教育购买能力与选择，会带来更大的教育不平等和收入分配的不平等。市场政策以看似平等、透明的方式进行着教育活动的投入产出，以进化论的思想进行优胜劣汰的选择过程，并使其看起来公正、合理。事实上，“如果在教育上遭受剥夺的人们的地位能够得到改善，现在的优势群体可能会减少一些机会”[④]。因此，教育商品的分配与物质条件相关，并具有物质层面的意义，如果没有国家的强有力干预，教育就成为社会分裂与社会冲突的加速器。

5.1.3　反对选拔性的教育制度，施行综合性教育制度

选拔性的教育制度仍然是精英政治的主要体现，虽然强调教育的优先地

---

① [英]安东尼·吉登斯、郭忠华，何莉君：《全球时代的民族国家》，《中山大学学报》（社会科学版）2008年第1期，第1—8页。

② [美]菲利克斯·格罗斯：《公民与国家——民族、部属和族属身份》，新华出版社，2003年，第286页。

③ [英]杰夫·惠迪：《教育中的放权与择校：学校、政府和市场》，马忠虎译，教育科学出版社，2003年，第164页。

④ [英]杰夫·惠迪：《教育中的放权与择校：学校、政府和市场》，马忠虎译，教育科学出版社，2003年，第181页。

位，但认为受教育的差异应当成为现实生活中不平等的基础。如布莱尔政府声称要建立知识精英的社会，同时也认可基于教育成就的分层社会，社会正义对天才来说意味着机会平等，主要是进入某种选拔性的教育制度的平等。这体现了典型的英国文化与哲学特色。安迪·格林认为，英格兰和美国在教育其精英方面成功地达到了国际最高水平，但在将精英的高成就动机向一般民众普及时却失败了。这不仅是由于很难在所有民众中普及教育追求卓越的愿望，也因为教育制度缺乏对民众的保障。

选拔性的教育制度并不是社会民主的特征。安迪·格林认为，教育成就并不是独立作用的，而是多种因素共同影响的结果。有些因素与教育体系的内部特征，如制度结构、课程设计、教学方法、评价方式等有关。有些则与其所处的社会环境有关，如父母的态度和期望、就业机会等。布迪厄等人的文化资本理论也充分地说明了教育成就的阶级差异性，选拔性的教育制度无疑是一种加剧的过程。

选拔性教育制度无疑会加大并恶化学校之间及学生之间的差距。安迪·格林认为，正是那些所谓关心学生个体、给予学生自由选择的体系，反而降低了学生的自尊和学业成就，使其处于无助的缺乏自信的境地。而那些被认为缺乏人道主义精神的严格管制的教育体系，却很少产生边缘化的学生。因为后者通过国家文化和制度机制，激发起了绝大多数学生的高成就动机和渴望。而前者则在国家以“自由”为名选择精英的同时，进行了更大范围的制度性淘汰，造成一些地位低的学校和教育边缘上的社会群体。安迪·格林认为，选择性的教育体系，尽管宣称着以“儿童为中心”而不是课程或其他，但“事实上却是一种在普遍自尊和对学校所做的承诺上显示了等级差异最大的教育体系”①。

安迪·格林认为，卓越与平等并不是无法兼容的，进一步批判了自由主

① ［英］安迪·格林：《教育、全球化与民族国家》，朱旭东、徐卫红等译，教育科学出版社，2004年，第134页。

义对于平等的忽视。安迪·格林指出，很多具有高成就水平的国家同时也是具有相对平等结果的国家。限制教育选择也许不是符合时代的选择，但是综合性的教育制度仍然是实现教育平等乃至促进社会平等的重要方式。根据PISA的调查，不同义务教育体制对学生表现出的平等结果或不平等结果有不同。平等的国家在初级义务教育阶段都实行综合教育制度。在最不平等的国家里，有三个国家实行选择选拔式中等教育制度，有两个国家实行高度市场化的综合教育制度，后者对于择校的强调大大削弱了非选拔性原则，所有更为平等的国家实行的都是综合教育制度。

综合教育制度克服了学生因为社会地位、经济、阶级等所形成的潜在的差异，以平等的受教育者身份接纳并包容所有的受教育者，为形成团结意识提供了重要前提。安迪·格林认为，与国民整体受教育程度相比，教育的分配似乎与社会的团结与凝聚有着更直接的关系。因为它关乎着社会的公平与正义问题。英国文化学家弗雷泽也认为，社会不公正主要有两种类型：经济的和文化的，并进一步指出公正应当要求"分配与承认并举"，承认是对群体差异的尊重，而分配则是消除社会差异的基础。安迪·格林希冀通过国家的综合教育制度，实现教育分配的平等，以促进社会团结和正义的实现。

5.2　发展国家课程，推进国家认同

安迪·格林认为，即使在全球化时代，社会凝聚仍然是以国家为现实基础的社会和文化价值目标，教育则是实现这一目标的重要工具。教育的过程本质上是促进价值观和身份形成的内在的社会过程，也是履行国家任务、实现国家认同的过程。国家认同是社会秩序的精神基础和重要表征。同时，安迪·格林也指出，公共领域的难题应面向公众而不是由私人或不负责任的代

表决定。国家课程是国家控制教育的重要手段。许多国家着手制定教育和国家价值观或公民教育的新课程政策，或寻求利用教育政策增加教育机会，拓展社会包容，以增强社会融合的实践途径。重申教育和培训的意义不仅在于促进积极的公民意识，还要实现个人在多样性社会中的积极生活。

5.2.1 通过教育推进国家认同

教育作为一种精神的和道德的领导，在各种关系之间形成一种聚合的力量，通过这种无处不在的力量渗透，使民众形成理解，并达成共识。黑格尔曾指出，学校教育是一种特殊的伦理观念的形成过程，这种特殊伦理状态既不属于家庭秩序，也不属于单纯的社会关联的秩序，它是一种只能由国家来保证的伦理观念，而这种国家伦理被视为普遍和良好秩序的象征。现代学校社会学学者芬德强调，学校仍然是重要的国家机构。学校教育通过一种现实的行动的逻辑，影响着社会活动和社会参与，完成着个体“成为自己和融入社会”，以及“个体化”与“社会化”相统一的过程。为了实现公平和所有人的参与，国家必须保护作为独立于家庭和社会要求与意识之外的学校教育，它在市民社会中履行着社会规范与价值再生产的国家任务。

安迪·格林认为，国民教育的意识形态功能，不论是早期的民族认同，还是全球化时代的社会凝聚，都以国家认同为基本形式来形成主体的归属感和社会秩序的统一性。

19 世纪末 20 世纪初，在国家形成的时代，大众教育曾作为构建国家完整政体的主要方式出现，并以统一的民族认同的实现增强了政权的凝聚力。教育不仅为国家和社会生产提供了必备的知识和技能，还在建构和传播国家主流意识形态的过程中，引导人们习惯于新的国家和社会的调节机制，形成稳定的公民态度，从而提升大众的忠诚度。当然，不同的历史群体、意识形态及国家政权在利用教育形成政治与社会统一的过程中，对教育的价值有着不同的认识。主导的社会政治群体都倾向于将教育看作一种社会秩序的力量，通过教育对被统治阶级及其子女进行思想影响，形成意识形态的霸权。而从属的社会阶级与阶层则倾向于将教育看作能够锻造阶级意识和促进政治团结的积极力量，将教育视为自我解放的工具。正如马克思所说："共产党人并没有发明社会对教育的作用；他们仅仅是要改变这种作用的性质，要使教育摆脱统治阶级的影响。"[①]

20 世纪，教育作为重要的意识形态力量通过多种方式被调动起来，支持阶级或种族团结、民族主义及各种形式的公民主权，成为促进社会凝聚的主要方式。阿尔都塞指出，意识形态是"社会的黏合剂"，是社会凝聚不可缺少的源泉。通过意识形态，人们才能在社会整体关系中以一种"有意识的主体"的方式存在。它通过形成社会联系、规范、价值观、身份和情感认同等成为浇灌社会团结统一的"水泥"。社会整合功能是意识形态的基本的功能，教育是重要的意识形态工具。"二战"后，经济发展成为西方发达国家的主要目标。里斯本欧洲理事会于 2000 年 3 月将欧盟的十年目标定义为：成为世界上最具竞争力和活力的知识型经济体，能够持续经济增长，创造更多更好的就业机会和更大的社会凝聚力。于是，经济发展成为社会凝聚的核心，教育越来越与经济发展的目标相联系。兴起于 20 世纪 60 年代的人力资本理论成为经济工具主义教育观的主要代表，并在政策决策中发挥了重要作用。但是，单纯的经济政策并没有提升社会凝聚，反而加剧了社会的不平等和两极分化，这不仅对经济竞争产生了不利影响，更带来了潜在的或实际的社会和政治挑战。

安迪 · 格林指出，全球化时代的认同危机，并没有超过国家的政治范围。"种族主义的偏见本应该产生于因资源稀缺而和移民以及少数群体竞争的底层人民，但在很多社会，'本土'的工人阶层虽然与移民和少数族群存在潜在的物质冲突，但却并未对其产生敌意或种族偏见；种族主义的偏见往

---

① 中共中央马克思恩格斯列宁斯大林著作编译局：《马克思恩格斯选集》（第 1 卷），人民出版社，1995 年，第 290 页。

往产生于社会上最富裕、最有权力的群体之中，而这一群体没有理由会因为资源稀缺而和移民以及少数族群进行竞争。”[①] 这说明，现实冲突理论没有考虑到每个阶层所包含的不同群体与利益，而这些群体之间差异性的价值形成及政治社会化是一个复杂的过程。从根本上来说，这仍然是社会阶级与阶层的对立。哈贝马斯也批判了夸大不同文明之间差异和对立的“文化冲突论”，认为所谓的文明或文化冲突论，说到底不过是政治和经济利益冲突的代名词，是不同宗教信仰、价值取向、生活传统的差异和碰撞所导致的国家政治化或集团政治化的形式。

因此，教育仍然应当致力于国家认同的建构与实现。普兰查斯曾指出：“国家在建构不同社会层级之间的凝聚方面发挥了尤其重要的作用。”[②] 这种重要的作用就是国家机构通过各种宣传教育手段掩盖社会阶级分裂与阶级矛盾，建构民族国家虚幻共同体，并树立合法性的文化道德意识形态，以此塑造与驯服合格的社会主体，使得社会主体对社会秩序产生认同感与顺从感，对民族文化产生归属感，对国家身份产生依赖感。通过教育的宣化、培养与塑造功能，各个社会主体认同了社会合法性理念与价值观念，并以此生成了民族国家凝聚力。全球化语境下，民族国家的概念被弱化，但是“全球化发展可能正在削弱着民族国家在跨国家的政治经济领域中的主权地位，但国家内部调控的中心和力量仍未改变，因而也远未被削弱”[③]。民族国家仍然为社会凝聚和团结提供着至关重要的构架准则。安迪·格林指出，虽然在社区层面和国际层面也存在并实现着社会凝聚，但是民族国家要继续在地方和国际、感情与忠诚之间提供必不可少的中继站。“民族和民族主义在政治上依

① [英]安迪·格林等:《教育、平等和社会凝聚力：一种基于比较的分析》，赵刚等译，华东师范大学出版社，2018年，第73页。

② [英]吉登斯:《社会理论的核心问题：社会分析中的行动、结构与矛盾》，郭忠华等译，上海译文出版社，2015年，第122页。

③ [英]杰夫·惠迪:《教育中的放权与择校：学校、政府和市场》，马忠虎译，教育科学出版社，2003年，第175页。

旧是必要的。因为……只有它们能将国家间秩序建立在普遍主权原则和人民意志基础上。”①

此外，教育作为一种合法的意识形态工具，以组织和评价的方式来维护国家认同。教育组织作为现代社会核发资格证书的机构，保障着一种有序的社会秩序结构及其再生产的功能，学校教育也因此具有合法性。学校教育的种类与资格证书在分配其成员关系过程中具有重要作用。因此，社会大众期望教育的标准化，作为标准化的创设的公共科层体系被运用于学校教育中。社会的政治与教育对个人被分配于经济与阶层化制度中的职位非常重要，所以大规模的科层体制出现，这些过程也解释了为何教育组织如此热衷于教育的仪式性分类。教育组织被视为创造共同社会的需要，其目的与结构体现了社会意识形态的制度化。学校教育因此肩负许多任务：促进个体社会化以维持社会秩序、培育具有生产力的劳动力、提升容忍度、开发多元潜能、预防犯罪等，这些目标的达成在于学校能够增加人的知识、技巧与成熟。学校依据仪式的分类提供秩序，社会行动者从教育的社会意义中引出共同的认同，进而专注于在社会活动的情境内维护这些认同。

5.2.2　发展国家课程与民族文化

在安迪·格林看来，作为培养国家认同和公民社会化的教育，其重点在于国家课程的建立和民族文化的聚焦，以此来传递统一的价值观念和身份认同。

安迪·格林指出，强调国家遗产和共同价值观的国家课程，以共同语言传授给不同的社会和族裔群体可以使公共教育在培养民族认同，从而间接地在加强团结和社会信任方面发挥重要作用。学校在培养国家认同方面有着重要的作用，国家历史课程和国家历史教学是教育的重要任务，因为它们有助于不同文化背景的儿童获得共同的、总体的文化认同。正如米勒述所说：

① ［英］安迪·格林：《教育、全球化与民族国家》，朱旭东、徐卫红等译，教育科学出版社，2004年，第185页。

“国籍原则意味着，学校应当被视为一个复制国家共同特性和儿童为民主公民身份做准备的地方。对于新移民来说，他们的民族认同和安全感可能不安全，学校可以起到平衡的作用，从而平衡家庭的文化环境。因此，学校应该是公共性质的，不同民族的成员聚在一起共同教学的地方。应当有一些类似于国家课程的东西，一个所有孩子都应该被期望吸收的核心物质实体。”

全球化的语境下，国家课程的观念似乎让人质疑，确定国家课程的内容也不可避免地会引起冲突。虽然现代化的文化手段抑制不住全球化的甚嚣尘上，但就国家的竞争本质来说，民族文化仍然是国家课程的核心构成。当经济和文化中的全球化力量创造更多、更有分裂倾向和个人主义的社会时，对社会团结力量的需求也在增加。“民族国家可能不会拒绝这一角色——或者，至少一旦拒绝，结果将是一种混乱。”[①] 英国哲学家以赛亚·伯林曾十分透彻辛辣地讽刺道：现在“流行着不少浅薄的国际主义。种族、社会和国家被催促着放弃疆界、消灭特征、停止互争，联合成一个全球大社会。作为一个最终理想这很不错，但只要还存在着巨大的不平等，这些针对弱者的说教……假如他们听从了，就只会给他们带来小羊在被老虎吃掉的时候同老虎取得的那种团结。团结必须是平等的（至少不是太不平等的）人之间的团结”[②]。而那些渴望得到现代国际社会承认的国家民族，必须“利用他们自己的自然资源，在他们自己的土地上，用他们自己的语言，不借用别人的记忆，不在文化和经济上完全靠着向某个外来恩人永久借债”[③]。因此，每个民族国家寻求自身的发展强大，捍卫自己的民族文化认同，才是对国际秩序和全人类真正负责的贡献所在。安迪·格林认为，民族文化仍然为教育的目标提供方向。虽然民族及民族团结的意义在全球化时代已经淡化，但是集体关系的萎缩和公民观念的丧失必须引起重视。相对表面的社会变化并不能够成为社会深层

① [英]安迪·格林:《教育、全球化与民族国家》，朱旭东、徐卫红等译，教育科学出版社，2004年，第186页。

② 陈福民:《批评与阅读的力量》，作家出版社，2016年，第275页。

③ 陈福民:《批评与阅读的力量》，作家出版社，2016年，第275页。

结构变革的征兆。安迪·格林指出，全球化时代似乎没有一个民族能坚守文化堡垒，但我们并不确定全球文化实际上是什么和在特定的情形中会对民族文化产生什么样的影响。或者说，问题并不是全球文化影响能否渗透到民族文化的空间中去，而是它能够在多大程度上扎根。“我们的文明实质上只把我们的生活表层全球化了。我们的内在自我继续拥有一个自己的生活，而且理性知识时代在回答人类基本问题上所提供的答案越少，似乎人们越要固守其背后存在的部落的古老确定性。”①

不难看出，国家课程体现了民族文化与价值的主导意识。米勒认为，全国性课程及历史教育是培养国家认同的重要环节，因为这让不同文化背景的孩子可以获得全面的文化认同。“如果想要试图改革国家认同以使所有的公民都能获得这种身份，并不是要抛弃宪法的原则，而是通过调整继承文化以为少数民族留出空间；学校也没有放弃教授民族历史，而是建立一个共同的课程，该课程适当地重视这些社区在国家建设中所占的地位。在语言政策上，我们不选择中立或自由放任，而是决定哪种语言将成为国家语言，然后确保每个公民将这些语言作为第一语言和第二语言学习。”米勒的国家课程虽然坚持以主流的民族文化为核心，但其以一种消极尊重来对待多元文化，显然已不能满足多元主义的权利诉求。

因此，安迪·格林认为，国家课程的设置不能仅仅依靠简单的标准教育方案，要谨慎面对全球性社会问题。世界各地区经历了不同的历史轨迹，导致不同的问题产生及对这些问题的理解和行为方式。从马克思历史唯物主义角度出发，安迪·格林指出，爱国主义作为最为统一的国家意识，在“二战”后及全球化民族国家兴起的时代，已经具有了不同的历史内涵，它曾经和西方资本主义国家的独裁主义、法西斯主义及种族主义相联系，也带有从集权及殖民统治下解放的正面内涵。以种族或同质性为主的“爱国主义”已

① [英]安迪·格林：《教育、全球化与民族国家》，朱旭东、徐卫红等译，教育科学出版社，2004年，第179页。

经不能完整诠释国家认同的含义。爱国主义内涵的深化和丰富性的增强，并没有表现出对多样化的排斥和冲突。爱国主义教育不再是一种狭隘的情绪或情感的灌输，而是在国家的政治民主与文明引导下的国家认同的过程。

5.2.3 开展多元包容的公民教育课程

公民是现代民主政治的产物，它以一定的制度和价值为基础，是与个人的政治自由和意志自由相联系的主体政治身份。狭义公民教育是指关于国家制度、公民权利与义务的教育，广义的公民教育则涉及人与人、人与社会的关系的价值层面，如自由、平等的民主价值观等。全球化时代，公民的国家认同随着传统民族国家的空间秩序的分裂、重组而日益弱化。国家认同或走向了一种对超国家的政治、经济共同体的崇拜，或陷入一种狭隘的族群、社群的次国家认同，其主要是由“民族中心主义”观念所致，是次一级群体对本民族的原生性认同，狭隘的忠诚取代了以国家认同为基础的民族身份。在他们看来，其自身所处群体是所有事物的中心，其他事物都依照于他们所处群体的关系来衡量或评估，他们将文化的多种不同形态视为文明唯一进程中不同阶段的简单表达，自我主张地在同样的文明刻度上对特殊的文化进行了分类。[①]“无论超国家认同还是次国家认同，一旦它们超越了国家认同，国家无疑会被相互间的激烈竞争撕成碎片。”[②]在这种情况下，如何建立一种立足于国家本体的国家意识，即国家需要采取一种什么样的教育体系去塑造一种合适的价值共识成为一个重要问题。

在教育内容设计方面，这个问题演变为：国家课程应当传递怎样的一种公共价值？自由民族主义和多元文化论形成了同样的共识：期望学校能够培养包容性的身份认同、公民态度、社会信任。安迪·格林通过对 IEA（国际

---

① [法]丹尼斯·库什:《社会科学中的文化》，商务印书馆，2016年，第27—28页。

② 韩震:《全球化时代的公民教育与国家认同及文化认同》,《社会科学战线》2010年第5期，第221—228页。

教育成就评价协会）的公民教育研究调查分析，认为从爱国主义、国际主义、多元主义、政治参与等公民教育的内容来看，学校教育在培养多元主义方面要比其他三个方面更有成效。

因此，公民教育的内涵应当更加侧重于多元的、政治宽容与民主的意义构成。在安迪·格林看来，这一点是需要审慎对待的，它意味着在国家建构时期的国民教育，即基于疆域、民族、历史、语言、文化、传统的价值共识和爱国主义已经不能有效应对全球化的时代问题，有时甚至成为社会统一与团结的阻碍因素。曾经被自由民族主义所信奉的社会凝聚和团结的教育原则，在全球化多元政治时代，已经缺乏理论和实践的解释力。甚至出现了一些无法解决的尴尬，比如：学校在促进爱国主义方面越有效，学校似乎也就对少数族裔越不宽容，许多西欧国家的爱国主义价值观教育，导致了越来越多的不宽容及社会的矛盾和分裂。对此，安迪·格林认为促进社会凝聚的认同，应当是以宽容和包容差异为特征的，通过施行宽容的教育理念与教育实践促进各主体的社会凝聚。而多元主义，也意味着一种新的公民观和国家意识形态的形成。“另一种公民观——接受、认同差异的公民观——已发展到需要一个新的命名的阶段，”[①] 即从国民走向公民的阶段。“在场的政治”和“承认的政治”成为新公民观的思想基础，它鼓励不同的声音呈现自己的文化身份、经济地位、性别利益等，并确保其在政治主流论坛中的权利。这种公民教育不仅维护和复制着现有秩序的“再生”作用，更有“重建”的作用。依靠公民教育的力量，能有效地形成新的社会共识和国家意识，国家因维护公民认可的基本价值观，同时也能够保障公民的尊严与正义而被认为是值得认同的。

安迪·格林提倡建立具有多元包容的公民教育课程体系。安迪·格林指出，国家统一课程的开设，有利于促进精神、道德和社会文化的发展。英国

① ［英］杰夫·惠迪：《教育中的放权与择校：学校、政府和市场》，马忠虎译，教育科学出版社，2003 年，第 174 页。

数百年来的大国文化传统和保守自满的文化心理根深蒂固，导致其没有必要建立一种外向的意识形态，或是倾听不同意见的声音，只有在“二战”后，随着国家对于帝国主义新角色的寻找和认同，政府才于1988年首次出台了国家课程，其重点是英国历史和英语识字教材，并强迫宗教教育体现基督教的价值观。由于其缺少灵活性，20世纪90年代，英国政府进行了多次改革，以促进国家课程的长远发展。公民教育被正式列入国家课程计划之中，其基本目标在于培养有教养的公民，既包含公民必备的技能与态度、价值观，也包括更具包容与普适性的自由、自律、集体观等。公民教育的理念渗透于社会生活的各个方面。“现代英国宗教教育已经与早期的宗教教育大不相同，它早已摆脱了排他性的特征，不再以灌输基督教教旨为主体内容和以培养圣职人员为目的了，而是将宗教教育作为促进英国年轻一代的人生观、价值观以及精神、道德发展的必要手段，并以开放性、多元性的宗教教育为依托培养他们宽容、理解的国际公民素质。”①

安迪・格林将公民教育课程作为国家课程的重要构成，旨在协调国家、社会和个人发展的关系。对国家来说，公民教育以更通俗、普遍的形式传递了国家的意识形态规定性，并将其渗透于法律、道德、权利、义务等方面的教育中。对个体来说，公民教育赋予了个体自由、平等、独立的人格特质，以及积极、主动的参与特质，是个体主体性的彰显。当然，正如托马斯・霍布斯在《论公民》中所称，人注定适合公民社会，不是凭借自然，而是凭借教育。阿尔蒙德在《公民文化》中也强调：“教育是决定政治态度的最重要因素，同时也是最可操作的因素。”② 公民教育可以培养公民文化的许多重要成分，可以训练个人的政治参与技能，还可以通过教育传播民主参与和责任的明确规范，从而形成国家认同的自觉。

---

① 蓝维：《公民教育理论、历史与实践探索》，人民出版社，2007年，第161页。

② [美]加布里埃尔・A. 阿尔蒙德、西德尼・维巴：《公民文化：五个国家的政治态度和民主制》，张明澍译，商务印书馆，2015年，第372页。

5.3　兴办职业技术教育和培训

教育最早起源于人类的生产劳动，与人类的生存发展密切相关。教育培养人才的过程，也是生产社会产品的过程，即使人满足生产劳动需要的“加工”过程。正如马克思所说：“对社会主义的人来说，整个所谓世界历史不外是人通过人的劳动而诞生的过程。”①

马克思认为：“要改变一般的人的本性，使他获得一定劳动部门的技能和技巧，成为发达的和专门的劳动力，就要有一定的教育或训练。”②不论在任何社会制度下，对劳动者进行的一定的职业技术教育，都具有主客观的必要性。

这一方面来自生产本身的客观要求。在生产力水平很低的社会里，对职业技术培训的要求还不明显，也不迫切。而在生产力高度发展的社会里，情况就不同了。尤其是随着科学技术的不断进步，对劳动者质量的要求也就越来越高，因而职业技术培训也就更加显示出它的重要性。无论是资本主义国家，还是社会主义国家都建立了自己的一套职业技术培训制度。

另一方面，职业培训是实现劳动力扩大再生产的重要形式。通过智力投资和职业技术培训，不但能使劳动者掌握基本的生产技能，而且能不断地提高和更新知识，促使劳动者与生产资料保持最佳的结合，保证扩大再生产的顺利进行。劳动力的培养，既是一种自然现象，更是一种社会现象。人的遗传素质为劳动力的发展提供可能条件，至于能否成为劳动力，成为什么样的

---

① 中共中央马克思恩格斯列宁斯大林著作编译局：《马克思恩格斯文集》（第1卷），人民出版社，2009年，第196页。

② 中共中央马克思恩格斯列宁斯大林著作编译局：《马克思恩格斯全集》（第42卷），人民出版社，1979年，第197页。

劳动力，他的劳动力的支出达到何种复杂程度和高度，则取决于后天的社会实践，包括普通教育、职业技术培训和劳动实践。在劳动过程中人们结成的社会关系决定着劳动素质的物质来源和要求。正是通过结成一定的社会关系，并在这种关系下进行劳动，才产生并创造出知识，也发展出人的社会地位及社会关系。阿尔都塞认为，劳动力的再生产不仅需要劳动技能的再生产，还需要服从关系的再生产。所谓服从关系，即对统治阶级俯首称臣，屈服于现有的统治秩序。只有保证了服从关系的再生产，才能保证劳动力的再生产，从而实现生产关系的再生产。

在如何确保职业技术教育的有效开展这一问题上，安迪·格林从英国的历史文化与教育实践出发，批判摒弃了英国的自由主义思想中的自愿捐助政策。"英国未能发展科学和技术教育的第一个原因就是不可自拔的自满。"[①] 自由主义的文化传统及其在生产发展中的运气，尤其是工业革命滋生出的优越感和价值偏好，导致了对政府的低期望值及政府不干预的后果，由此也带来了英国技术教育的落后。

这种落后一方面表现为缺乏国家的干预导致阶层和等级的差异。安迪·格林指出，由于国家缺少权威要求，雇主因为缺少法定的义务而可以通过直接雇佣受过培训的劳动力来规避职业培训。青年则由于没有法定的权利而缺少教育和培训的供给，进而缺少对劳动力市场的选择权和谈判权。因此，仅仅保障了劳动力再生产的物质条件，并不足以进行劳动力本身的再生产。阿尔都塞也早已指出，劳动者需要掌握各种不同的生产技能，这些技能的优先与否，是依据社会的技术分工或工作的岗位要求来确定的。劳动者在复杂的生产体系内工作，必须保证自身是"合格的"，有时甚至是"精深的"，才能在生产过程中实现再生产。安迪·格林认为，英美所谓的《就业培训合作法案》即迎合这种技能差异和等级的划分，因为培训和教育的资金

---

① ［英］安迪·格林:《教育、全球化与民族国家》，朱旭东、徐卫红等译，教育科学出版社，2004 年，第 63 页。

还是会与成绩相关，因此它经常歧视不利人群，培训提供者自然而然地倾向于挑选那些最有可能符合目标的受训者。从根本上来说，这些政策仍然是精英主义的价值取向，也是导致社会冲突与分裂的来源。

另一方面，自愿捐助主义往往带来技能培训的随意性，制约教育功能的发挥。安迪·格林认为，培训是集体性的公共产品，所有社会参与者都应当从中受益。但是由于雇主利益的短期性、参与者的理性、个体性等因素，往往会带来教育失衡和不协调。“只要他们的影响力局限在私营企业和地方的讨价还价上，那么只能延续不协调和不平衡的历史模式。”① 因此，安迪·格林强调，要将国家的干预与社会的合作结合起来，共同发挥在职业教育培训体系中的作用。任何一种大众职业教育和培训体系都必须具备一些特征才有效，这些特征表现在连续性、透明性、多决策、多机构参与。只有国家规定了其他合作者的角色，从整体上确定了体系的轮廓的时候，建立在合作原则上的体系才能运转起来。

“从意识形态国家机器出发，我们也可以这样说，它们在‘公共’机构还是‘私人’机构中得到实现，这并不重要，问题在于它们如何发挥功能。私人机构完全可以作为意识形态国家机器‘发挥功能’。”② 与阿尔都塞相似，安迪·格林充分认识到了不同的意识形态国家机器的作用。他将意识形态的理论投射到社会生产的结构当中，并将其看作是附着在个体的劳动中，对个体具有一定建构作用的思想机制。

事实上，在职业技术教育再生产劳动力“技能”的同时，也再生产出对它对占统治地位的意识形态的臣服或这种意识形态本身的“实践”。因此，在安迪·格林看来，教育的重要功能就在于确保个人与其社会角色、身份的认同，与社会群体之间关系的协调、整合，以及在此过程中形成的情感的黏

① [英]安迪·格林：《教育与国家形成：英、法、美教育体系起源之比较》，王春华等译，教育科学出版社，2004年，第94页。

② 陈越：《哲学与政治：阿尔都塞读本》，吉林人民出版社，2003年，第336页。

合，必须将教育视为一种能够渗透到社会大厦各部分的思想力量和一种无处不在并发挥着现实功用的物质力量。

5.4 践行终身学习机制

“随着知识社会的不断发展，教育和技术的地位不断提高，教育不仅是经济增长的决定因素，也决定了个体的人生机会，包括工资和就业机会……教育机会的均等不仅可以改变个体的人生机会，还可以推进社会公平，减少对社会的公共投入而不致损害效率。”① OECD 认为，在知识经济与全球化进程中，教育和终身学习的分享具有政治、经济和社会意义，欧盟委员会为教育与培训树立了各项目标，并将其上升为战略目标，旨在建立“具有竞争力和基于知识的经济……提供更多更好的工作机会，进一步增强社会凝聚力”。安迪·格林认为，终身学习已被看作国家经济竞争力增强、社会凝聚力提高的关键所在。

终身学习被认为是民主社会的重要特征，是实现教育与社会平等的重要途径。这一概念来源于 20 世纪 70 年代法国教育家富尔在《学会生存》的报告中提出的终身教育理念，即教育应当贯穿人的一生，并打破学校与家庭社会的隔阂，建立随时可以向人们提供不同教育的一体化组织。终身教育引起了现代教育体系的变革。随着工业国家的社会变革、科技文化进步、竞争的增强，终身教育深化发展转向了终身学习。

终身学习即每一个人必须终身继续不断地学习。其本质通常被认为是：1. 为了经济的进步与发展；2. 为了个人的发展和成就；3. 为了社会的包容性和对政治的理解及参与。终身学习已成为国际社会的共识和重要的国家教育

① 黄忠敬：《教育政策研究的多维视角》，教育科学出版社，2016 年，第 53 页。

发展战略。

在安迪·格林看来，人们对于终身学习的经济发展意义研究较多，而对其个体与社会意义的关注仍然不足。随着时代的发展，教育政策的目标不再仅仅围绕经济目标，在实现社会稳定、社会包容及促进个人发展的前提下，政治参与和个人成就目标逐渐被放在与经济目标同等重要的位置。终身学习的结果关系着经济发展、社会稳定及个体的归属，国家、社会制度及个人都对此寄托了道德和政策上的厚望。

5.4.1　重构终身学习的意义

当代社会不能再为自我提供固定的参照点，在产业化社会和现代化过程中自我迷失的个体，要通过终身学习来进行自我的重构。英国社会学家安东尼·吉登斯在其著作《现代性与自我认同》中声称，在“晚期现代”社会环境下，“自我”成了一项自反性任务。

安迪·格林认为，终身学习是自我建构的主要方式。对劳动者来说，能力更强、技能更娴熟者会更有兴趣和责任为组织机构的发展做出贡献，并在一系列民主政治活动中发挥更大的作用。在复杂的智力应用或文化活动中，那些在认知内容和技巧上扩展了生活视野的人，体验并获得了情感上的满足，这反过来会增强技能娴熟者在机构中进一步发挥上述两方面的作用。正是基于对这种相互作用的反思，劳动者现在更愿意将他们的时间花在复杂的智力和文化活动上。这种教育也更有利于民主和有意义的人生，而不再是忽视主体的工具性培养。在安迪·格林看来，终身学习正是为个体提供了更为平等和广泛的教育机会，“尤其是在15岁的年轻人群体和成人群体中创造了相对平等的技能水平……结果就降低了与社会阶级相关联的成绩不良，因此也提高了教育结果的总体质量”[①]。通过终身学习，个体能够获得劳动力市场

① ［英］安迪·格林等：《教育、平等和社会凝聚力：一种基于比较的分析》，赵刚等译，华东师范大学出版社，2018年，第154—155页。

的高参与度和平等地位，从而有效补偿个体在家庭文化资本和社会资本方面的匮乏。

从根本上来说，终身学习也是一种从必要的分配方式向关系生成的转变。学习是在与他人的关系中，获得知识，成为知识生产和分配的主体，并在与他人的关系中解放自己，确认自己，更新自我。终身学习强调受教育者通过行为、事件和内心体验来实现综合自我的提升，让主体从单纯的被动“分配”变为一种主动的关系获得与建构过程，这是不同于以往的知识分配结构的新的教育重构的主要特点。终身学习不仅仅是个体能力的增长，更包含一种社会责任的赋权，即增强个体参与公共生活、承担社会责任乃至创造共同体的能力。终身学习对个人的自我导向及生活图景进行整合，通过再建人与人之间的联系及参与社会公共生活的能力，创造了一种共同生活的可能性。这也是安迪·格林在全球化时代所寄望的社会期待和教育理想。根据教育贯穿终身的原则，安迪·格林认为，应该将终身学习制度化，这不仅能保障人们获得教育的权利不被剥夺及主体性诉求的满足，也充分表明它能使教育在社会中趋于更中心的地位。

同时，终身学习是促进社会的正义和团结的方式。终身学习或终身教育一直被视为民主政体和社会体制的基础。杜威曾提出，教育即经验的“重组”与“改造”，而在帮助重组和改造的过程中，悉心指导和有意安排至关重要。实用主义与经验主义的教育观让教育日趋走向生活和社会的中心，支持并支撑了美国等国家终身学习的发展。在北欧，由国家资助的通识成人教育较为普遍，这种成人教育有利于提高成年人的就业能力。“具有高度成人参与学习的终身学习体系，特别是通过积极劳动力市场政策参与的终身学习体系，将会提高就业率，而就业率则是一种通过‘社会包容’来增强社会凝聚力的手段，尽管这不是一个完全的手段。”[①] 因此，安迪·格林认为，终身

① ［英］安迪·格林等:《教育、平等和社会凝聚力：一种基于比较的分析》，赵刚等译，华东师范大学出版社，2018 年，第 168 页。

学习通过多样化的教育形式与手段、更为广泛的社会包容与宽容，力求将知识与技能的分配实现更为合理的目标，从而弥补学校教育体制的不足，促进社会平等与正义的实现。

5.4.2　探索终身学习的社会模式

终身学习是学习型社会的典型特征，具有普遍的社会意义。但正如维恩所说，根本就没有什么学习型社会的“样板”，有的只是不同形式的学习型社会。一个学习型社会区别于另一个学习型社会的地方，只能由其教育所处的具体社会文化和政治环境来决定。[①] 马克思曾指出，社会中的因素包括生产力、经济结构、政治、文化都制约着教育活动的开展。即使民主、共享、多元及杜威所说的“生活形式”等已成为学习型社会普遍的政治特征，但是，不同的国家仍然具有不同的实践模式。

安迪·格林认为：“终身学习体系仍然是政策选择的结果，政策选择又受到政治和意识形态的影响。”终身学习的结果与国家的意识形态是双向的因果关系。

自由主义的盎格鲁-撒克逊模式因自由主义经济制度的影响，终身学习体系中关于技能的培养产生了极为分化的高技能和低技能劳动力，延续并深化着一种不平等的社会结果。首先，这是由其福利制度的不平等所造成的，其只为低收入者提供落后的学前教育，很少为无收入或低收入者提供有效支持，导致教育对其所产生的人力资本和文化资本效果较差。其次，这也是对学校教育体系的一种复制和延续。英、美、新西兰等自由主义国家的学校教育体系，因多样性和选拔性的调节系统著称。安迪·格林认为，学校标准的多样性，掩盖了其背后支付能力的差异性，只要择校与支付能力相关，或与职业和收入相联系的文化资本相关，那么这些体系就可能会提高社会背景决

① ［英］安迪·格林等：《教育、平等和社会凝聚力：一种基于比较的分析》，赵刚等译，华东师范大学出版社，2018 年，第 156 页。

定学业成绩的程度，因此也会降低社会流动性，增加教育领域的不平等。因此，即使这些国家的终身学习体系倾向于为成人学习提供相当良好的机遇，但这样的机遇却是与初级阶段的教育紧密相连的，初级阶段的教育程度决定了终身学习的可能性及其深度和广度。因此，它事实上加剧了源自学校体系的不平等。

北欧的社会民主国家，因劳动力市场中技能分布比较均衡，尤其是对高技能的工艺和技术人员有着大量需求，因此，终身学习体系的总技能水平较高，而且技能体系的差异分布较小，成人的参与率也较高。这同样与其福利制度相关，劳动保护及调节政策创造了相对平等的技能水平。对于教育志向不高和文化、人力资本不足的家庭、群体来说，制度给予了积极有效的补偿，如提供较为普遍的学前教育促进教育早期的社会化，有效减少了与社会阶级相关联的业绩不良等现象。此外，由于这些国家建立综合性的非选拔性学校体系，在全国范围内实行混合能力教学和基于街区的学校入学制度，极大避免了择校问题及街区所代表的社会阶层的差异，为终身学习在全社会范围的展开创造了良好的物质和精神条件。北欧国家具有高水平的成人学习参与度与相对均衡的学习分布状况，这得益于国家的劳动力市场政策措施，也得益于国家资助的通识成人教育的流行。

安迪·格林认为，终身学习效果的最大化来自平等主义的学校体系，以及普遍的成人学习机会，它们通过社会包容的国家福利制度、收入均等化的劳动力市场政策、政治文化精神的社会化而实现。

安迪·格林对于终身学习的社会模式的探索，超出了单纯的教育学或伦理学的范畴，而更多地与国家政治和劳动力市场等领域相联系，这与其在OECD的工作经验密不可分，也让思想体现出OECD的基本信念，即在知识经济全球化的过程中，教育和终身学习的实现具有政治、经济和社会等多重意义。作为一种社会运动或社会思潮，终身学习及其所蕴含的教育机会均等的原则本与经济政策无关，种族、阶级、文化等不能成为个体获取教育机会的障碍似乎是不证自明的。但是随着教育领域改革内的一种“经济主义路线”，如分权、市场化、择校等，经济话语逐渐在教育领域内取得了一种霸权地位，教育机会均等依然受到诸如个体的家庭经济、文化、阶层、种族、性别等因素的影响。公平的伦理概念再次与经济学中的效率相联系，“更大教育机会公平可以改进个体的人生机遇，促进社会公平，减少公共支出，而不损害效率……学校的失败不仅不利于个体，也不利于社会，因为对那些边缘化个体的福利补贴是巨大的。因此，代价合理、有效的措施既有利于公平，也有利于效率”[①]。

终身学习是安迪·格林教育平等思想的进一步延伸，其目的不在于凸显教育的经济作用，而在于复归教育公平的文化和社会意义。教育的最终目的是创造一种良好的、有序的共同生活。因此，教育政策的制定应当为不同的群体创建公平的供给系统，实现“全纳”的教育目标。这种“全纳”不仅是“全纳”于学校，即加强学生的参与，减少学生排斥；也包括“全纳”于社会，即通过完善教育体系，使一些低学历的青年能够重新被纳入教育系统，获得更多进入劳动力市场的知识和技能，以避免其被边缘化的危险。安迪·格林对于终身学习的机制的倡导也在于其能更好地满足后者的需求，弥补学校教育体系的不足。然而，各国对于终身学习模式的探讨仍然任重而道远，因为“在不考虑情境、质量和相关性的前提下，使学习成为‘每个人’的现实的实现还是十分漫长。这个目标的达成要付出代价，但是这也是一种投资，这是个可以达成的抱负，只要所有的伙伴都参与进来并长期坚持”[②]。

---

① 黄忠敬：《教育政策研究的多维视角》，教育科学出版社，2016年，第71页。

② 黄忠敬：《教育政策研究的多维视角》，教育科学出版社，2016年，第65页。

小结

一切批判都是辩证的扬弃，理论的批判也终将走向实践的观照。发挥当代教育的积极作用，促进社会的民主、平等，实现社会秩序与凝聚，克服个体存在的“虚无性”，需要有效的实践方式与实践手段。安迪·格林关注社会凝聚的结构条件与意识形态条件的统一，以消除教育不平等、实现国家认同为主要目标，从公共教育制度、国家课程、职业和技术教育与终身学习等四个方面建构了当代教育的实践方式。

在建构公共教育制度方面，安迪·格林反对新自由主义的教育市场化与“择校”行为，拒绝选拔性的精英主义的教育制度，主张通过国家的综合教育制度，实现教育分配的平等，以促进社会正义和团结的实现。在国家课程方面，安迪·格林主张国家课程要体现民族文化与价值的主导意识；也要突破狭隘的爱国主义的意识形态一致性，建立具有多元包容的公民教育课程体系。在促进更广泛的主体参与方面，安迪·格林将职业和技术教育作为集体性的公共产品和社会民主的普遍利益，强调“国家和社会合作者在职业教育培训体系中的作用”，鼓励国家的参与和宏观指导。终身学习的结果关系着经济发展、社会稳定、个体的归属，是个体自主建构的主要方式，也是社会民主与团结的重要体现。终身学习的社会模式仍然是与国家政治、经济、意识形态的双向选择过程。

第六章　安迪·格林教育哲学思想的评价

安迪·格林教育哲学思想具有典型的马克思主义特征，也有着不可克服的局限性。我们有必要对其进行深入的反思和理性的评价，在坚持马克思主义基本理论的前提下，批判其理论糟粕，借鉴其理论的可用之处，为我们教育哲学理论的发展提供理论资源。安迪·格林对教育与国家关系的剖析，以及加强国家在教育中的主导作用等思想为我国当前的社会建设和教育实践提供了有益的启示。

6.1　安迪·格林教育哲学思想的价值

在自由主义、个体主义盛行的时代背景下，安迪·格林坚持马克思主义思想精髓，运用深厚的历史学、政治学、哲学、社会学理论及宏观、比较的研究方法，构建了整体性的教育理论。其理论既包含历史的维度，又具有现实的指向；既有深刻的思想观点，也有关怀实践的使命担当，是对马克思主义的教育哲学的时代继承与丰富，具有重要的思想价值。

6.1.1　丰富了马克思主义的教育批判哲学理论

马克思主义唯物史观以个人和社会关系的互动为前提，以辩证唯物主义和历史唯物主义为基础，以阶级分析方法和历史分析方法为指导，把政治哲学的基本问题纳入历史境域，对于分析和解决当今重大的教育理论与实践问题依然具有指导性的解释力和批判力。安迪·格林的教育哲学在直面当今教育危机的基础上，坚持马克思主义的社会批判思想，深入剖析了当今资本主义教育的演化、本质及其危机，从历史唯物主义视角阐释了教育作为意识形态工具的价值和作用，丰富了马克思主义的教育批判理论。

20 世纪 70 年代，英国的教育史学转向了马克思主义，试图发展以“整体社会教育史”为标志的马克思主义教育史学。而且，一些教育史学家在学术研究上表现出来的社会兴趣和意识形态的倾向性，都非常接近马克思主义理论的追求。多数社会学取向的教育史研究者，往往把马克思主义作为自身的理论基础。安迪·格林也深受影响，在其研究中，一方面体现出从社会整体性观点反思教育史研究的目的、功能的马克思历史唯物主义思想，另一方面体现出运用了阶级冲突的观点批判传统教育史的进步观。安迪·格林的教育哲学思想显然是英国教育史学研究时代特征的显现。

马克思主义的基本理论立场让英国教育史学家的研究视域实现了由社会精英到底层群众的转向。因为马克思主义史学家将工人阶级视为人类历史的主体，把底层人民的历史活动视为历史研究的主角。安迪·格林从教育制度的宏观角度切入，对制度所涉及的大众群体进行了研究，并提出“英国政府为什么不太热衷于义务后教育的大众参与问题，甚至在英国的国民教育体系已经确立一个世纪之后情况依然如此”的疑问，认为英国对众多年轻人进行的大众教育之所以乏善可陈，是诸多制度特征造成的。因而，其思想具有深刻的大众情怀。

安迪·格林沿袭了西方马克思主义的研究路径，否定了简单的经济决定论：“经济关系确实影响了教育的形式，但其影响的方式取决于国家的性质，因此对教育的不同需求常常是由政治来决定的。”[①] 安迪·格林以英国和德国为例，指出：经济关系最发达的国家的教育并不一定做出了最具有深远意义的变革。教育是国家体制里上层建筑的一部分，它如何反映特殊经济需求，

① ［英］安迪·格林：《教育与国家形成：英、法、美教育体系起源之比较》，王春华等译，教育科学出版社，2004 年，第 119 页。

例如新的生产技术或新的劳资关系的需求，取决于经济需求是如何被那些感兴趣的各级社会阶层通过国家政体表现出来，也取决于国家内部各阶级力量的平衡。

安迪·格林不仅用历史唯物主义的思维来追溯教育与国家的历史，还将其运用于全球化时代的教育解读。全球化带来复杂的政治、经济和意识形态，英国国内的新右派势力上涨，教育的市场化、竞争化等原则导致了教育的个体性、多样性、碎片化等问题。1988 年英国颁布《教育法案》，对学术和知识的推崇实质成为文化至上和反平等主义思想的逻辑推演，英国国家教育部门走向完全市场导向的系统，将学术和知识阐述为一种文化至上和反平等主义的思想。新保守主义为了捍卫英国教育体制中占主导地位的价值观和等级结构，反对机会平等的教育政策、反种族主义政策和多元文化等制度与思想，认为这些政策与制度的价值更契合了工人阶级学生等普通大众。与此同时，来自美国的激进的批判教育思潮传入英国，鲍尔斯、金蒂斯、布迪厄、亨利·吉鲁等教育学者深刻地剖析出资本主义教育作为阶级文化再生产工具的本质，进而提出教育在促进社会发展方面不具有积极作用的论断。这种教育改革无用论的思想影响与英国保守主义、自由主义等根深蒂固的文化观念不谋而合，强化了英国新右派不进行教育改革的观念。

安迪·格林作为英国的马克思主义教育史学家，对新右派的教育市场化及民族国家教育体系终结论进行了猛烈的抨击。安迪·格林指出，我们看到世界上许多国家的教育迅速市场化，教育服务的私有化，公共教育机构中私营部门管理的引入，导致越来越多的人认为教育是一种私人的消费品。教育的集体目的正在迅速减弱，因为越来越多的供应商把家长和学生看作是顾客，而后者则认为教育是一种基于“位置”的善物，他们必须在许多情况下竞争、讨价还价和支付费用。进入全球化时代以来，“无国家”的理论框架成为诸多研究的基本思维。然而，在当前的历史时期，国家仍然具有重要的功能，并依然是教育所依附的重要载体。

安迪·格林的历史唯物主义教育思想还具有较强批判性与实践性。马克思主义教育者必须在教育机构进行物质性的革命实践，也就是说对意识形态的国家机器进行分析，有助于破解日常生活和文化传统的秘密，恢复社会领域本应具有的批判活力。意识形态国家机器是“政治无意识”所依附的真正物质基础，也是针对个人进行体制规训与合法化生产的领地。强调意识形态国家机器的公私渗透性，实际上与强调人文学术和社会科学研究的意识形态性是一致的，而这正是当代西方马克思主义的普遍趋向。在安迪·格林的研究中，贯穿始终的逻辑即是将教育视为意识形态的国家机器和资本主义国家获得文化领导权、建构统治合法性的重要工具。

6.1.2 凸显了社会平等与正义的教育使命

社会平等是民主社会重要的价值理想，面对自然或社会形成的差异和分化，人们不仅期待在权利上的平等，也渴望得到平等的对待和资源、利益的平等享有。对于国家或公共教育制度的安排来说，平等是一种“至上的美德”。在教育领域，对平等的追求更加强烈。作为个体社会化的重要途径，教育还是实现个性发展和社会升迁的重要通道，如果不能保证受教育者被平等对待，就不可能改变他们原本的家庭背景和社会差异，不能实现教育促进社会流动的积极作用，反而会带来社会的固化、封闭、矛盾与冲突。

平等通常在两个领域使用：一种是作为社会关系理想的平等，意味着人与人之间在道德或社会上的对等地位，也称“基础性”平等。它反对的是那种支配性的、压迫性的和隶属性的非对等关系。另一种则是作为社会分配原则的平等，或称“分配性平等”，意味着各种社会资源或机会、权力和利益等在人与人之间的分配平等。前者已在资本主义社会建立之时，作为与“自由”同样重要的政治观念和社会价值而被确立，后者则因更为复杂的实践环境而难以实现。安迪·格林的研究则更为关注后者，关注教育不平等、分配不平等及其引发的社会秩序问题。

在安迪·格林看来，随着资本主义制度的发展，平等仍然是一个日益严重的社会问题。经济与社会的发展加剧了人们在财富、权力、地位、能力及收入分配等个人条件方面的不平等，也带来了阶级、种族、文化及性别等群体之间的差异，严重影响着社会的稳定和团结。因此，安迪·格林在《教育、平等和社会凝聚力：一种基于比较的分析》一书中，将教育平等作为了社会凝聚重要的指标。他认为，教育过程中，由于技能分布和资格分布的不平等随着时间的增长而演变为收入分布的不平等，而由收入决定的优势群体，则会保护自身的教育优势，采取社会封闭的策略，限制社会流动。同时，教育的不平等会通过社会心理机制和社会学机制影响到公民政治领域。收入不平等的心理压力会因为教育的不平等而加剧，并形成社会结构的代际传递，等级差异的增大将进一步恶化有限资源的竞争，于是出现位于顶端的人在政治生活中越来越活跃，而位于低端的人则不断地被边缘化的现象。

政治哲学家罗尔斯在其《正义论》中提出，社会制度的首要价值就是正义。[①] 罗尔斯提出正义的两个原则：一是平等自由原则，二是差别原则。第一原则是优先的，是第二原则的前提和背景。罗尔斯认为，社会差别是允许的，也是必然的。当财富和收入的差别过大时，就需要使之有利于最不利者的利益，这是社会秩序和正义精神所允许和要求的。

基于这样的正义原则，安迪·格林转向了“终身学习”的教育模式探索。事实上，20 世纪 90 年代以来，英国政府就提出“终身学习”关系到英国的命运和前途的战略观点。1998 年，英国政府先后发表了《打开通向学习型社会之门》《学习的时代，一个新的不列颠复兴计划》，提出了英国学习型社会的构想与实践路径。终身学习成为通往知识社会和确保利益公平分配的核心教育策略。其所倡导的“持续人的一生的教育”中的“人”，显然已经排除了财富、性别、年龄、阶层等方面的差异，是一种理想的“平等”的人。以一种全纳的制度视野来消弭不平等的鸿沟，为更多的人提供接受教育的机会和资源，体现社会的正义原则。

平等与正义一直是人类追求的目标，而教育的平等与正义更是教育实践

① ［美］罗尔斯：《正义论》，何怀宏等译，中国社会科学出版社，1988 年，第 1 页。

的理想。安迪·格林通过揭示西方教育不平等现象，重申了教育平等与正义理念，并将其作为教育的伟大使命。这种教育理念肯定了教育的价值维度，对于人们认清教育的本质，践行教育向“善”的社会职能，具有重要的启示意义。

6.1.3 展现了方法论的宏观性与规范性

20 世纪 70 年代，学者们开始思考如何将传统教育史学的研究对象——教育政策、立法、制度和思想转移到教育背后的社会、经济和文化等因素上。马克思主义宏观分析社会的历史角度、研究方法、研究模式和理论体系对英国教育史学家思维的转换起到了至关重要的作用。“社会总体性范畴，总体之于部分的完全至高无上的地位，这是马克思从黑格尔那里汲取的方法论精华，并把它出色地改造成一门崭新科学的基础，这门学科就是历史学。”[①] 总体性不仅是马克思主义方法论本质，也是社会历史研究中总的指导原则。正如国内学者的评价，安迪·格林的贡献在于让教育史学者的视线从“小写教育史”转向“大写教育史”，从微观转向宏观，尤其运用比较史学的方法，对英国现代教育的发展做了宏观的理论回顾、反思和阐释。

安迪·格林的整体方法论主要表现在：着眼于社会关系及制度层面的效果，采用了跨国的比较分析方法。为了避免个体研究所产生的“生态学谬误”，安迪·格林把分析主要限制在了社会关系层面，当宏观的研究结果和个体层面出现差异时，会凸显国家背景及区域背景的解释性。整体性方法较好地避免了方法论个人主义所产生的“谬误”，能够将个体与整体有效结合，获得较为科学的研究数据。安迪·格林关于教育和社会变迁的关系研究成为英国教育史学的主题，并推进了英国史建构方式向跨民族化的转变。

正如安迪·格林所说：国家层面仍然是分析的主体。我国学者董标曾指出，西方的教育理论，疏于反映国家概念。从夸美纽斯、赫尔巴特到康德，

---

① 武翠红:《英国教育史学创立与变革》，中国社会科学出版社，2015 年，第 92 页。

都试图去构建普适的教育理论，狄尔泰与涂尔干虽然反对普遍主义的教育学，却走向了文化历史及社会分工的路径，这与西方自由主义哲学的浸淫不无关系。对于国家这一重要的现代社会建制及作为一种积极能动的自主变量的国家制度，人们也并不太关心和在乎。20 世纪 60 年代起，国家作为一个分析单位的自然性根基被严重地削弱，全球化和地方性论题充斥研究领域。20 世纪 90 年代，英美学术圈兴起“国家中心理论”，安迪·格林便成为其中的代表之一。国家理论、国家性质、公共政策的性质，是认识教育的政治性和政治决策之本。发现教育的“真”问题，找到教育问题最合理的解决方式，高度依赖国家理论的支撑和判别。教育与政府的关系，教育与经济、文化的关系，教育与公民培养的关系是着重思考的问题，也是安迪·格林研究的重点。

与整体性的宏观研究相呼应，安迪·格林的研究体现出规范性研究特色。比较研究是安迪·格林主要的研究方法。韦伯曾指出，比较方法的基本前提是可比较性，即同样的变量可以解释两个或两个以上的个案。安迪·格林在分析国家教育制度及社会凝聚的类型等研究内容上，均采取了规范的比较研究范式。尤其是采用大量的实证研究，避免了个人主义方法论在界定社会现象方面的不足。实证的统计数据分析具有较强的解释力，因为其更好地关注了制度和文化因素的重要性，也能够揭示不同社会中的人们在基本态度、价值观及技能方面所具有的个别性特征。安迪·格林选取了在国家层面产生共变和集群的指标，对研究问题进行了严谨的对比分析，具有典范意义。

安迪·格林教育哲学研究方法的宏观性与规范性的结合，一方面可以化解后现代主义对宏观维度的解构，重新从国家主体层面研究国家与教育的关系，揭示教育的国家机器属性，为教育学的发展探索基于历史发展规律的合理道路，另一方面也避免了新自由主义与个人主义研究的狭隘性，通过规范研究教育与国家制度、价值理念、社会技能等方面的关系，将它们纳入统一的理论范畴之中，避免了理论研究的分散性，有利于形成统一、系统的教育理论体系。

6.2 安迪·格林教育哲学思想的局限

安迪·格林作为西方马克思主义的教育学者，虽然秉持着马克思主义的基本思想和研究思路，但其终究无法摆脱“西方”的现实语境和自身思想的局限性，没有彻底地继承马克思的革命思想，而是走向了社会民主与调和的“第三条道路”。

6.2.1 个体主体性的忽视

由于长期担任英国政府职能部门的负责人员，安迪·格林的研究具有宏观性和整体性的优势，同时又具有较强的结构功能主义倾向。正如他在《教育、平等和社会凝聚力：一种基于比较的分析》一书中写道：本书可能有过度功能主义的倾向。结构功能主义关注“整体”及“关系”。“整体”不是部分的集合，而是超越个体的社会行动主体，“关系”则衍生于社会的结构和系统，“结构决定行为”成为结构功能主义的基本逻辑。独立的个体及活动并不具有实践的意义，只是依附于某种结构中的存在。同时，结构功能主义又具有强烈的社会需求导向，以整体社会制度的观点来规范和约束社会行动，社会为个体的发展提供终极的价值规范和标准。

安迪·格林坚持了社会生活的优先性，却在一定程度上忽视了个体存在的意义。他没有将社会视为抽象的、思辨的共同体，而将其视为人的实践活动场域，并通过历史的研究为现实寻找必要的和有益的支撑。安迪·格林重申了马克思主义的基本判断：人是生活在一定的社会历史文化关系中的，任何人都不能脱离社会历史文化传统的约束，因此，个人自由在社会中才能实现，社会的需求规定了个人自由实现的方向。“某些社会需求仅能由具有特殊禀赋者执行，而这种特殊禀赋的发展需要长期的训练与教育。”[①] 与结构功能主义者相似，安迪·格林认为，在资本主义的社会结构中能够解决教育与社会的问题。

安迪·格林对不同国家的教育制度的研究，体现出较强的教育功能主义追求。教育功能主义的目的观表现为：第一，心智的，包括读、写、算等基本认知技巧的教学，传递知识，发展受教育者分析、综合与评价等高层次的思考技巧。第二，政治的，包括灌输对于政治秩序的忠诚，培育公民参与政治秩序的知识和能力，同化多元不同的文化组群统一于共同的政治秩序中等。第三，文化的，包括将受教育者社会化的过程，使其服从于某种社会角色、社会行为与价值规范，成为社会稳定的基本前提。第四，经济的，包括培育学生接受职业角色及选择、训练、分配与个人劳动的区分，以缓解劳动的分层与个人能力所导致的社会分配之间固有的紧张，即阶级与社会的矛盾。

在对教育制度的剖析中，安迪·格林强化了社会作为伦理和政治基础的作用，忽视了个体的能动性和创造性。安迪·格林认为，社会提供了个人之间合作的机会、个人转变的机制、个人之间联结的纽带、情感和信仰的需要等。但是，他在强调社会规定性、集体优先性的同时，也忽视了个体对社会关系的调整与改变、对传统的批判与超越等个体的主动性特质，甚至有将这种优先性走向剥夺个体的人的权利和利益的危险。也正是这一点，造成了安迪·格林的思想与马克思主义哲学的差异性。因为马克思主义哲学坚信，个体既不是游离于历史之外的原子，也不是完全被历史所决定的客体，他既是创造者，也是被创造者。安迪·格林在论及教育时也谈到，教育既是控制的力量，也是解放的力量，但是其研究中更多强调了社会结构与文化霸权的绝对性，对个人意志的自主力量关注不足，弱化了教育的反抗功能与解放功能。

---

① 林美玲：《教育社会学》，复文图书出版社，2003 年，第 14 页。

6.2.2　教育批判的不彻底性

安迪·格林教育哲学的目标是一种最大范围内的集体意识形态，以缓解社会的矛盾和冲突。教育作为一种精神建构的力量，努力在尊重并宽容多元、差异的基础上，形成一种国家的认同和共识，这一点是具有积极和普遍意义的。但是，意识形态作为内化的社会关系，在马克思那里其实就是一种总体性的、资产阶级物质利益关系的体现。“以观念形式表现在法律、道德等中的统治阶级的存在条件（受以前的生产发展所限制的条件），统治阶级的思想家或多或少有意识地从理论上把它们变成某种独立自在的东西，在统治阶级的个人的意识中把它们设想为使命等；统治阶级为了反对被压迫阶级的个人，把它们提出来作为生活准则，一则是作为对自己统治的粉饰或意识，一则是作为这种统治的道德手段。”[①] 历史唯物主义认为，人类社会生存和发展的基础是生产方式，社会的政治法律制度及其观念形态都是在生产方式的基础上建立起来的，又都是社会经济、政治关系的反映。因而，任何意识形态理论都是一定阶级利益的体现。如果抹杀意识形态的阶级性，企图建立一种超阶级、脱离现实的经济和政治关系的意识形态，那就只能是幻想，即“虚假的意识”，必须进行批判。

安迪·格林的历史与实证研究中，都深刻地触及了社会的矛盾与冲突。他用大量的实证研究的方法，论证了教育中的不平等问题，并诉诸平等的政策与制度制定。从宏观层面，他更关心教育的分配问题，而非线性的总体教育水平，因而也能更为深入地反映出资本主义教育体系隐蔽的不平等问题，如阶级差异、代际不公平等问题，甚至触及更为本源的阶级关系与利益上，但是却没有对其根源——私有制的经济基础进行批判。

私有制是资本主义的本质特征之一，是社会不平等的根源所在。它包含

---

① 中共中央马克思恩格斯列宁斯大林著作编译局:《马克思恩格斯全集》（第 3 卷），人民出版社，1960 年，第 492 页。

着“作为劳动的私有财产和作为资本的私有财产的关系”，因此也成为社会不平等和主体“异化劳动”的根源。由于资本对劳动及其产品具有支配权利，所以，资本家拥有不可抗拒的购买能力。而仅仅以谋生活动形式出现的劳动，不仅不能如统治阶级那样购买所需的东西，甚至得不到维持劳动所必需的条件，从而不得不出卖自己全部的人性。正如马克思所说：“当劳动阶级无论精神还是肉体，都被变为机器和工具，谁还能再沉溺于古典政治经济学冠冕堂皇地谈论着的劳动与资本之间相互协调的思想之中呢？！”[①]安迪·格林并没有意识到私有制是社会不平等及矛盾和冲突的根源，虽然他批判了自由主义的思想，但始终未触及私有制的核心。“把私有财产在现实中所经历的物质过程，放进一般的、抽象的公式，然后把这些公式当作规律。它不理解这些规律，就是说，它没有指明这些规律是怎样从私有财产的本质中产生出来的。”[②]这也是安迪·格林对于马克思思想继承与发展的不彻底性的表现。

在解决方案的诉求上，安迪·格林仍然寄托于国家教育制度的改革上。国家是贯穿安迪·格林教育哲学思想的一条主线，但也决定了安迪·格林思想的局限性。安迪·格林虽然坚持了马克思主义的国家观，即“国家是阶级统治的工具”，但是又乐观地相信，西方国家能够自主协调从而实现利益的平等和关系的和谐，最终实现个体的自由解放。在马克思看来，从无国家到有国家，再到国家的消亡，是人类社会发展的统一过程和必然规律。只有在一个没有国家的自由人的联合体中，没有阶级剥削和压迫，才能真正实现人的全面自由发展，人与社会的结合将从历史强加于他们的东西而转变为自己自由的行动。

很多学者认为，马克思历史唯物主义理论阐释的重要误区，就是用经济

---

① 丁少伦：《马克思的初心》，济南出版社，2018 年，第 111 页。

② 中共中央马克思恩格斯列宁斯大林著作编译局：《马克思恩格斯文集》（第 1 卷），人民出版社，2009 年，第 155 页。

因素解决一切历史现象，从而成为实质上的经济决定论。安迪·格林没有走上经济决定论的道路，却流露出另一种取向，就是将教育制度的一切变化都置于国家制度背景下给予理解，教育制度的一切环节都以国家为主旨，这也或多或少使其思想蒙上了简单化的色彩。安迪·格林期望通过国家干预的教育克服去全球化与现代性面临的社会秩序问题，并选择了一条与吉登斯相类似的民主的“第三条道路”，仍然具有一定的模糊性。对于教育的意识形态作用，安迪·格林并没有提出全球化时代的国家认同到底是什么，其坚持的仍然是资本主义“自由、民主、平等”的主流价值观，难以脱离其阶级局限性和迷惑性。由此可见，基于现代性的语境下，从现存的社会秩序出发讨论问题，先行地预设了现代性的合法性，却从未想过去触动这一前提本身，这是导致安迪·格林思想不彻底性的方法论根源。安迪·格林在批判西方教育问题的同时，没有找到科学的解决方法，试图在资本主义条件下解决由资本逻辑带来的社会问题，最终陷入了空想的窠臼。

6.3 安迪·格林教育哲学思想的启示

安迪·格林的教育哲学思想贯穿“国家”主线，凸显出教育促进社会团结和国家认同的重要的意义。对于我国当前的教育实践、社会治理及国家发展，尤其是对实现中华民族伟大复兴的“中国梦”，具有一定的借鉴意义。

6.3.1 重视国家的主导作用

“国家”是安迪·格林教育哲学的逻辑主体，对于长期浸淫于自由主义文化传统的研究者来说，这样的视角颇为难得。安迪·格林对英国国家教育体系进行了深刻的剖析与反思，尤其是指出英国教育体系的落后与其缺少国家干预直接相关，反映出他对英国国家教育的深刻焦虑。他对自己的民族国家在全球化时代如何通过教育来巩固国家认同也是耿耿于怀的，因为英国各自为政的政治和社会结构，造成了国家、教育、民族、文化认同之间的暧昧关系，缺乏统一的国家与政府的干预将带来英国教育的落后及整体国家的落后。他对全球化时代民族国家的教育前景提出如此深远的论题是值得我们深思的。在我们的民族性国家教育体系尚未足够完善的历史条件下，我们没有理由去循西方新自由主义教育市场化的价值观而无视或忽视文化认同的形成。安迪·格林对国家意义的重申，对民族国家的认同及教育在实现这一过程中的重要作用的深刻洞见，对我国的国家建设与发展具有积极的意义。

面对我国社会当前复杂的多元化状况，要实现社会的整合与结构的调整，不能仅仅关注外部的依赖与控制，更需要来自社会内部的协调与和谐，正如安迪·格林所说的“社会凝聚”，这种团结和凝聚需要社会成员内部形成共同的价值观，需要在多元价值上建立更高的价值统摄，形成最大限度的凝聚力量。

国家的意识形态是一种包含了道德主张和价值追求的占主导地位的思想体系。它是将社会个体连接起来的精神纽带，也是缓解社会冲突、增强国民凝聚力、维护社会稳定和统一的重要思想力量。国家通过主导宣传与教育机制将这种主流的价值观念向社会的各个领域渗透，使之成为一种个体内在的信仰和外在的规范。在这一过程中，国家的意识形态生产与社会及个人的需求要形成一种动态的平衡，这样才能形成一种广泛的价值共识，也才能实现社会的秩序与理性、团结与稳定。作为社会发展较高形态的社会主义国家，我国将国家的发展与个体的命运紧紧结合在一起，将国家强大、社会进步与个人的发展视为内在统一的共同体，这既是我们国家性质的优越性，同时也是国家意识形态的根本逻辑。

面对时代的发展，国家意识形态还要具备开放性与动态性。一方面，面对多元化的社会思潮，要批判地借鉴，合理地吸收，秉持开放的态度和胸襟，对于反映时代发展与人类进步理性的价值与诉求，要积极地吸收与回应；另一方面，面对生产力发展对上层建筑变革的需求，国家需要形成并塑造与之适应的意识形态与价值体系，以实现上层建筑积极的反作用，推动生产力的发展与创新，实现与经济发展之间的动态平衡。

6.3.2 加强社会主义核心价值观教育

面对自由主义与后现代主义的泛滥，安迪·格林指出，教育的私有化、市场化、自由化与多元化成为一股流行潮流，这严重冲击了国家教育制度体系，动摇了国家教育的根基。这种教育状况必然导致社会主体的相对化、碎片化与虚无化，不利于社会凝聚力的形成，不利于爱国主义与集体主义的发展。这不仅对于资本主义国家的民族国家意识造成了重大冲击，对我国的国家意识的发展也有不良影响。全球化及多元化时期，我国也面临着同样的机遇与挑战。现代社会发展的多样性，也带来了利益的冲突与社会主体的分化，社会收入的差距、阶层差异等现象日益明显，加之与各种意识形态理念，如自由主义、个人主义、后现代主义等思潮的结合，可能会引发进一步的社会矛盾和政治冲突。我国社会在实现从“传统”到现代的转型过程中，能否避免西方国家“现代化断裂”的问题，不仅需要有效的制度建构与社会整合，更需要一种既具有权威性，又具有广泛解释力的，能够为更多的民众所认可的价值共识。实现中华民族伟大复兴的“中国梦”是中国人民的普遍理想，社会主义的核心价值观，即“富强、民主、文明、和谐，自由、平等、公正、法治，爱国、敬业、诚信、友善”则是“中国梦”强大的价值支撑。

社会主义核心价值观基于“以人为本”的原则，具有意识形态的合法性。马克斯·韦伯曾指出：“任何一种真正的统治关系都包含着一种特定的最低限度的服从愿望，即从服从中获取利益。”[①] 核心价值观体现最广泛人民的最基本的需求与利益，为人的自由和全面发展提供可能并创造条件；同时也体现了个人与社会、国家等不同层面的关系模式，提出了应对社会矛盾与冲突的基本思想与制度原则；更重要的是确立了基于大众心理的普遍的价值

① ［德］马克斯·韦伯：《经济与社会》，林荣远译，商务印书馆，1998年，第238页。

共识。社会主义核心价值观体现出了传统文化与现代价值的并存、外来思想与本土文化的融合、理想目标与现实路径的结合、个体发展与社会进步的和谐。它唤醒了人民大众的认同并维持对其“合法性”的信仰。这是安迪·格林一直想寻找，但在资本主义国家制度下难以实现的价值共识目标。而我国是社会主义国家，生产资料公有制决定了人们在根本利益上的一致性，这就为我们形成统一的价值观提供了现实基础。我们必须重视国家在教育制度体系中的重要作用，努力培养社会主义核心价值观，增强民族自豪感和社会主义认同感。

6.3.3　关注教育的社会功能

安迪·格林的研究开宗明义地指出，教育应当具有社会功能，而不仅仅是人力资本理论指导下的经济目标与工具。在其实证调查中，也更加关注教育的分配，而不仅仅是针对个体的教育水平的提高。

安迪·格林并未明确提出其教育思想的哲学来源，但在其研究中，充分彰显了马克思主义哲学的思想特征，表现出对教育作为一种意识形态国家工具的信奉与期待。这不仅体现在他对涂尔干的教育社会化思想的继承与批判，也体现在其对帕特南等人的社会资本理论的辩证扬弃。虽然安迪·格林用实证调查的方式否定了个体主义、自由主义关于社会凝聚的理论推理，但他并没有否认社会资本理论对于建立社会秩序的积极作用，并将社会资本的指标（如信任、合作等）作为教育社会功能实现的表征。

社会资本的本质特点在于它的生产性，是能够带来丰厚回报的一种资源投资。对于一个组织或者共同体而言，社会资本的主要作用在于维持组织或共同体的稳定，保持团体或共同体成员行动的相对一致性，明确团体或共同体的认同度，提高团体或共同体内部个人或制度的动员能力和行动效率，最终达到促进社会秩序构建的目的。 教育对信任、合作及主体积极参与等社会资本培养，即是一种对集体意识和共同体培养的实践观照，它不仅会产生良好的社会秩序，更能产出良好的组织效益和效率。教育在培育社会资本的同时，能够建立和培养共同的伦理精神和道德规范，形成自觉的、内化的感受和道德驱动力，外化为自觉的义务与责任承担。这对于解决当前社会中人们由功利心理、自我中心的价值取向所导致的社会矛盾与问题无疑有着积极的作用。

著名教育批判哲学家保罗·弗莱雷指出，教育既是社会统治的手段，也是社会抗争与追求解放的手段，“被压迫者教育学有两个显著阶段。在第一阶段，被压迫者揭露压迫世界，并通过实践投身于改造压迫世界。第二阶段，压迫现实已经被改造，这种教育学不再属于被压迫者，而成为永久的解放过程中所有人的教育学”[①]。安迪·格林也认为，教育批判不仅仅是揭露教育的意识形态性和国家政治性，也要探索教育解放的可能性，并且通过教育解放才能真正塑造自由的社会主体，实现社会的发展与和谐。因此，在社会的层面上，教育不仅是维护社会的秩序，更重要的是在于建构和培养一种积极的力量，这种力量来自内在的认可而非外在的强制，来自人们内心解放的渴求，一旦这种渴求突破社会结构的束缚，教育就会从社会统治的工具转化为人类解放的手段。在资本主义社会，教育主要发挥着培养合格社会主体、维护资本主义统治的职能，同时潜在地具有揭露资本主义文化霸权、追求解放的作用。而在社会主义社会，教育是为了提高整个社会民族的综合素质，培养社会主义合格的建设者，以便从总体上增加人们的幸福与福祉。

小结

安迪·格林作为一名西方的教育学家，其思想既体现了马克思主义哲学的理论精髓，当然也具有难以超越的历史与时代的局限性。客观地分析与评

① [巴西]保罗·弗莱雷:《被压迫者的教育学》，顾建新等译，华东师范大学出版社，2001年，第10页。

价其思想，可为我国的社会发展与教育实践提供有益的借鉴。

安迪·格林运用历史唯物主义的观点来追溯教育与国家的辩证关系及其演化的历史过程，并进一步将其运用于全球化时代的教育解读，深化了教育哲学理论的研究，也丰富了马克思主义教育理论。在理论观点方面，安迪·格林指出社会平等与正义在教育中的重要地位，并将其视为教育的使命，重点关注了由分配的不平等所带来的教育不平等及社会秩序的问题，有利于我们更加深刻地认识西方国家的教育本质及其问题。在方法论层面，安迪·格林着眼于社会关系及制度层面的效果，采用了跨国的比较分析法，强调国家背景及区域背景的解释性，较好地避免了方法论个人主义所产生的“谬误”。这种社会科学研究方法在很大程度上保证了安迪·格林教育哲学理论的先进性与科学性。

当然，安迪·格林的教育哲学理论也存在某些理论缺陷。第一，坚持了社会生活的优先性，忽视了个体存在的意义。在强调社会规定性、集体优先性的同时，却忽视了个体对社会关系的主动性。第二，安迪·格林的历史与实证研究，都深刻地触及了社会的矛盾与冲突，但是却没有对其根源——私有制的经济基础进行批判，而是诉诸平等的政策与制度制定。安迪·格林的教育哲学思想基于现代性的语境，先行地预设了现代性的合法性，却从未想过去触动这一前提本身，这也是安迪·格林思想的不彻底性所在。

鉴于安迪·格林教育哲学思想的优缺点，我们有必要对其进行深入的反思，在批判基础上合理借鉴。我们要加强国家在教育中的主导作用，理顺国家与教育之间的关系，反对全球化思潮与新自由主义对国家教育体系的冲击，坚持教育的公共性与公平性。我们也要加强社会主义核心价值观的教育，增强社会主义价值认同感与国家民族凝聚力。我们要认识到，在社会主义社会，教育是为了从总体上增加人们的幸福与福祉。

结 语

在当今时代，教育既是人的现实存在方式，又是人的具体生产与再生产形式。杜威指出，“哲学是教育的最一般方面的理论”，而“教育乃是使哲学上的分歧具体化并受到检验的实验室”。[①]教育与哲学的关系是一种普遍与特殊性的关系，哲学是教育理论与教育实践的抽象原则，而教育则是哲学理念的具体展开与呈现。教育哲学内在地统合了哲学与教育的关系，力图将哲学理念与教育实践有机结合起来，探索教育发展的完美理念、有效路径与践行方式，以促进人的存在的完美化与理想化，实现社会的和谐与人的进步和发展。

教育哲学通常包含两个维度，一是批判、否定性维度，是对当下教育理念与教育实践的否定，揭示既存教育问题的本质与表征；二是建构、解放性维度，通过批判当下的教育问题，探索新的教育理念与实践方式，以此推进教育的启蒙与解放功能，实现人的全面而自由的发展。安迪·格林的教育哲学理论既对当下的教育理念与教育实践活动进行了分析与批判，指出了教育面临的理论困境与现实挑战，即后现代主义思潮与新自由主义思潮对传统教育理论与教育实践的侵蚀。面对既存教育知识理念与当下教育实践的困局，安迪·格林在借鉴社会批判、文化批判与教育批判诸理论的基础上，讨论了国家与教育之间的辩证关系，提出了重新建构以实现国家认同、社会凝聚为目标的国民教育体系及国家主导的教育实践方案。

安迪·格林的教育哲学思想具有自身鲜明的特色。在理论逻辑上，其以国家与教育的关系为逻辑线索，从教育的意识形态属性入手，揭示了教育的

① [美]杜威：《民主主义与教育》，王承绪译，人民教育出版社，1990年，第347页。

意识形态本性，阐述了西方资本主义教育背后的主导逻辑即资本主义意识形态；阐明了教育制度是意识形态生产的物质载体，生产与再生产资本主义文化霸权；凸显了教育意识形态的生产过程，即通过在教育理念与教育活动中实现同质性与多样性的统一、精英与大众的融合、个体与国家的协调等手段，掩盖了教育的阶级性、特殊性与霸权性，行使其意识形态功能。

安迪·格林指出，国家的意识形态功能的发挥必须以教育的政治化为前提，教育政治介入性是教育实现其意识形态功能与政治统治功能的必要条件。国民教育制度则是教育介入国家政治行为的现实手段与有效形式，民族国家的形成与国民教育制度具有时序同构性，国民教育制度是现代民族国家形成与发展的重要促进力量，是实现民族国家认同的重要政治手段，也是教育意识形态功能实现的制度条件。同时安迪·格林辩证地分析了教育的政治功能和文化功能，虽然教育与国民教育属于国家统治的机器，是维护统治阶级利益的手段和工具，但是安迪·格林并未完全否定教育的作用，而是在批判的基础上揭示了教育与国民教育制度的积极性，即社会凝聚。社会凝聚有利于维护稳定的社会秩序，能够增强民众的国家认同感与民族归属感，对于整个人类的发展具有重要的作用，尤其是在全球化的今天，对于维护人民的国家身份与民族意识进而反对历史虚无主义更具有特殊意义。

因此，在教育批判的实践指向方面，安迪·格林在反对后现代主义与新自由主义教育理念的基础上，主张重新发展国民教育理念，通过在教育实践中发挥国家与社会的力量以反对教育的多元化、市场化、碎片化，提倡教育的大众性、公平性与终身性，以实现教育对个人与社会的主体塑造功能。可见，面对当今教育的困境，安迪·格林围绕国家与教育的关系，揭示并批判了教育与国民教育制度的社会阶级性、意识形态性与政治工具性等国家机器属性，在批判后现代主义与新自由主义教育意识形态的基础上又阐发了教育与教育制度的社会凝聚功能，进一步提出建立国民教育理念，践行国家教育具体方案以促进教育的公平化、民主化与合法化，以解决当下的教育困境的理论思想。安迪·格林的这种教育哲学思想对于解决全球化语境下教育的私有性、不平衡性、不平等性等问题，实现教育的大众性、公平性及社会正义的目标具有重要的意义。

在方法论方面，安迪·格林的教育哲学思想也具有鲜明的特征，体现出安迪·格林在建构教育理论中的致思理路与思维模式。

第一，批判性的思维方式。安迪·格林的教育哲学具有浓厚的批判意识，这种批判性思维表现为三个方面，一是对前人相关教育批判理论的反思，安迪·格林在建构教育哲学的过程中，深入分析了马克思主义国家—社会批判，葛兰西的霸权理论批判，阿尔都塞的意识形态国家机器理论批判，西方教育社会学，英国新左派的历史、文化批判，成人教育等理论观点，并将这些社会批判理论的内容和方法纳入教育批判的理论视域之中，在教育哲学的问题域中进行理论的融合与建构，既保留了原有理论的批判性内容，又形成了教育批判思维的新内涵。二是对既有的后现代主义与新自由主义教育理念及其教育实践活动进行批判，揭示了其背后的资本主义意识形态本质，批判了教育私有化、市场化与个体化带来的社会危害，重申了国民教育体系的必要性。但是安迪·格林同时也揭露了国民教育体系的国家机器属性，主张通过调整国民教育制度的政治工具性以充分发挥其社会凝聚功能，这体现了安迪·格林的辩证性批判思想。三是通过批判性思维建构教育理念与教育实践行为，在教育批判中力图实现教育理念与教育实践的民主化、平等性与公共性，在国民教育制度的指导下提升人们的科学素质与道德修养，促进社会的进步与和谐，由此推动人类社会的解放。

第二，历史主义的思维范式。安迪·格林在建构教育哲学理论时，注重历史资料的论证与历史事实的支撑，从教育历史的视角来阐发与论述自己的理论观点。在批判教育的意识形态性的过程中，安迪·格林分析了不同时期教育意识形态的不同内容及其性质，梳理了从宗教教育到科学教育再到后现代主义教育与新自由主义教育等不同时期教育理论的发展情况，揭示了教育意识形态的不同历史形式，并深入分析了教育意识形态形式的历史演变及其历史条件，体现了教育意识形态的普遍性与特殊性。在考察国民教育制度时，安迪·格林没有局限于某一特定的历史时期分析国民教育制度的内容与形式，而是在理论层面阐述了国民教育制度的理论起源及其演化过程，对国民教育制度的理论发展状况做了细致的分析与说明。在历史事实层面阐述了国民教育制度与国家形成之间的时序同构关系，从历时性维度揭示了国民教育制度发展的内在逻辑与外在展现，并由此说明当今国家教育制度的重要性与必要性。安迪·格林同样以历史主义的眼光看待社会凝聚问题，通过挖掘社会凝聚的历史来源及其发展类型，说明了社会凝聚的思想演化及其历史功能。安迪·格林从历史的视角分析了社会凝聚的根源与类型，社会凝聚的历史渊源主要有自由主义的自然和谐观点、共和主义的分工团结观点与浪漫保守主义的文化团结思想，而社会凝聚的类型则主要有自由体制、社会市场主义、社会民主制度、东亚模式等四种，通过深入分析社会凝聚的历史渊源及其发展类型，安迪·格林把握了社会凝聚与教育之间的内在关系。可见，通过历史主义的思维范式，安迪·格林考察了教育、国民教育制度、社会凝聚等教育范畴历史演化过程，揭示了其历史功能与历史条件，为论述这些教育范畴的当代功能提供了历史证据，增加了其教育哲学的历史感与现实感。

第三，建构主义的思维模式。安迪·格林的教育哲学思想重视教育的后天培养性与社会建构性，指出教育既能改变社会结构与社会环境，同时也被社会条件所改变。教育实践过程中，教育主体与教育客体处于一种文化互动的关系之中，不同的社会历史条件影响教育理念与教育实践方式，而教育理念与实践方式又会对社会结构与民族心理造成重要影响。

安迪·格林在说明教育与国民教育制度的国家机器性的过程中，重点揭示了教育背后的阶级利益、文化霸权与政治权力在教育理念与教育实践活动中的重要影响。他认为一个特定时代、一个特定国家的教育思想与教育制度是社会经济结构、文化结构与政治结构的产物，而教育实践也在塑造社会主体与社会结构。通过国家教育制度与国家形成辩证关系的探索，安迪·格林指出国民教育制度随着国家历史条件的发展变化而变化，生成于具体的社会历史条件之中，并且随着民族国家形成的不同，国民教育制度在同一时期的不同国家中表现出鲜明的文化差异性。

安迪·格林对教育的社会凝聚功能做了建构主义的说明，认为社会凝聚的内涵及其形式受制于社会历史条件与文化传统的制约，没有一成不变的社会凝聚形式，社会凝聚生成于现实的历史条件之中，随社会历史条件的变化与民族文化的传统而不断地生成与建构。在此观点上，安迪·格林力图通过消除教育不平等、重建国家认同与建构多元文化认同等手段推动教育实践的民主化与公正化，通过建构更好的教育理念与教育实践实现社会的融合与和谐。同时，安迪·格林从公共教育制度、国家课程、职业和技术教育、终身学习等四个方面建构了当代教育的实践方式，以便反抗教育市场化、私有化与自由化的影响，从而更好地塑造公共性社会秩序与社会主体，建构更加理想的教育体系与社会制度。

在全球化时代，作为资本主义意识形态的后现代主义与新自由主义大行其道，深深影响了教育理念与教育实践活动，其提倡的私有化、自由化、市场化与多元化的教育思想与教育实践方式消解了教育的民族国家根基与国家身份根据，对民族国家的文化认同与民族凝聚力产生消极的影响。在这种教育理念与教育实践影响下，人们更加崇尚自由主义、个人主义与多元主义，大写的人与崇高的主体的哲学根基遭到削弱，人类共同体理念陷入困境。在这种历史语境下，安迪·格林的教育哲学思想深入批判了新自由主义与后现代主义教育理念的危害性，重新主张建构国民教育制度体系，试图通过发挥国家力量在教育实践中的作用，塑造现代科学素质与文化道德方面合格的现代公民，以此凸显教育的公共性、民族国家性、平等性，这对于当今的教育公共性困境无疑是一种积极的反思，其国民教育理念无疑是一种重要的教育哲学理念。

2020 年初，新冠肺炎突然暴发，肆虐全球，给人类生存与社会发展带来了巨大的威胁，世界人民遭受重大损失。在这种历史事件中，作为疫情重灾区的中国在中国共产党领导下，在全体人民的努力抗争下，疫情得到了良好的控制。其中，中国人民的爱国精神、集体主义意识与公共精神发挥了巨大的社会凝聚作用，为我们战胜新冠肺炎疫情提供了巨大的精神支撑，这得益于我国的国家教育体系的坚持。反观欧美发达国家，由于自由主义、多元主义与个人主义的影响，在抗击新冠肺炎疫情的过程中则显得过于散漫，影响了国家政策的执行效力。这与当今西方教育的新自由主义化与后现代主义化具有内在的联系，教育资本化、私有化和自由化的发展消解了人们的共同体意识，教育实践难以塑造具有共同体理念与公共性精神的社会主体，导致在自然灾难面前难以团结成一股力量，共同抗争人类大敌。或许安迪·格林坚守国民教育制度的教育理念及其实践方式，会对当今西方教育理念的走向产生更大的启示。

附　录　安迪·格林关于教育、平等与社会凝聚的调查（节选）

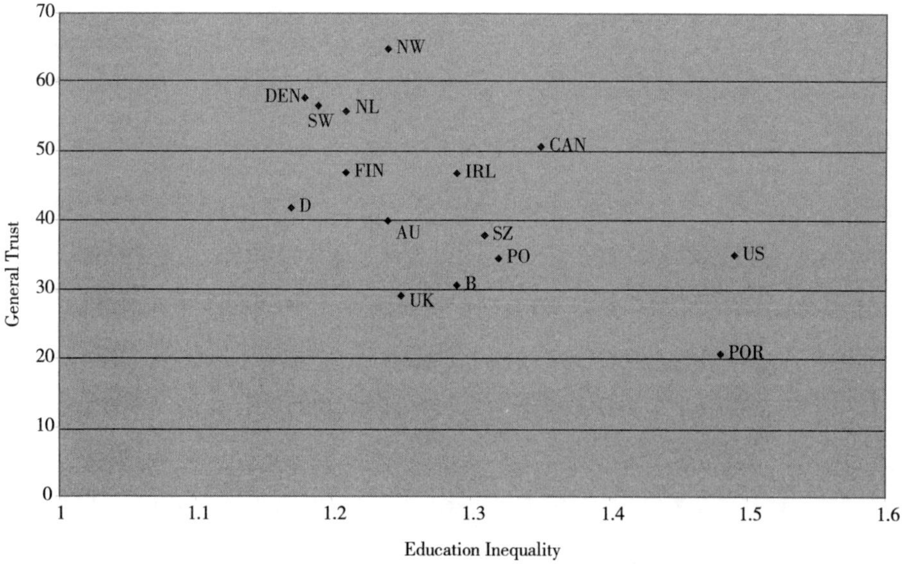

Figure 1: Education inequality and general trust

Table 1: Skill inequality and Social Cohesion

	Correlation	Sig.
GENERAL TRUST	-.592*	.020
MEMBERSHIPS	.333	.225
TRUST IN DEMOC.	-.283	.307
TAX CHEAT.	.265	.340
TRANSPORT CHEAT	.171	.543
CRIME	.398	.142
TOLERANCE	-.060	.831
COMMUNITY SAFE.	.404	.171

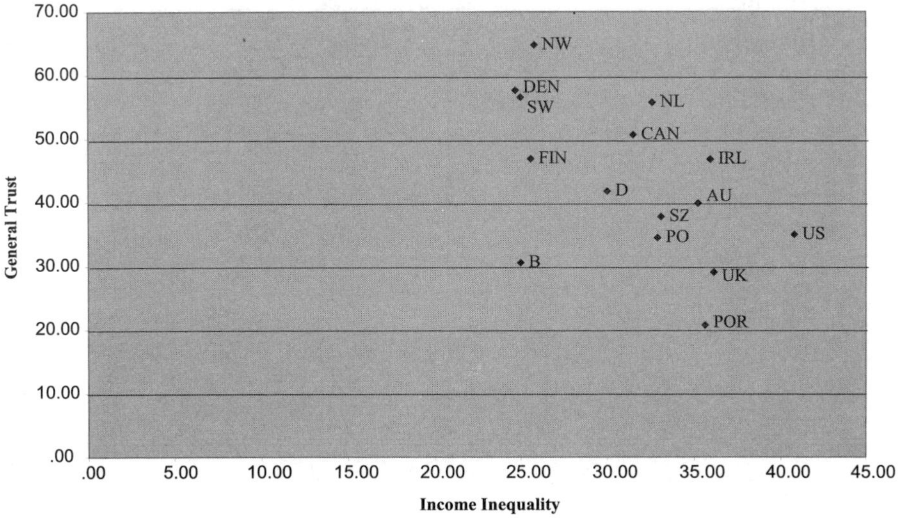

Figure 2: Income Inequality and General Trust

Table 2: Income Distribution and Social Cohesion

	Correlation	Sig.
GENERAL TRUST	**-.547***	**.035**
MEMBERSHIPS	.414	.125
TRUST IN DEMOC.	-.305	.269
TAX CHEAT.	.403	.136
TRANSPORT CHEAT	-.009	.975
CRIME	**.640**	**.010**
TOLERANCE	.636*	.020
COMMUNITY SAFE.	.240	.389

* Correlation is significant at the 0.05 level（2-tailed）.

Table 3：Gini Coefficients（Mid 1990s）

COUNTRY	GINI	COUNTRY	GINI
Australia	35.20	Norway	25.80
Belgium	25.00	Poland	32.90
Britain	36.10	Portugal	35.60
Canada	31.50	Sweden	25.00
Denmark	24.70	Switzerland	33.10
Finland	25.60	USA	40.80
Ireland	35.90	Germany	30.00
Netherlands	32.60		

Source : World Bank（2001）

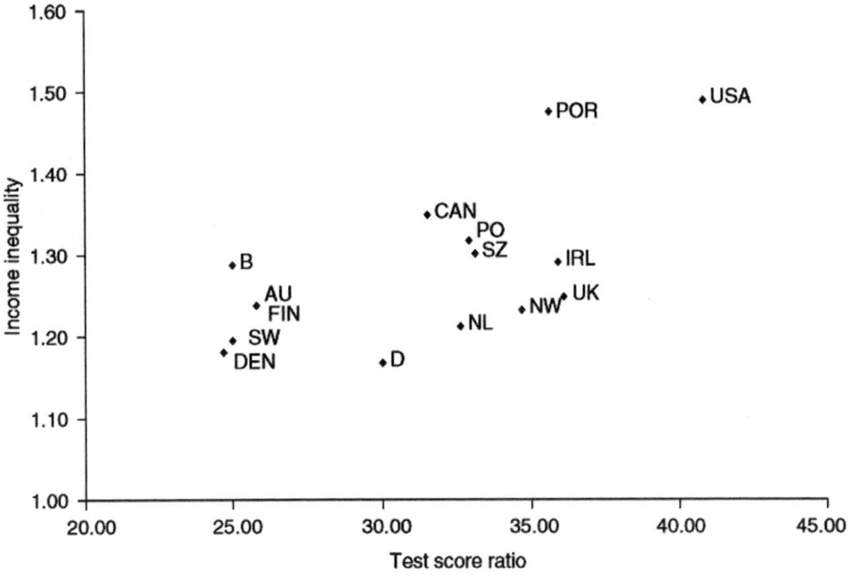

Figure 3： Educational Inequality and Income inequality

Table 4：Correlations between Variables in Political Dataset

	edgini	gini	gdp	civlib	pollib	unrest
edgini	1					
gini	0.44**	1				
gdp	-0.49**	-0.10	1			
civlib	-0.31**	0.21	0.79**	1		
pollib	-0.17	0.31*	0.77**	0.94**	1	
unrest	0.19*	0.18	-0.17	-0.17	-0.16	1

（*: significant at 5 per cent, **: significant at 1 per cent）

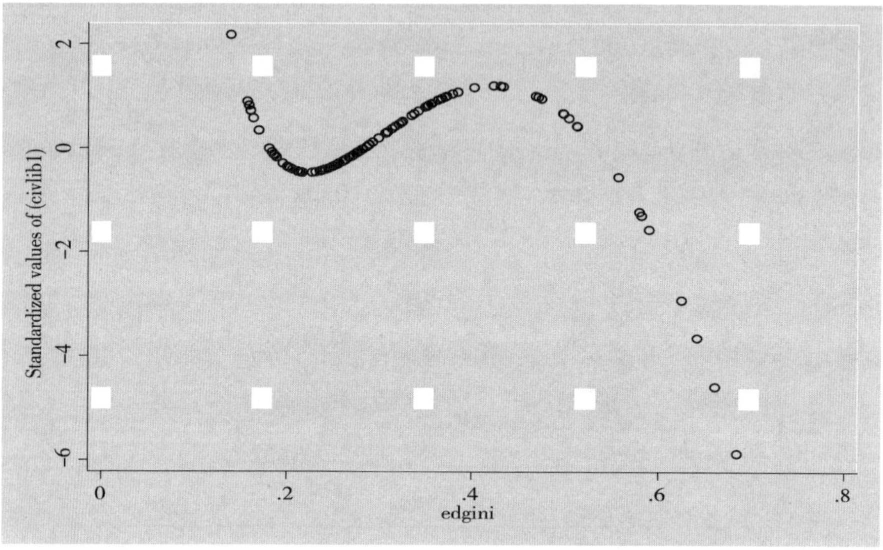

Figure 4 : Educational Inequality and Civil Liberties

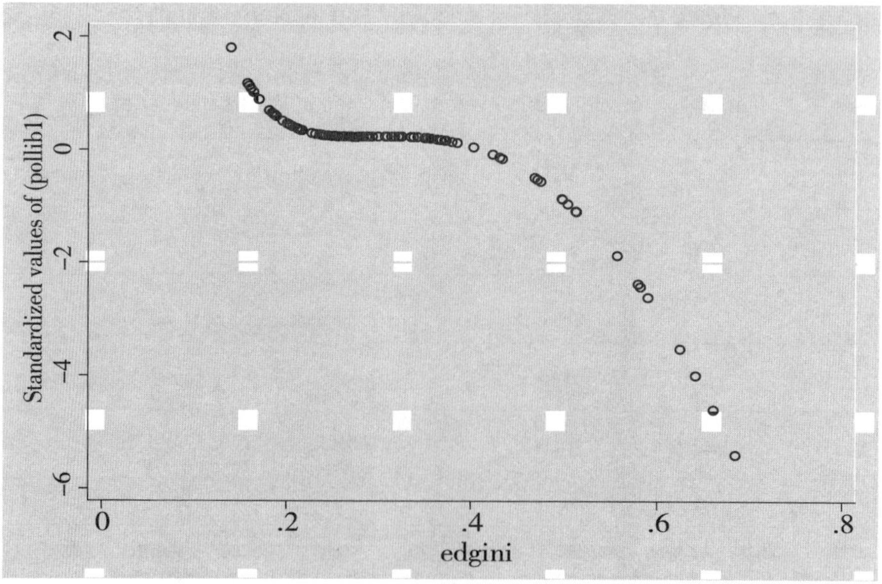

Figure 5: Educational Inequality and Political Liberty

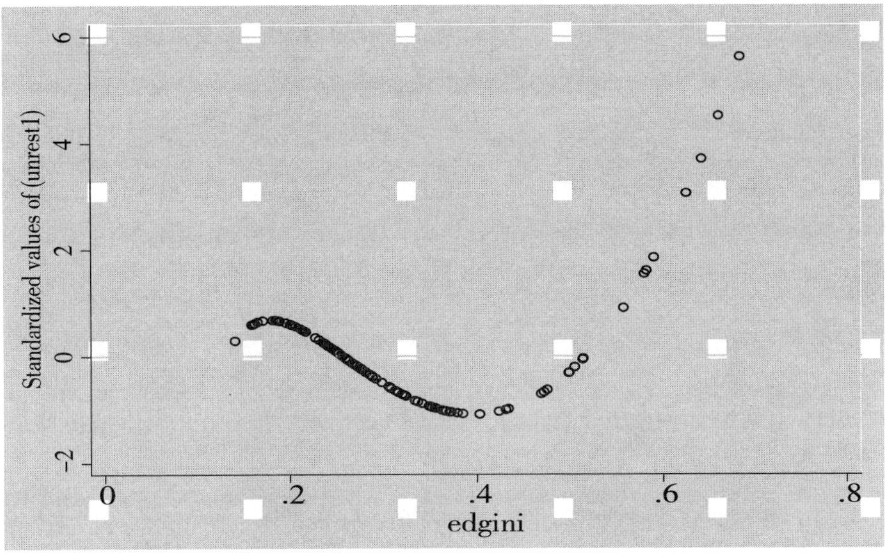

Figure 6: Educational Inequality and Unrest

参考文献

图书

[1] 中共中央马克思恩格斯列宁斯大林著作编译局 . 马克思恩格斯全集（第 3 卷）[M]. 北京：人民出版社 ,1960.

[2][德] 黑格尔 . 法哲学原理 [M]. 范扬，张企泰译 . 北京：商务印书馆，1961.

[3][英] 布莱恩 · 麦基 . 思想家 [M]. 周穗明，翁寒松等译 . 上海：三联书店，1978.

[4][英] 洛克 . 教育漫话 [M] . 北京：人民教育出版社，1985.

[5][英] 霍布斯 . 利维坦 [M]. 黎思复，黎廷弼译 . 北京：商务印书馆，1985.

[6][美] 麦克莱伦 . 教育哲学 [M]. 宋少云译 . 上海：三联书店，1988.

[7][英] 约尔 . “西方马克思主义”的鼻祖——葛兰西 [M]. 郝其睿译 . 长沙：湖南人民出版社，1988.

[8][英] 拉尔夫 · 密利本德 . 英国资本主义民主制 [M]. 博铨，向东译 . 北京：商务印书馆，1988.

[9][英] 佩里 · 安德森 . 当代西方马克思主义 [M]. 余文烈译 . 北京：东方出版社，1989.

[10][美]S. 鲍尔斯，H. 金蒂斯 . 美国：经济生活与教育改革 [M]. 王佩雄等译 . 上海：上海教育出版社，1990.

[11][英] 雷蒙德 · 威廉斯 . 文化与社会 [M]. 北京：北京大学出版社，

1991.

[12] 中外名人研究中心编 . 马克思主义哲学导读 [M]. 上海：上海人民出社，1991.

[13] 中共中央马克思恩格斯列宁斯大林著作编译局 . 马克思恩格斯选集（1—4 卷）[M]. 北京：人民出版社，1995.

[14][法] 布迪厄 . 文化资本和社会炼金术 [M]. 包亚明译 . 上海：上海人民出版社，1997.

[15][德] 马克斯・韦伯 . 民族国家与经济政策 [M]. 甘阳等译 . 北京：生活・读书・新知三联书店，1997.

[16][英] 安东尼・吉登斯 . 民族—国家与暴力 [M]. 胡宗泽，赵力涛译 . 北京：生活・读书・新知三联书店，1998.

[17] 马克思 .1844 年经济学哲学手稿 [M]. 北京：人民出版社，2000.

[18][意] 葛兰西 . 狱中札记 [M]. 曹雷雨等译 . 北京：中国社会科学出版社，2000.

[19][英] 埃里克・霍布斯鲍姆 . 民族与民族主义 [M]. 李金梅译 . 上海：上海人民出版社 .2000.

[20][法] 埃米尔・涂尔干 . 社会分工论 [M]. 渠东译 . 北京：生活・读书・新知三联书店，2000.

[21][法] 爱弥尔・涂尔干 . 职业伦理与公民道德 [M]. 渠东，付德根译 . 上海：上海人民出版社，2001.

[22][巴西] 保罗・弗莱雷 . 被压迫者的教育学 [M]. 顾建新等译 . 上海：华东师范大学出版社，2001.

[23][法] 阿尔都塞 . 哲学与政治：阿尔都塞读本 [M]. 陈越编译 . 长春：吉林人民出版社，2003.

[24] 马克思，恩格斯 . 德意志意识形态（节选本）[M]. 北京：人民出版社，2003.

[25][英] 杰夫・惠迪 . 教育中的放权与择校：学校、政府和市场 [M]. 马

忠虎译 . 北京：教育科学出版社，2003.

[26] 马克思 . 资本论（第 3 卷）[M]. 北京：人民出版社，2004.

[27][美] 戴维·麦克莱伦 . 马克思以后的马克思主义 [M]. 李智译 . 北京：中国人民大学出版社，2004.

[28][美] 贝瑞·康柏 . 批判教育学的议题与趋势 [M]. 彭秉权译 . 高雄：丽文文化事业股份有限公司，2005.

[29][澳] 罗·霍尔顿 . 全球化与民族国家 [M]. 倪峰译 . 北京：世界知识出版社，2006.

[30][美] 罗伯特·K. 默顿 . 社会理论和社会结构 [M]. 唐少杰，齐心等译 . 南京：译林出版社，2008.

[31][英] 戴维·米勒 . 论民族性 [M]. 刘曙辉译 . 南京：译林出版社，2010.

[32][法] 涂尔干 . 宗教生活的基本形式 [M]. 渠东，汲喆译 . 北京：商务印书馆，2011.

[33][美] 史丹利·阿若诺威兹，[美] 彼得·布拉提斯 . 逝去的范式：反思国家理论 [M]. 李中译 . 长春：吉林人民出版社，2011.

[34][美] 罗伯特·帕特南 . 独自打保龄：美国社区的衰落与复兴 [M]. 刘波等译 . 北京：北京大学出版社，2011.

[35][加] 雷蒙德·艾伦·蒙罗，[美] 卡洛斯·阿尔伯特·托雷斯 . 社会理论与教育：社会与文化再生产理论批判 [M]. 宇文利译 . 上海：上海人民出版社，2012.

[36][英] 艾瑞克·霍布斯鲍姆 . 霍布斯鲍姆年代四部曲系列 [M]. 北京：中信出版社，2014.

[37][美] 加布里埃尔·A. 阿尔蒙德，西德尼·维巴 . 公民文化——五个国家的政治态度和民主制 [M]. 张明澍译 . 北京：商务印书馆，2015.

[38][英] 安东尼·吉登斯 . 现代性与自我认同：晚期现代中的自我与社会 [M]. 夏璐译 . 北京：中国人民大学出版社，2016.

[39][英] 赫伯特・斯宾塞 . 社会静力学 [M]. 张雄武译，北京：商务印书馆，2017.

[40] 徐崇温 . 西方马克思主义 [M]. 天津：天津人民出版社，1982.

[41] 黄济 . 教育哲学 [M]. 北京：北京师范大学出版社，1985.

[42] 刁培萼，丁沅 . 马克思主义教育哲学 [M]. 上海：华东师范大学出版社，1987.

[43] 俞吾金 . 意识形态论 [M]. 上海：上海人民出版社，1993.

[44] 邹永贤，等 . 现代西方国家学说 [M]. 福州：福建人民出版社，1993.

[45] 乔瑞金 . 现代整体论 [M]. 北京：中国经济出版社，1996.

[46] 郑一明 .“西方马克思主义”的文化哲学思想研究 [M]. 重庆：重庆出版社，1998.

[47] 涂艳国 . 走向自由——教育与人的发展问题研究 [M]. 武汉：华中师范大学出版社，1999.

[48] 刘进田 . 文化哲学导论 [M]. 北京：法律出版社，1999.

[49] 董标 . 马克思主义教育思想论纲（修订本）[M]. 徐州：中国矿业大学出版社，1999.

[50] 刘放桐 . 新编现代西方哲学 [M]. 北京：人民出版社，2000.

[51] 姜守明 . 从民族国家走向帝国之路 [M]. 南京：南京师范大学出版社，2000.

[52] 刘泽华 . 中国传统政治哲学与社会整合 [M]. 北京：中国社会科学出版社，2000.

[53] 衣俊卿，丁立群 . 20 世纪的新马克思主义 [M]. 北京：中央编译出版社，2001.

[54] 何萍 . 马克思主义哲学与文化哲学 [M]. 武汉：武汉大学出版社，2002.

[55] 俞吾金，陈学明 . 国外马克思主义哲学流派新编 [M]. 上海：复旦大

学出版社，2002.

[56][美] 亨利·吉罗克斯 . 跨越边界：文化工作者与教育政治学 [M]. 刘惠珍等译 . 上海：华东师范大学出版社，2002.

[57] 邢媛 . 当代社会发展观导论 [M]. 北京：社会科学文献出版社，2002.

[58] 石中英 . 教育哲学导论 [M]. 北京：北京师范大学出版社，2002.

[59] 孙伯鍨、侯惠勤 . 马克思主义哲学的历史和现状 [M]. 南京：南京大学出版社，2004.

[60] 陈炳辉 . 西方马克思主义的国家理论 [M]. 北京：中央编译出版社，2004.

[61] 岳蓉 . 英国民族国家研究 [M]. 贵阳：贵州人民出版社，2004.

[62][美] 迈克尔 W. 阿普尔 . 文化政治与教育 [M]. 阎光才等译 . 北京：教育科学出版社，2005.

[63] 邵腾 . 资本的历史极限与社会主义——回归马克思的理论基础上的整合研究 [M]. 上海：上海大学出版社，2005.

[64] 叶澜 . “新基础教育”论——关于当代中国学校变革的探究与认识 [M]. 北京：教育科学出版社，2006.

[65] 王坤庆 . 教育哲学——一种哲学价值论视角的研究 [M]. 武汉：华中师范大学出版社，2006.

[66] 张楚廷 . 教育哲学 [M]. 北京：教育科学出版社，2006.

[67] 唐昆雄 . 全球语境下的“民族国家悖论”研究 [M]. 贵阳：贵州科技出版社，2007.

[68] 张云鹏 . 文化权：自我认同与他者认同的向度 [M]. 北京：社会科学文献出版社，2007.

[69] 周谷平 . 马克思主义教育思想的中国化历程：选择·融合·发展 [M]. 杭州：浙江大学出版社，2008.

[70] [美] 诺丁斯 . 教育哲学 [M]. 许立新译 . 北京：北京师范大学出版

社，2008.

[71] 赵可金 . 全球公民社会与民族国家 [M]. 上海：上海三联书店，2008.

[72] 侯怀银 . 中国教育学发展问题研究 [M]. 太原：山西教育出版社，2008.

[73] 张人杰 . 国外教育社会学基本文选（修订版）[M]. 上海：华东师范大学出版社，2008.

[74] 王晓升 . 西方马克思主义意识形态理论 [M]. 北京：社会科学文献出版社，2009.

[75] 张亮 . 英国新左派思想家 [M]. 南京：江苏人民出版社，2010.

[76] 潘西华 . 葛兰西文化领导权思想研究 [M]. 北京：社会科学文献出版社 .2012.

[77] 孙民 . 政治哲学视阈中的意识形态领导权：从葛兰西到拉克劳、墨菲 [M]. 北京：人民出版社，2012.

[78] 肖扬东 . 马克思主义国家理论的新进展 [M]. 上海：上海人民出版社，2012.

[79][美] 迈克尔・W. 阿普尔 . 全球危机、社会公平和教育 [M]. 李慧敏译 . 北京：中国政法大学出版社，2012.

[80] 乔瑞金 . 英国的新马克思主义 [M]. 北京：人民出版社，2013.

[81] 孙宜晓 . 葛兰西历史主义思想研究 [M]. 合肥：合肥工业大学出版社，2013.

[82] 邢媛 . 马克思社会冲突思想 [M]. 太原：山西人民出版社，2013.

[83][美] 阿普尔著 . 教育能够改变社会吗？ [M]. 王占魁译 . 上海：华东师范大学出版社，2014.

[84] 李志东 . 新加坡国家认同研究（1965—2000）[M]. 北京：中国人民大学出版社，2014.

[85] 马凤岐 . 教育政治学 [M]. 北京：人民教育出版社，2014.

[86] 徐冰鸥 . 意识形态解蔽与教育批判——阿普尔教育哲学思想研究 [M]. 北京：高等教育出版社，2014.

[87] 范春燕 . 普兰查斯国家理论研究 [M]. 北京：中国社会科学出版社，2015.

[88] 李韦 . 宗教改革与英国民族国家建构 [M]. 北京：人民出版社，2015.

[89] 李凤丹 . 英国文化马克思主义的逻辑与意义 [M]. 北京：人民出版社，2015.

[90] 倪小敏 . 教育公平与教育效率——英美基础教育政策演进研究 [M]. 济南：山东教育出版社，2015.

[91] 叶惠珍 . 葛兰西文化领导权思想及其话语路径研究 [M]. 北京：社会科学文献出版社，2016.

[92] 石海波 . 中间阶层的社会凝聚力研究 [M]. 哈尔滨：黑龙江大学出版社，2016.

[93] 徐贲 . 统治与教育：从国民到公民 [M]. 北京：中央编译出版社，2016.

[94] 刘庆昌 . 思想者的逻辑 [M]. 太原：山西人民出版社，2017.

[95] 邢媛 . 文化认同的哲学论纲 [M]. 北京：人民出版社，2018.

[96][英] 安迪・格林 . 教育、全球化与民族国家 [M]. 朱旭东、徐卫红等译 . 北京：教育科学出版社，2004.

[97][英] 安迪・格林 . 教育与国家形成：英、法、美教育体系起源之比较 [M]. 王春华等译 . 北京：教育科学出版社，2004.

[98][英] 安迪・格林，等 . 教育、平等和社会凝聚力：一种基于比较的分析 [M]. 赵刚等译 . 上海：华东师范大学出版社，2018.

期刊论文

[1] 宫哲兵，黄汉江 . 哲学史上的民族性问题探讨 [J]. 齐鲁学刊，1984（1）：40—44.

[2] 鲁品越 . 社会凝聚力简论 [J]. 社会学研究，1992（2）：91—96 .

[3] 周炽成 . 从哲学的民族性与超民族性看我国哲学研究的前景 [J]. 哲学动态，1993（10）：27—29.

[4] 石伟平 . 西方新自由主义和新保守主义对英国当前教育改革的影响 [J]. 教育研究，1996（7）：65—70.

[5] 钱家琪，朱旭东 . 经济全球化对民族国家教育的挑战——西方新马克思主义教育观评析 [J]. 比较教育研究，1998（6）：2—8.

[6] 段忠桥 . 马克思和恩格斯的公平观 [J]. 哲学研究，2000（8）：32—35.

[7] 项贤明 . 教育全球化的后殖民特征 [J]. 教育理论与实践，2000（12）：2—5.

[8] 吴家华 . 论马克思主义哲学的世界性、民族性、阶级性的关系 [J]. 思想理论教育导刊，2001（12）：39—43.

[9] 陈鹏 . "民族性" 的分析与重建——冯友兰文化观的意义 [J]. 北京社会科学，2002（2）：103—110 .

[10] 顾明远 . 知识的哲学思考——释介《现代教育知识论》[J]. 北京师范大学学报（社会科学版），2002（4）：140—141.

[11] 周昌忠 . 后现代科学知识论 [J]. 哲学研究，2002（7）：61—66.

[12] 彭正梅 . 德国批判教育学述评 [J]. 外国教育研究，2002（10）：5—9.

[13] 陶然 . 教育：人之双重建构的实践活动 [J]. 南京工业大学学报（社会科学版），2003（2）：74—77.

[14] 陈学明 . 论"西方马克思主义"的当代意义——从与后现代主义对立的视角看 [J]. 复旦学报（社会科学版），2003（4）：9—18.

[15] 曾凡跃 . 略论哲学的民族性 [J]. 广西社会科学，2003（8）：24—26.

[16] 郑崧 . 20 世纪国外有关公共教育制度起源问题的研究述评 [J]. 比较教育研究，2003（8）：5—10.

[17] 王凤才 . 西方马克思主义走向何方？[J]. 学习时报，2004（10）：25.

[18] 侯怀银 .20 世纪上半叶中国学者对教育哲学学科建设的探索 [J]. 教

育研究，2005（1）：7—16.

[19] 陆道夫 . 英国伯明翰学派早期亚文化研究探微 [J]. 广东技术师范学院学报，2005（2）：36—40.

[20] 黎熙元 . 全球性、民族性与本土性——香港学术界的后殖民批评与香港人文化认同的再建构 [J]. 社会学研究，2005（4）：189—206+246.

[21] 林孟清 . 知识论的政治意识形态本性及其批判 [J]. 哲学研究，2005（4）：99—103.

[22] 王剑峰 . 全球化、国家能力分化与民族冲突 [J]. 中央民族大学学报，2005（6）：29—33.

[23] 乔瑞金，师文兵 . 历史主义与结构主义——英国新马克思主义哲学探索的主导意识 [J]. 哲学研究，2005（2）：33—40.

[24] 安维复 . 社会建构主义：后现代知识论的“终结”[J]. 哲学研究，2005（9）：60—67.

[25] 朱旭东 .“教育全球化”的意识形态批判 [J]. 教育发展研究，2005（18）：25—31.

[26] 段忠桥 . 道德公平与社会公平 [J]. 河北学刊，2006（1）：12—16.

[27] 邢媛 . 贝尔社会发展思想的内在张力及修辞学倾向 [J]. 哲学研究，2006（7）：68—72.

[28] 鲁绍臣 . 佩里·安德森对历史主义和结构主义的扬弃及其启示 [J]. 当代国外马克思主义评论，2007（1）：96—105.

[29] 郁建兴 . 论全球化时代的马克思主义国家理论 [J]. 中国社会学，2007（2）：43—55+205.

[30] 王凤才 . 文化霸权与意识形态国家机器——葛兰西与阿尔都塞意识形态理论辨析 [J]. 马克思主义与现实，2007（3）：34—42.

[31] 乔瑞金 . 英国新马克思主义的发展历程及其思想特征 [J]. 当代国外马克思主义评论，2007（5）：145—163+422.

[32] 余保华 . 哈耶克教育观及其对我国教育的启示 [J]. 高等教育研究（武

昌），2007（7）：101—106.

[33] 乐先莲 . 论马丁・卡诺伊的教育与国家关系理论 [J]. 外国教育研究，2007（8）：7—11.

[34] 乐先莲 . 西方马克思主义视域中的教育与国家关系——罗杰・戴尔的教育意识形态国家机器论 [J]. 外国教育研究，2007（11）：14—18.

[35] 王英立 . 安迪・格林的学习社会模式 [J]. 当代文化与教育研究，2007（12）：6—8 .

[36] 乔瑞金 . 试论英国新马克思主义对文化概念的深度理解 . 国外马克思主义与当代中国——第三届国外马克思主义论坛会议论文集 [G]，2008：151—156.

[37] 乔瑞金 . 英国新马克思主义对文化概念的哲学分析 [J]. 理论探索，2008（3）：13—16.

[38] 王燕晓，吴练达 . 洪堡关于国家与教育关系的思想研究 [J]. 现代大学教育，2008（5）：16—20.

[39] 张亮 . 汤普森视域中的民族性与马克思主义 [J]. 福建论坛（人文社会科学版），2008（7）：56—61.

[40] 乐先莲 . 西方马克思主义教育与国家关系理论的发展流派及当下意义 [J]. 外国教育研究，2008（11）：1—5+10.

[41] 侯怀银 . 中国社会教育研究的若干问题 [J]. 教育研究，2008（12）：39—43.

[42] 樊改霞 . 从自由主义理论的发展看国家教育制度的形成：兼评安迪・格林教授关于民族国家教育制度的形成理论 [J]. 教育史研究，2009（1）：621—625.

[43] 克里斯・杜克，王春晓 . 东亚终身学习的经验与展望 [J]. 终身教育研究，2019（5）：70—76.

[44] 韩震 . 论国家认同、民族认同及文化认同——一种基于历史哲学的分析与思考 [J]. 北京师范大学学报（社会科学版），2010（1）：106—113.

[45] 郭清香 . 从民族性与普世性看儒家文化的现实意义 [J]. 中国特色社会主义研究，2010（2）：91—95.

[46] 左高山 . 政治忠诚与国家认同 [J]. 马克思主义与现实，2010（2）：105—109.

[47] 李涛 . 全球化语境下的中国教育公共治理：法理国家视阈中的政治哲学诠释与批判 [J]. 教育学术月刊，2010（3）：8.

[48] 单提平 . 葛兰西的市民社会思想及当代意义 [J]. 山东大学学报（哲学社会科学版），2010（3）：103—108.

[49] 邢媛 . 吉登斯“自我认同”的社会哲学思想探析 [J]. 马克思主义与现实，2010（3）：121—123.

[50] 韩震 . 全球化时代的公民教育与国家认同及文化认同 [J]. 社会科学战线，2010（5）：221—228.

[51] 乐先莲 . 新自由主义视域中教育与国家的关系：韦斯特的“国家公共教育神话论”评析 [J]. 比较教育研究，2010（8）：51—56.

[52] 姜添辉 . 教育公平实质意义的演变：从理论到台湾经验的检证 [J]. 复印报刊资料（教育学），2010（9）：8—15.

[53] 王成兵 . 国家认同：当代认同问题研究的新焦点 [J]. 学术论坛，2010（12）：69—71+77.

[54] 衣俊卿 . 马克思主义大众化的民生视角 [J]. 求是，2010（13）：58—59.

[55] 郭忠华 . 动态匹配 · 多元认同 · 双向建构——再论公民身份与国家认同的关系 [J]. 中山大学学报（社会科学版），2011（2）：160—168.

[56] 顾成敏 . 公民教育与国家认同 [J]. 郑州大学学报（哲学社会科学版），2011（4）：34—37.

[57] 张民选，等 . 专业视野中的 PISA[J]. 教育研究，2011（6）：3—10.

[58] 乐先莲 . 论公共选择理论视域中教育与国家的关系 [J]. 外国教育研究，2011（6）：30—36.

[59] 叶险明 . 对“整体性”的批判性反思：关于马克思主义理论的整体性研究的一个方法论问题 [J]. 哲学研究，2011（9）：3—10+127.

[60] 李智环 . 民族认同与国家认同研究述论 [J]. 西南科技大学学报（哲学社会科学版），2012（2）：88—93.

[61] 吴永生 . 论市民社会的双重角色：基于马克思和葛兰西的启示 [J]. 齐鲁学刊，2012（3）：75—81.

[62] 方蒸蒸 . 西方新自由主义教育思潮及其意识形态批判 [J]. 南京政治学院学报，2012（6）：37—40.

[63] 王凤才 . 从批判理论到后批判理论（上）——对批判理论三期发展的批判性反思 [J]. 马克思主义与现实，2012（6）：93—101.

[64] 李太平，黄岚 . 论教育的民族性 [J]. 高等教育研究，2012（11）：13—18.

[65] 周平 . 多民族国家的国家认同问题分析 [J]. 政治学研究，2013（1）：26—40.

[66][澳] 戴维 · 阿斯平，[美] 朱迪思 · 查普曼，杜永新 . 终身学习的哲学思考 [J]. 开放教育研究，2013（5）：45—62.

[67] 林尚立 . 现代国家认同建构的政治逻辑 [J]. 中国社会科学，2013（8）：22—46.

[68] 周光辉，刘向东 . 全球化时代发展中国家的国家认同危机及治理 [J]. 中国社会科学，2013（9）：40—54.

[69] 李崇富 . 马克思主义国家观和国家认同问题 [J]. 中国社会科学，2013（9）：5—15.

[70] 李崇富，等 . 全球化进程中的国家认同 [J]. 中国社会科学，2013（9）：4+205—206.

[71] 王卓君，何华玲 . 全球化时代的国家认同：危机与重构 [J]. 中国社会科学，2013（9）：16—27 .

[72] 汪信砚，刘秉毅 . 论马克思的哲学观 [J]. 哲学研究，2013（12）：

13—18.

[73] 王兆璟 . 意识自觉与观念解放——改革开放以来教育科学研究的观念史分析 [J]. 教育研究，2014（2）：43—47.

[74][美] 大卫·麦克莱伦，臧峰宇 . 马克思政治哲学与英国马克思主义传统 [J]. 北京行政学院学报，2014（1）：62—67.

[75] 邹广文 . 中国精神：民族性与时代 [J]. 中国特色社会主义研究，2014（2）：16—21.

[76] 仰海峰 . 现代性的构架：世界性与民族性的双重审视 [J]. 哲学动态，2014（4）：5—10.

[77] 董标 . 教育、教育学、民族——国家同构论 [J]. 山西大学学报（哲学社会科学版）.2014（4）：91—113.

[78] 孙乐强 .《资本论》与马克思的哲学革命 [J]. 天津社会科学，2014（5）：4—11.

[79] 郭亚妮，宇涛 . 文化认同与国家认同：当代性、关系及其路向 [J]. 甘肃社会科学，2014（6）：210—212.

[80] 金太军，姚虎 . 国家认同：全球化视野下的结构性分析 [J]. 中国社会科学，2014（6）：4—23.

[81] 侯怀银，祁东方 . 马克思主义教育哲学解读 [J]. 西北师范大学学报（社会科学版），2014（5）：100—105.

[82] 乔瑞金 . 英国新左派的社会主义政治至善思想 [J]. 中国社会科学，2014（9）：20—35.

[83] 劳凯声 . 现代国家与公共教育制度的产生 [J]. 中国教育法制评论，2015（1）：1—11.

[84] 吴玉军 . 论国家认同的基本内涵 [J]. 中国特色社会主义研究，2015（1）：48—53.

[85] 李风华 . 社会基本目标与基本结构：论共同理想的哲学基础 [J]. 哲学动态，2015（1）：71—79.

[86] 陈仁，杨兆山，周国斌 . 启蒙现代性及其问题视域：教育学立场的反思与建构 [J]. 教育科学，2015（6）：1—5.

[87] 马进，王瑞萍 . 社会认同是怎样进行的——民族认同到国家认同的实质、类型和秩序 [J]. 西南民族大学学报（人文社科版），2015（9）：17—21.

[88] 李佃来 . 理解马克思实践概念的政治哲学向度 [J]. 哲学研究，2015（10）：12—18+128.

[89] 赵红梅 . 通识教育与批判精神 [J]. 通识教育研究，2016（1）：69—75.

[90] 邢媛 . 文化认同中的意向悖论 [J]. 山西大学学报（哲学社会科学版），2016（5）：1—10.

[91] 周小勇 . 西方新自由主义全球公民教育述评 [J]. 全球教育展望，2016，10，95—102+128.

[92] 侯怀银，王霞 .20 世纪中国马克思主义教育学传统的继承和理论创新 [J]. 西北师大学报（社会科学版），2017（2）：85—91.

[93] 郭星华、刘朔 . 社会秩序的恢复与重建 [J]. 国家行政学院学报，2017（5）：59—64.

[94] 吴畏 . 作为治理哲学的新自由主义批判 [J]. 北京行政学院学报，2018（1）：97—104.

[95] 叶澜 . 溯源开来：寻回现代教育丢失的自然之维——《回归突破："生命·实践" 教育学论纲》续研究之二（上编·其一）[J]. 教育发展研究，2018（2）：1—13.

[96] 邢媛 . 社会主义正义的三维解读 [J]. 马克思主义哲学论丛，2018（4）：275—281.

[97] 陈兴亮 . 国外左翼学者对新自由主义的批判 [J]. 马克思主义研究，2018（7）：102—111.

[98] 吕云震 . 对非批判性教育政策转移的审视：比较教育学的文化视角 [J]. 教育评论，2019（1）：16—21.

[99] 李佃来 . 马克思政治哲学中的"社会性"问题 [J]. 理论探索，2019

（2）：5—12.

[100] 李佃来 . 马克思主义政治哲学研究的前提性问题及阐释路径 [J]. 中国社会科学评价，2019（2）：64—73+143.

[101] 陆鹏杰 . 平等的两种观念——审视分配平等主义与关系平等主义之争 [J]. 道德与文明，2019（4）：144—151.

[102] 李隽，乔瑞金 . 主体与实践的逻辑关系探析——兼论西方马克思主义对马克思主义哲学的重建路径 [J]. 理论探索，2019（5）：27—34.

[103] 赵瑞林 . 关系平等主义：作为运气平等主义的替代选择是否成功 [J]. 世界哲学，2019（6）：149—156，158.

[104] 陈治国 . 布尔迪厄文化资本理论研究 [D]. 首都师范大学博士学位论文，2011.

[105] 薛稷 . 伊格尔顿文化批判思想研究 [D]. 山西大学博士学位论文，2013.

[106] 李瑞艳 . 安德森类型学唯物史观思想研究 [D]. 山西大学博士学位论文，2013.

[107] 祁东方 . 吉鲁批判教育哲学思想研究 [D]. 山西大学博士学位论文，2015.

[108] 马援 . 霍加特文化实践思想研究 [D]. 山西大学博士学位论文，2016.

[109] 周旻 . 作为精神生产的教育——伯恩斯坦教育哲学思想研究 [D]. 山西大学博士学位论文，2017.

[110] 李隽 . 英国新马克思主义文化批判思想转向研究 [D]. 山西大学博士学位论文，2017.

[111] 刘烨，汤姆·奈恩唯物史观的民族主义思想研究 [D]. 山西大学博士学位论文，2017.

[112] 毛振阳 . 基于“英国实践”的马克思现代性社会批判思想研究 [D]. 山西大学博士学位论文，2018.

后　记

时光荏苒，岁月流转，还迷恋在埋头述思的惯习之中，品味着意犹未尽的哲思纠缠，然而，就不知不觉走到了论文付梓的时光。更没有想到的是，完成论文的时候，正是全国乃至世界都在经历一场空前的病毒肆虐的非常时期，也是我国举全国之力，共度时艰，为保障人民生命安全而打响抗疫之战取得阶段性胜利的重要时刻，心中澎湃难以言表。没有国家强大的羽翼遮挡，怎么能有个人安心读书与研究的岁月静好；没有国家不计得失的挺身而出，怎么能有知识分子的情怀担当。在这特殊的时候，首先感谢我的祖国，感谢祖国母亲遮风挡雨换来儿女的安康幸福！

走进哲学，走进马克思，走进教育，是多年来学术训练与浸润的研究偏好。探究人、教育、社会与国家的关系，是自本科学习开始就格外关注的话题。本科时，就对这一问题有着单纯、稚嫩的理想；硕士期间，从生命哲学的视角开始反思教育与生命的存在；博士开始，我则努力地去寻找一种更为具体的、现实的教育语境与人的关系。尤其是我国教育研究中对于个人主体性解魅与推崇，常常会让我思考，人自由的界限在哪里？于是，我邂逅了我的研究对象，开启了我这一艰辛却又甘之如饴的研学之旅。

如果灵感是激情的产物，那么经历理性的沉淀之后则只剩下了坚持的勇气。选择一位当代的西方学者，在语境迥异的情况下，也是一种严峻的思想挑战。想自己所想与述他人之思怎样才能更好地结合起来，与自己心意相通的观点怎样才能成为一种学术体系的表达，这些困惑常常萦绕于心，不得其解。每每感觉压力巨大，坚持不下去的时候，就会有那么多温暖的力量来支持我、帮助我、陪伴我，让我感动，也让我有了继续前行的勇气。

由衷地感谢我的导师侯怀银教授，是您带领我走进学术的殿堂，也是您的一路倾心指导与鼎力相助，让我在学术与人生方面都受益匪浅。恩师治学严谨，要求严格，从论文选题，到结构布局，再到文字措辞，甚至到标点符号，老师都给予了认真的指导和规范。老师对学术研究的责任感、使命感让我感到了将学术与生活相融合的激情和研究者的独特情怀。感谢我的师母李广凤老师，给予我温暖的鼓励和关心，让我充满信心，继续前行。

感谢马克思主义哲学研究所所长乔瑞金教授，感谢邢媛教授，感谢薛勇民教授、管晓刚教授等多位老师，感谢中国人民大学的段忠桥教授，他们在论文的开题、写作过程中提供了有益的指导和帮助，为本书的顺利完成奠定了基础。感谢马哲所的陈治国、薛稷、赵瑞林、李瑞艳、马荣宏、马媛、刘烨、毛振阳等老师，为我提供了真诚热心的帮助，让我感受到了家庭般的温暖。

感谢我的工作单位，感谢刘庆昌、徐冰鸥、孙杰等领导对我工作、学习、生活的支持！感谢陈平水、郭三娟、郭芬云、张俊友等老师给予我的支持和鼓励！感谢我同门的兄弟姐妹，祁东方、周旻、李艳莉、郭芳芳、吕慧、齐姗、张卓远、郭建斌、时益之、王晓丹、王耀伟、李进武、刘泽，在读博士这条路上，我们一起分享喜怒哀乐，一起进步！感谢崔云朋、郭丁、吴凯、王萌，以及其他工作室的同学们！感谢我的博士同学与同事，王孝清、魏恒、王中庆、何素艳，我们互相支持，共同度过了美好的学习岁月。

感谢我的家人，年迈的父母毅然为我承担了家务的重担，让我无后顾之忧；爱人工作在外，每逢周末回来，就主动承担孩子的学习、生活任务，尽可能地为我提供学习时间和空间；感谢我的女儿，在最需要妈妈陪伴的时候，她总是乖巧地而且深明大义地默默等着我，支持着我。我知道并不是他们都理解这条求学之路的喜与乐，但是，他们始终坚持着我的坚持，悲伤着我的悲伤，幸福着我的幸福！路漫漫其修远兮，吾将上下而求索，我愿带着这些生命中的馈赠，继续追求我所向往的学术人生！

感谢山西人民出版社的编辑，他们认真负责的精神和深厚的学科素养，才使本书得以付梓，感谢他们的辛勤劳动！

王　霞